Karin Haß

Fremde Heimat Sibirien
Leben an der Seite eines Taigajägers

Impressum

Herausgeber:

cw Nordwest Media Verlagsgesellschaft mbH

Große Seestraße 11 • 23936 Grevesmühlen

Tel./Fax: 03881/2339

info@nwm-verlag.de

www.nwm-verlag.de

Autor:

Karin Haß

1. Auflage 2009

Gesamtherstellung:
cw Nordwest Media Verlag
Erscheint unter dem Label: FOX

ISBN: 978-3-937431-61-1

Karin Haß

Fremde Heimat Sibirien

Leben an der Seite eines Taigajägers

Karin Haß

Endlos scheinende Taiga, zahllose Flüsse und Seen, Gebiete, die keines Menschen Fuß je betrat – dahin, nach Sibirien, zog es die Hamburgerin Karin Haß.

Ihr Weg dorthin begann mit Paddeltouren durch die Einsamkeit sibirischer Wälder und führte schließlich nach Ostsibirien in ein entlegenes Taigadörfchen am Oljokmafluss, in dem sie acht Monate lang lebte.
Per Boot und zu Fuß erkundete sie die Umgebung, ertrug Temperaturen bis unter minus 50 Grad, lernte das harte Dasein der Dörfler kennen, nahm am Dorfleben teil und schloss Freundschaften.
Sie begegnete dem Ewenken Slava, der seinen Unterhalt durch Jagd und Fischfang bestritt. In ihm fand sie eine große Liebe, die zu suchen sie schon lange aufgegeben hatte. Sie teilt nun sein Leben in dieser abgeschiedenen Welt.

Realitätsnah, offen, empfindsam und unterhaltend beschreibt sie ihre Erlebnisse, die Dorfbewohner mit ihren Eigenheiten, komische wie tragische Ereignisse, das mitunter schwierige Zusammenleben zweier so unterschiedlicher Persönlichkeiten, die traumhafte Landschaft im Wechsel der Jahreszeiten sowie die Zobel-, Elch- und Bärenjagd.

Inhalt

Für Levi, Birk und Kim

Srednjaja Oljokma, 20. Juni 2006

Noch vor 15 Monaten saß ich als Programmiererin in einem Hamburger Büro vor dem Computer, und heute blicke ich aus dem Fenster auf die vorüberströmende Oljokma, auf das noch frühlingshafte Grün der Lärchen und Birken am gegenüberliegenden Ufer, auf hölzerne Bauernhäuser mit hellblauen Fensterumrahmungen.

Nach einer ersten Anwesenheit von acht Monaten bin ich in dieses abgelegene sibirische Dörfchen zurückgekehrt, um für unbestimmte Zeit hier zu leben, dieses Mal jedoch unter einem ganz anderen Aspekt als bei meinem vorherigen Besuch. Und als ich vor drei Wochen auf dem langen Weg hierher war, erschien mir in einigen sorgenvollen, schlaflosen Nächten das beabsichtigte emotionale Wagnis des Zusammenlebens mit einem Jäger vom Volke der Ewenken als das wesentlich größere Abenteuer mit noch mehr Unbekannten als damals.

Das Dorf Srednjaja Oljokma liegt rund 1700 Kilometer östlich des Baikalsees im Tschitinsker Verwaltungsbezirk am Fluss Oljokma inmitten der Taiga in einer landschaftlich reizvollen, leicht gebirgigen Umgebung. Es hat etwa 80 Einwohner. Die nächsten beiden Ortschaften mit Bahnanschluss bzw. einer Autotrasse befinden sich in jeweils rund 300 Kilometer Entfernung. In der eisfreien Zeit ist Srednjaja Oljokma nur per Boot zu erreichen. Während der Frostperiode gibt es einen mit Jeep oder LKW befahrbaren Winterweg hierher, der größtenteils auf dem zugefrorenen Fluss verläuft, doch von Oktober bis in den Dezember hinein sowie von April bis Mitte Mai ist der Ort von der übrigen Welt abgeschnitten, weil der zufrierende bzw. tauende Fluss nicht befahrbar ist. Unter normalen Bedingungen verkehrt einmal im Monat ein Fahrzeug, das Post und einige notwendige Lebensmittel bringt, die in einem kleinen Laden verkauft werden. Es gibt eine morgendliche Kommunikationsmöglichkeit mittels Radiofunk mit dem für das Dorf zuständigen Verwaltungsort Tupik. Ein Dieselgenerator liefert täglich von 8 bis 10 Uhr und von 16 bis 1 Uhr elektrischen Strom.

Die Arbeit des heutigen Tages ist getan; mein Laptop steht bereit für den Roman, den ich seit genau einem Jahr erlebe, einen Roman, wie ihn auszudenken mir meine Erfindungsgabe nicht gestattet hätte. Und doch – so überraschend mir die Geschehnisse auch erscheinen – ich erkenne eine Folge von Berührungen, Neigungen, Handlungen, die auf den Weg hierher führte.

Ich entsinne mich, als etwa 18-jähriges Mädchen im Radio eine Sendung gehört zu haben, in der ein sibirischer Taigajäger interviewt wurde. Was er sagte, verstand ich nicht, aber ich war so fasziniert von seinem weichen, melodischen Russisch, von seiner Stimme und dem, was sie mir über sein Wesen zu vermitteln schien, dass ich ihn in den vielen vergangenen Jahren nicht vergessen habe. Bildete dies den Anfang?

Meine Vorliebe für nördliche, kaum besiedelte Landschaften, für das Wanderpaddeln auf einsamen, sauberen Flüssen, die Freude an körperlicher Anstrengung, Unabhängigkeit von Gesellschaft und Unterhaltung, eine gewisse Genügsamkeit – auch das waren Wegepunkte.

Vor der Perestroika gab es für Ausländer keine Möglichkeit, sich wochenlang fern von Touristenrouten in Russland zu bewegen. Doch danach öffnete sich das Tor zu meinen Träumen. Dieses ferne, weite Land Sibirien mit seinen endlosen Taigawäldern, Bergen, zahlreichen Seen und Flüssen, mit Gebieten, die keines Menschen Fuß je betrat – ich fühlte mich von ihm wie von einem starken Zauber angezogen.

Dorthin wollte ich, um wenigstens einen Urlaub lang zu paddeln auf einem schönen Fluss durch die Einsamkeit sibirischer Wälder.

Frauen paddeln durch die Taiga

Meine erste Reise nach Sibirien hatte mit einem Blick in den Atlas begonnen, lange bevor das deutsche Fernsehen Sibirien entdeckte.

Ich wollte eine Gegend finden, die sehr abgeschieden in der Taiga lag, mittelgebirgig war und durch die ein möglichst langer, aber nicht zu breiter Fluss strömte. Das Mittelsibirische Bergland zwischen den Flüssen Jenissei und Lena schien diesen Vorstellungen zu entsprechen – Taiga soweit das Auge reicht, keine Straßen oder gar Zugverbindungen, nur ganz vereinzelt kleine Ansiedlungen. Mein Blick fiel auf den Fluss Tschunja, der bis zur Einmündung in die Steinige Tunguska circa 800 Kilometer weit von Ost nach West durch unzugängliche Landschaften mäandert. An seinem Lauf liegen nur zwei Dörfer.

Völlig unklar war, ob man den Fluss mit Faltbooten befahren und wie man dorthin gelangen konnte. Topografische Karten in einem auswertbaren Maßstab gab und gibt es für dieses Gebiet nirgends zu kaufen. Informationen über den Fluss oder über spezielle innerrussische Verkehrsmöglichkeiten waren nicht zu bekommen und meine spärlichen Russischkenntnisse nicht ausreichend, um im Internet auf russischen Suchmaschinen nach Auskünften zu fahnden. So gab ich im Internet auf gut Glück einige Begriffe ein, die in irgendeiner Weise mit dem Gebiet in Verbindung gebracht werden konnten, und fand die in Berlin veröffentlichte Diplomarbeit eines Ethnologen, die sich mit der Siedlungsgeschichte im Autonomen Kreis der Ewenken beschäftigte, also genau mit dem von mir ins Auge gefassten Bezirk. Nun hoffte ich, dass der Verfasser vielleicht in Berlin wohne, und tatsächlich hatte ich das Glück, ihn dort über das Telefonbuch ausfindig zu machen. Als ich ihm telefonisch mein Vorhaben schilderte, war er überhaupt nicht begeistert von meiner Idee und ließ sich erst nach einem längeren Gespräch zu etlichen für mich wertvollen und entscheidenden Auskünften bewegen. Über ihn gelangte ich an russische Generalstabskarten im Maßstab 1 : 200 000 und an die Internetadresse einer polnischen Ethnologin, die die Tschunja kannte.

Die russischen Karten eignen sich hervorragend zur Gewässerbeurteilung, weil Strömungsgeschwindigkeit, Stromschnellen, Flussbreite und -tiefe, Beschaffenheit und Höhe des Flussgrundes über dem Meeresspiegel angegeben sind, sodass sich auch das durchschnittliche Gefälle von Streckenabschnitten ausrechnen lässt. Nach Auswertung der Karten und Kontakt mit der Ethnologin stand für mich fest, dass ich diesen Fluss fahren konnte und wollte.

Aber wie dorthin kommen? Nach vielen vergeblichen Anfragen fand ich endlich ein Reisebüro, das bereit war, die innerrussische Logistik der Reise individuell nach meinen Wünschen zu organisieren.

Nun stellte sich die Frage nach den Paddelpartnern.

Ich halte Wildnistouren weder für problematisch, sofern man sich gut darauf vorbereitet und unterwegs nicht leichtsinnig ist, noch für körperlich besonders anspruchsvoll, wenn man bei guter Gesundheit und ausreichend fit ist. Es bedarf weder großer Körperkräfte noch sonderlichen Mutes. In manchen Büchern über Outdoor-Touren wird dagegen ein ganz anderes, oft prahlerisches Bild vermittelt – vielleicht glauben die Verfasser, dass sich die Bücher dadurch besser verkaufen lassen.

Es reizte mich, Frauen zu ermutigen und zu zeigen, dass wir eine solche Tour ohne männliche Hilfe durchführen konnten. Diese Erfahrung können wir nur in einer reinen Frauengruppe machen, denn in gemischten Gruppen nehmen einem die männlichen Teilnehmer oft ungefragt bestimmte Arbeiten aus der Hand und vermitteln so den Eindruck, dass wir ohne sie nicht zurechtkommen können. Als ich zum Beispiel nach der mehrwöchigen Frauen-Sibirienexkursion eine Tour nur mit Männern machte, fühlte sich sogar der in der Wildnis unerfahrenste und körperlich am wenigsten trainierte Mann bemüßigt, mir Ratschläge zu erteilen und mir bei dem zu helfen, was ich mit Leichtigkeit selbst machen konnte und wollte. Es war vermutlich nett gemeint, doch durch ein solches, häufig auftretendes Verhalten kann eine Frau leicht zum hilfsbedürftigen Wesen degradiert werden.

Meine Suche nach Paddelpartnerinnen für die Sibirientour begann mit einem für mich höchst überraschenden Erlebnis: Ich wurde nämlich ausgelacht – und das in Hamburg im Jahre 1997.

Der Wildwasserkanute Jonas Nöckel zeigte in einem Hamburger Hörsaal einen Dia- und Filmvortrag über seine spektakuläre Befahrung des Sambesi – rasante Strömung, riesige Walzen, Stufen und Wasserfälle, und zu allem Überfluss lagerten große Krokodile an den Ufern, die darauf zu warten schienen, die natürliche Auslese unter den weniger geschickten Wildwasserkanuten besorgen zu können. Der Hörsaal war voll besetzt mit Mitgliedern Hamburger Kanuvereine sowie anderen Paddlern und Paddlerinnen. „Vielleicht sind darunter Frauen, die sich für meine Sibirienexkursion interessieren", dachte ich und ließ zum Schluss der Veranstaltung durchsagen, dass ich für eine Frauen-Faltboottour in Sibirien Teilnehmerinnen suche. Daraufhin brach ein großes Gelächter aus, und erstaunlich herzlich lachten die Frauen selbst. Weil ich eigentlich gar nichts Besonderes an meinem Plan fand, war ich völlig perplex über diese Reaktion und peinlich berührt über das geringe Zutrauen der Frauen zu sich. Wenn Männer eine derartige Tour planen, lacht keine darüber.

Ich ließ mich dennoch nicht entmutigen und fand über Zeitschriftenanzeigen zehn Interessentinnen, von denen im Laufe der Zeit einige wieder zurücktraten. Zwei verzichteten, weil sie Männer kennengelernt hatten, ein für mich schwer nachvollziehbarer Grund. Ein weiterer Rücktrittsgrund von Interessentinnen war Angst. Wenn es sich nicht um irrationale Ängste handelt, ist Angst an sich nichts Schlechtes, denn sie hindert einen, sich in Gefahrensituationen zu begeben, die man nicht zu beherrschen meint. Es ist nützlich, sich seine Ängste bewusst zu machen und sie auf ihren Gehalt zu untersuchen, weil man dabei viel über sich lernen kann. Mit Leuten umzugehen, die ihre Ängstlichkeit offen zeigen, finde ich sehr viel einfacher als der Umgang mit jenen, die ihre Furcht nicht einmal sich selbst eingestehen. Ich machte die Beobachtung, dass oft die ganz forsch auftretenden Frauen, von denen man es auf den ersten Blick am wenigsten annehmen würde, unter Angst leiden. Diese Angst wird indessen sorgsam verborgen und äußert sich in einem überhöhten Sicherheitsbedürfnis, das jedes denkbare Risiko auszuschließen sucht. Der Ausschluss von Risiken ist aber weder im Stadtleben noch in der Wildnis möglich, nur scheinen die Gefahren in der Stadt weniger bedrohlich, weil wir an sie gewöhnt sind.

Silvia und Monika aus Zürich waren die Einzigen, die bereits eine richtige, allerdings geführte Wildnispaddeltour gemacht hatten. Wir anderen drei Frauen waren bisher nur in Europa gepaddelt, wenn auch teilweise in dünn besiedelten Gegenden wie Nordfinnland, und wurden nun vor weitgehend neue Anforderungen gestellt.

Einige Leute, die es ganz genau zu wissen glaubten, kündigten uns an, dass wir von „russischen Mafiosi" oder entlaufenen sibirischen Strafgefangenen ausgeraubt, vom Absturz eines technisch unzulänglichen russischen Flugzeuges zu Tode gebracht, von Bären angefallen, oder wenigstens von schweren Wildnisunfällen bzw. Krankheiten heimgesucht werden würden.

Nicht nur in Deutschland waren diese Vorstellungen verbreitet, sondern wir stellten später belustigt fest, dass auch die Moskauer große Besorgnisse bezüglich der Zustände in Sibirien hegten, während dasselbe umgekehrt bei den Sibirjaken bezüglich der Zustände in Moskau der Fall war.

Obwohl wir all diese Befürchtungen nicht oder nur bedingt teilten, wollte alles genau bedacht und geplant sein. Ein Jahr lang verbrachten wir alle zwei Monate ein Wochenende zusammen, an dem wir die Reise sorgfältig vorbereiteten. Im Verlauf einer viertägigen Testfahrt prüften wir die Zweckmäßigkeit unserer Ausrüstung.

Endlich war es soweit, und wir fünf Frauen im Alter von 37 bis 54 Jahren konnten im Juli 1998 in Deutschland den Abflug antreten: Silvia – Gymnasiallehrerin, Monika – Ausbilderin, beide aus Zürich, Gisela – Ärztin aus Eisenhüttenstadt, Petra – Ärztin aus Erfurt und ich – Systemanalytikerin aus Hamburg.

Der russische Zoll auf dem Moskauer Flughafen hatte glücklicherweise keine Lust, sich mit unserem Berg an Gepäck Arbeit zu machen, und so konnten wir die Ausrüstung ohne größere Umstände entgegennehmen und einen Tag später zum Weiterflug nach Krasnojarsk in Sibirien einchecken. In Krasnojarsk holten uns Beauftragte unseres Reisebüros vom Flughafen ab und brachten uns in eine geräumige, saubere Wohnung in einem abgewirtschafteten Wohnblock. In der Nacht entwickelte sich dort zu unserem Entsetzen ein lebhaftes Kommen und Gehen; zahlreiche Kakerlaken spazierten durch die Räume. Als wir auf der

Rückreise wieder eine Nacht in der Wohnung verbrachten, begrüßte uns nur noch eine reduzierte, aber standhafte Anzahl unserer Bekannten, die übrigen schienen dem grausamen Walten eines Kammerjägers zum Opfer gefallen zu sein. Weil wir die vom tragischen Schicksal Verschonten nicht aus Versehen ihrer Heimat entreißen wollten, hielten wir die Reißverschlüsse unserer Taschen immer ängstlich verschlossen. Trotzdem bekam ich ein Jahr später einen beträchtlichen Schreck, als mir in meiner Hamburger Wohnung eine Kakerlake über den Weg lief. Ich befürchtete, illegale Einwanderer mitgeschleppt und die Grundlage zu einer neuen Großfamilie gelegt zu haben. Das war mir so peinlich, dass ich diese Vermutung dem Vermieter gegenüber um keinen Preis zugegeben hätte. Zu meiner Erleichterung fand der pfiffige Kammerjäger aber heraus, dass die Quelle des Übels eine andere Wohnung war.

Alle Häuser unseres Krasnojarsker Wohnviertels waren vor mindestens 30 Jahren in Platten-Blockbauweise errichtet worden, und es hatte nicht den Anschein, als wäre danach jemals noch ein Pinselstrich oder irgendetwas anderes daran getan worden, denn sie machten einen unsäglich heruntergekommenen Eindruck. Um so verblüffender wirkte es auf mich, als aus der lädierten Tür eines solch verrottenden Hauses eine traumhafte weibliche Erscheinung trat in einem makellosen weißen Chiffonkleidchen, auf hohen Absätzen, perfekt geschminkt, maniküt und frisiert.

Die russischen Mädchen und jungen Frauen legen extrem viel Wert auf ein ausgesprochen feminines Äußeres: hohe Absätze, die Weiblichkeit betonende, verzierte Kleidung, Schminke, lange Haare.

Wir in unseren schmucklosen Hosen, schlichten T-Shirts und Kurzhaarfrisuren waren Exoten und fielen eher nachteilig auf. Von den schick aufgemachten russischen Frauen wurden wir mit sichtbarem Unverständnis oft abschätzig gemustert. Manchmal zog man uns aber auch freundlich ins Gespräch.

Das erste, was uns nach der Ankunft in Krasnojarsk auffiel, war, dass die Menschen im Gegensatz zu Moskau fröhlich und aufgeschlossen waren. Elendsgestalten und krasser Armut sind wir im Straßenbild nicht begegnet, womit ich nicht sagen will, dass es sie nicht gibt. Alte Frauen verkauften an der Straße mit Freundlichkeit und Würde Produkte aus ihren Gärten. Manchmal waren das nur einige Sträußchen Petersilie oder wenige Blumen. Da hatte der große Markt, auf dem wir fast alle Lebensmittel für die nächsten vier Wochen kauften, wesentlich mehr zu bieten. Nie hätten wir erwartet, mitten in Sibirien eine solche Vielfalt an frischem Gemüse und Obst, Trockenobst, Backwaren, Süßigkeiten, Nährmitteln, Käse, Fisch (vor allem Wildlachs), Fleisch und vielem mehr zu finden. Wir kosteten von den Süßigkeiten und kauften für unterwegs zwei große, unterschiedlich aussehende Klumpen, deren Gemeinsamkeit darin bestand, dass sie wie getrockneter Bärenkot mit Asbestfasern aussahen, aber köstlich schmeckten.

Wieder in der Wohnung angekommen, portionierten und verpackten wir die Vorräte in haltbare Plastikbeutel, die sich gut verstauen ließen und aus denen wir während der gesamten Wasserwanderung leben wollten, da wir unterwegs nichts nachkaufen konnten.

In einer kleinen, kaum 30 Plätze fassenden Maschine flogen wir am nächsten Tag Hunderte von Kilometern über Flüsse, Sumpfgebiete und endlos erscheinende Taiga bis nach Vanavara am Oberlauf der Steinigen Tunguska, einem Ort ohne sonstige Verkehrsverbindungen, in dessen Nähe im Jahre 1908 ein rätselhafter Meteorit eingeschlagen war, bekannt als der Tunguska-Meteorit. Dort vertrauten wir uns einem gecharterten alten Armeehubschrauber an, der 130 Kilometer weiter auf einer mit Türkenbundlilien und anderen Blumen übersäten Wiese in der Nähe des Dorfes Mutorai landete. Bewegt blickte ich beim Anflug auf das sich windende, den blauen Himmel widerspiegelnde Band der Tschunja. Lange hatte ich von diesem Fluss geträumt, und nun lag er unberührt, schlicht und selbstverständlich im Grün des Waldes unter mir. Mehr als 500 Kilometer sollte er uns tragen nach Baikit, einem Ort mit etwa 2000 Einwohnern, der einige Kilometer hinter der Einmündung der Tschunja in die Steinige Tunguska liegt und nur per Boot oder Flugzeug erreichbar ist.

Die ganze Nacht lag ich wach am Lagerfeuer, verloren in die wechselnden Farbschattierungen des Himmels, hörte die leisen Geräusche der Wiese und das Fließen des Wassers, und ich war sehr glücklich und voller Dankbarkeit, hier sein zu dürfen.

Nachdem am Folgetag die Faltboote aufgebaut, Ausrüstung und Lebensmittel verstaut waren, statteten wir dem am anderen Ufer gelegenen Dorf Mutorai einen Besuch ab und wurden herzlich empfangen. Die Einwohner, Ewenken und Russen, führten uns durch das Dorf und beschenkten uns großzügig mit geräuchertem Fisch, selbstgebackenem Brot und Gemüse. Sogar die Jagdhunde waren außerordentlich friedlich und freundlich. Das Dorf bestand aus ebenerdigen Blockhäusern mit Gemüsegärten und Holzstapeln davor. Wir bestaunten einen gerade fertiggestellten Holzschlitten mit den Ausmaßen eines Busses.

In der Annahme, die Einheimischen müssten die wirksamsten Mückenmittel kennen, fragten wir sie um Rat. Sie schenkten uns daraufhin Mückenmilch, in die sie zwecks Erhöhung des Effektes einen Schuss Petroleum gemischt hatten. Sobald wir uns damit einrieben, vertrieb das die Insekten in einem Umkreis von zehn Metern, was uns anfangs ganz zufrieden stimmte. Leider bekamen wir davon bald lauter Blasen auf der Haut, und das war nicht weniger unangenehm als Insektenstiche.

Die vielfältige Insektenfauna sorgte fortgesetzt für Abwechslung, sodass es uns kein bisschen langweilig wurde. Morgens wurden wir freudig empfangen von Mücken mannigfacher Art, die uns in der Regel durch den Tag begleiteten. Wenn Wind aufkam, oder auch direkt am Wasser, überließen sie großen Bremsen den Vortritt. Am Abend an den Uferwiesen wurden wir von Blackflies angezapft, deren zahllosen Bisse winzige Blutströpfchen und heftigen Juckreiz hinterließen. Die Nachtwache vereinte ihre Stimmen zu einem lauten Chor, dessen grausiges

Lied mich immer zu langem Zaudern veranlasste, wenn ich nachts wegen eines menschlichen Bedürfnisses das Zelt verlassen musste. Wir versuchten, uns mit fester Kleidung, Handschuhen, Mückennetzen und Lotion zu schützen. Bei Temperaturen über 30 Grad war es nicht sehr angenehm, so vermummt bleiben zu müssen. Trotz alledem fanden die Blutsauger genügend ungeschützte Stellen, musste man doch beim Essen und Zähneputzen das Mückennetz anheben, beim Waschen im Fluss und beim Toilettengang empfindliche Körperteile bloßlegen. Einige Tage später waren wir alle übersät von Stichen verschiedenster Art; Gesicht, Hände und Knöchel waren geschwollen. Erfreulicherweise hatten wir auf dem Wasser Ruhe vor den Plagegeistern, und paddelnd unterwegs zu sein, war deshalb die reine Erholung für mich. Darum war ich wenig erfreut über den Vorschlag, schon nach zwei Tagen einen Ruhetag einzulegen. Ich verbrachte ihn aber dann recht angenehm auf dem Wasser, indem ich ein schmales Nebenflüsschen stromaufwärts erkundete. Eine deutliche Bärenspur im feuchten Ufersand veranlasste mich zur Umkehr, denn ich erkannte plötzlich, dass ich keinerlei Ausweichmöglichkeiten hätte, wenn ein Bär hinter mir auftauchen würde, da eine Flucht gegen die Strömung schwierig war und die Ufer fast unzugänglich waren.

Es zeigte sich, dass drei Teilnehmerinnen die körperliche Dauerbelastung als sehr anstrengend empfanden. Diejenigen, die zu Hause nicht regelmäßig Sport getrieben hatten, wurden anfangs schnell müde, aber nach einigen Tagen hatten sie sich auf den Kräfteverbrauch eingestellt. Sie schlossen sich enger zusammen und wählten wortlos eine von ihnen zur Führerin, vermutlich als Schutz vor eventueller Überforderung durch mich und aus dem Bedürfnis nach Führung. Sie bestimmten, ohne Silvia und mich zu fragen, Pausenzeiten, Lagerplätze, Ruhetage. Da wir uns vor der Fahrt alle einig gewesen waren, keine Führerin zu brauchen und Entscheidungen im Konsens fällen zu wollen, war ich ziemlich enttäuscht, fand mich aber notgedrungen mit dem Zustand ab.

Auch sonst empfand ich das Auftreten dieser Teilnehmerinnen oft als wenig angenehm (ganz im Gegensatz zu ihrem Verhalten während des Vorbereitungsjahres). Hatte ich mir vor der Tour vorgestellt, innerhalb einer Frauengruppe eine besonders harmonische Reise machen zu können, so stellte sich das als Irrtum heraus. Ich fühlte mich verletzt und war leider nicht souverän genug, eine offene Diskussion über die Situation zu führen.

Zwischenmenschliche Probleme bei solchen Unternehmungen sind jedoch kein Einzelfall und treten in Männermannschaften bisweilen noch ausgeprägter auf. Das Verhalten einer Gruppe lässt sich vorher selten richtig einschätzen. Menschen, die sich unter anderen Umständen als umgänglich und teamfähig erweisen, können unter größeren Belastungen ganz überraschende, nicht immer angenehme Eigenschaften entwickeln.

Als wir eines Nachmittags am Ufer einen Lagerplatz für die Nacht suchten, fielen uns mehrere Bärenspuren ins Auge, worauf wir einstimmig beschlossen:

„Der Klügere gibt nach" und weiterfuhren. Trotzdem lagerten wir sicherlich häufig an von Bären frequentierten Stellen, da die Spuren auf Steinen und grobem Kies nicht immer sichtbar waren.

Wir wussten, dass wir in diesen Gebieten auf Bären treffen würden und hatten uns entschieden, möglichst jeden Interessenskonflikt zu vermeiden. So platzierten wir Küchenausrüstung und Lebensmittel, die Bären anziehen konnten, etwa 100 Meter von den Zelten entfernt, schütteten abends alle Essensreste stromabwärts in den Fluss und verwendeten keine duftenden Hautcremes oder Shampoos. Wenn wir ein Stück in die Taiga gingen, um Holz für das Kochfeuer zu sammeln, trugen wir Bärenglöckchen, damit uns die Tiere rechtzeitig hören und ausweichen konnten. Die Bären ihrerseits hatten beruhigenderweise auch keine Lust auf uns und wichen vermutlich aus, ohne von uns bemerkt zu werden.

Als wir einmal alle Boote zu einem Floß zusammengelegt hatten und gegen den Wind still den Fluss hinuntertrieben, sahen wir am Ufer einen Braunbären grasen. Ja, richtig: grasen. Im Frühsommer nach dem Winterschlaf fressen sie an den Ufern gern den wilden Schnittlauch und anderes Grünzeug. Der Bär bemerkte uns lange nicht und blickte erst auf, als wir fast auf gleicher Höhe mit ihm waren. Er erschrak furchtbar beim Anblick des seltsamen großen, bunten Gefährts auf dem Fluss und verschwand im Galopp über die Böschung in den Wald.

Ein anderes Mal fuhr ich ein Stück voraus und suchte die Ufer nach einem Nachtlagerplatz ab. Dadurch achtete ich weniger auf den Fluss, bis ich plötzlich im Wasser ein Stück vor mir einen großen, dunklen Kopf entdeckte und zuerst annahm, es handle sich um eine Elchkuh. Ich bin ziemlich kurzsichtig, trug aber keine Brille, weil der Brillenbügel gerade kaputtgegangen war. Doch irgendwann bemerkte ich: „Bär auf Konfrontationskurs!" Jählings wendete ich das Boot gegen die Strömung und versuchte, Abstand zu gewinnen. Erst durch meine heftige Reaktion wurde der Bär auf mich aufmerksam und richtete sich im Wasser auf. „Was macht er jetzt?", schoss es mir durch den Kopf. Erleichtert sah ich, dass er ans Ufer schwamm und im Wald verschwand.

Nie hatten wir das Gefühl, uns der trügerischen Sicherheit eines Gewehres anvertrauen zu müssen, aber dass Bären auch für die Einheimischen ein Thema sind, merkten wir daran, dass wir von ihnen immer gefragt wurden, ob uns unterwegs Bären begegnet seien.

Aus dem Fluss stiegen morgens leichte Nebel auf und hüllten die Umgebung in geheimnisvolle Schleier, mittags spiegelten sich der blaue Himmel und die weißen Wolken in ihm, in der Dämmerung wiederholte er das rotgoldene Farbenspiel des Firmaments und nachts legte der Mond seine weiße Spur auf das Wasser, während über uns die Sterne kalt aus einem unendlichen Weltenraum funkelten.

Die Schönheit des Flusses und seiner Umgebung ließ uns häufig verstummen und versetzte mich in eine geradezu meditative Stimmung. Leise glitten unsere

Boote im Angesicht des Taigawaldes durch das klare, leicht torfig gefärbte Wasser. Der Fluss war gesäumt von Wiesen, auf denen eine große Vielfalt von Blumen in allen Farben blühte und verschiedene essbare Kräuter wuchsen. Andere Ufer bestanden aus sauberen, kiesigen Stränden oder aus groben Gesteinsbrocken vor felsigem Hintergrund. Der breite Uferstreifen vor einer großen Flusskurve sah wie eine gut gepflasterte Straße aus; vermutlich hatten Eis und Hochwasser die Steine im Laufe vieler Jahre plan gedrückt und geschliffen.

Zum Zelten eigneten sich nicht die Wiesen, in denen das erbarmungslose Mückenvolk hauste, sondern die kiesigen Strände am besten. Manchmal, wenn kein geeigneterer Platz zu finden war, mussten wir mit großsteinigen Ufern vorliebnehmen, an denen sich einzelne ebene Stellen für die Zelte fanden. Jede von uns balancierte mit großer Aufmerksamkeit über die Steine, denn ein Knochenbruch oder eine andere schwerwiegende Verletzung hätte uns vor das Problem gestellt, mit dem Notsender ein Hilfesignal absetzen und die Tour beenden zu müssen, wobei wir nicht einmal sicher waren, ob das Signal in Sibirien tatsächlich zu einer Hilfsaktion führen würde.

Immerhin war es sehr beruhigend, zwei Ärztinnen im Team zu haben, die vor der Tour mögliche Risiken kalkuliert und entsprechende Medikamente mitgenommen hatten. Glücklicherweise mussten wir ihre Dienste nicht ein einziges Mal in Anspruch nehmen.

Es kommt meiner Erfahrung nach selbst bei sehr ungünstigen Witterungsbedingungen selten vor, dass während der Tour jemand erkrankt. Als ich mit zwei Paddelfreunden nördlich des Polarkreises auf dem Porcupine in Kanada und Alaska paddelte, erlebten wir innerhalb von anderthalb Tagen einen Temperatursturz von mehr als 30 Grad. Nach mehreren Tagen mit 24 Stunden Sonnenschein bei Temperaturen von über 30 Grad Hitze bedeckte sich der Himmel. Es begann zu regnen, wobei ein eiskalter Wind aus Richtung Nordpolarmeer wehte und das Thermometer allmählich auf 2, 3 Grad fiel. Weil Charly grundsätzlich nicht das tatsächliche Wetter wahrnahm, sondern fest an das von ihm gewünschte glaubte, zog er keine Regensachen an, denn seiner Überzeugung nach musste gleich wieder die Sonne scheinen. Nachdem ich gerade noch rechtzeitig die Regenjacke übergestreift und die Spritzdecke geschlossen hatte, sagte Charly fast zeitgleich mit dem einsetzenden Regen in beruhigendem Tonfall: „Karin, es regnet nicht", was ich für eine etwas gewagte Behauptung hielt. Erst, als er nach einer Stunde völlig nass geregnet und durchgefroren war, hielt er den Wetterwechsel nicht mehr für eine Sinnestäuschung. Beim Umziehen konnte er vor lauter Zittern kaum die Kleidung halten. Dazu kam, dass er nur einen einzigen einigermaßen wärmenden Pullover mitgenommen hatte, der durch seinen nicht mehr regendichten Anorak bald nass war und den er ganz am Anfang der Tour bei Sonnenschein noch mit den Worten: „Nie wieder nehme ich so ein warmes Kleidungsstück mit" geschmäht hatte. Obwohl dieses unangenehme Wetter eine Woche lang anhielt, trug Charly nicht einmal einen Schnupfen davon.

Da die Tschunja weiter südlich, am 61. Breitengrad, verläuft, blieben uns dort solch krasse Wettereskapaden erspart.

An den Stränden gediehen häufig junge Weidensträucher, jedoch keine Bäume. Erst weiter oberhalb begann der Wald, bestehend aus schwachen Lärchen, wenigen Birken und Erlen und vereinzelten größeren Kiefern. Den äußerst unebenen Waldboden bedeckten Moos, Flechten oder Strauchwerk, worin man beim Gehen tief einsank. Umgestürzte Bäume erschwerten zusätzlich das Durchkommen, und dichte Mückenwolken umlagerten den Eindringling. Deshalb ließen wir die Idee, Wanderungen in der Taiga zu machen, sehr bald fallen.

Auch von der Vorstellung, zum Schutz vor Bären die Lebensmittelsäcke in Bäume zu hängen, mussten wir uns schnell verabschieden. Man liest diese Empfehlung in fast allen Outdoor-Büchern, aber woher sollte man in nördlichen Gebieten geeignete Bäume nehmen? Unter den dort herrschenden klimatischen Bedingungen bleiben die Bäume klein und bilden nur schwache Äste aus.

Manchmal paddelten wir an abgebrannten Waldgebieten vorüber, in denen bereits wieder junge Bäume aus der Asche emporwuchsen. Diese lokalen Waldbrände scheinen kein wirkliches Problem zu sein, denn sie dienen wohl eher der Verjüngung des Waldes als dessen Vernichtung. Die hohen Moos- und Flechtenteppiche in älteren Waldbeständen verhindern nämlich das Aufwachsen jungen Gehölzes.

Häufig änderte die Tschunja ihren Charakter. Stets stark mäandernd floss sie mal mit schneller Strömung im schmalen Flussbett dahin, mal zog sie breit und ruhig ihre Bahn, und andere Male hörten wir bereits von Weitem das laute Rauschen, mit dem das Wasser über steinige Untiefen oder verblockte Stromschnellen schoss.

Die sich mitunter lang hinziehenden Stromschnellen mit leichten Schwierigkeitsgraden bis maximal Wildwasserstufe 3 sahen wir uns vor der Durchfahrt genau an und beschlossen dann, wie wir sie fahren bzw. ob wir sie umtragen wollten. Zweimal entschieden wir uns für das Umtragen, vor allem bei Regen eine sehr ungeliebte Beschäftigung. Die Boote müssen aus Gewichtsgründen fast vollständig entladen werden, bevor man mit ihnen über das Ufergestein balanciert. Das war wohl auch der Grund dafür, dass

Gisela, während wir anderen vor der Umtrageaktion pausierten und etwas aßen, plötzlich zum anderen Ufer fuhr und dort versuchte, ihren schweren Klepper-Einer zu treideln. Er blieb schließlich zwischen den Steinen hängen, und sie bekam ihn allein nicht frei. Sehr verstimmt über ihren Alleingang paddelte ich hinüber und half ihr. Dabei rutschte ich aus, fiel ins Wasser und wurde unter der Regenkleidung bis zu den Schultern durchnässt. Umziehen konnte ich mich nicht, denn meine warme Reservekleidung wäre durch die nun auch innen nassen Regensachen ebenfalls feucht geworden. Mein Ärger stieg noch, als Gisela, nachdem wir hinter der Schnelle endlich alle wieder in den Booten saßen und weiterfahren konnten, nun ihrerseits eine Essenspause einlegen wollte. Frierend erreichte ich zwei Stunden später im Dauerregen den Lagerplatz und konnte mich nach dem Entladen des Bootes und dem Aufbau des Zeltes endlich umziehen und im warmen Schlafsack verkriechen.

Noch nasser wurde es allerdings bei Kenterungen. Die erste verlief glimpflich, denn im anschließend ruhigen Wasser war es leicht, Boot und Schwimmerin zu bergen. Trotzdem scheute sich Petra danach, ihr Boot selbst durch Schnellen zu fahren, weswegen ich ihr diese Aufgabe abnahm, bis sie wieder etwas mehr Selbstvertrauen gefasst hatte.

Nachdem ich meinen eigenen Pouch-Einer problemlos durch die Stromschnelle gefahren hatte, meinte ich, in Petras baugleichem Boot eine noch bessere Durchfahrt angesteuert zu haben. Darin hatte ich mich getäuscht. Das Boot verklemmte sich zwischen zwei großen, komplett überspülten Steinen, bekam immer mehr Schräglage und lief langsam voll Wasser. Ich verlor den Halt, kippte ins Wasser und wurde von der Strömung davongetragen. Im Kehrwasser des Steines konnte ich jedoch wieder heranschwimmen und auf ihn klettern. Durch die Strömung wurde das Boot immer fester zwischen die Steine gedrückt, und diese Entwicklung musste ich auf jeden Fall verhindern. Von den anderen Frauen konnte ich keine Hilfe erwarten, denn die Entfernung zum Ufer war selbst für das Werfen eines Wurfsacks zu groß. Ich nahm die Bootsleine in die Hand, ließ mich langsam hinter dem Stein ins Wasser gleiten, bis ich mit den Füßen Halt fand, und drückte dann von unten mit ganzer Kraft das Boot nach oben. Tatsächlich löste es sich dadurch, wurde aber von der Strömung mit so viel Gewalt davongerissen, dass ich die Bootsleine nicht halten konnte. Obwohl ohne integrierte Luftschläuche, vollgelaufen mit Wasser und voll beladen, sank es nicht auf den Grund (vermutlich wegen der in den wasserdichten Packsäcken eingeschlossenen Luft), sondern schwamm auf die nächste Stromschnelle zu. Ich musste es unbedingt vorher im ruhigeren Wasser erreichen und an Land bugsieren. Wie verrückt dem Boot nachschwimmend, gelang es mir schließlich.

Wir waren froh, in dieser brenzligen Situation nur ein Paddel und den Bootssitz eingebüßt zu haben und mit einigen blauen Flecken davongekommen zu sein. Das Paddel sahen wir unrettbar verkeilt in der nächsten Stromschnelle wieder. Der Verlust ließ sich verschmerzen, weil wir Ersatzpaddel dabei hatten. In einem verlassenen Weiler fanden wir später unter altem Hausrat ein Waschbrett, das Petra als provisorische Sitzunterlage verwendete.

Bei Gewitterregen durchfuhren wir einen langen, engen Canyon mit bis ins Wasser reichenden, bizarren Felstürmen, von denen ab und zu Steine herunterpolterten. Die Strömung war stark und schnell, und die Ufer boten keine Lagerplätze. Deshalb begrüßten wir am Abend erleichtert den Anblick einer Jagdhütte, sehr idyllisch auf einem Steilufer oberhalb des schmalen Kiesstrandes gelegen.

Die Jagdhütten sind grundsätzlich offen und können benutzt werden. Meine Mitpaddlerinnen schlugen ihr Lager in der Hütte auf, aber mir war mein Zelt neben der Hütte lieber, denn mir grauste es vor der stickigen Luft in der wegen der Mücken geschlossenen Blockhütte. Als ich am nächsten Morgen die Hütte betrat, um trockenes Holz zu holen, fand ich die Luft zu meinem Erstaunen aber sehr angenehm, was vielleicht auf dem speziellen Klima eines Holzhauses beruhte.

Das verbrauchte Holz ersetzten wir im Laufe des Tages wieder, damit auch der nächste Hüttenbesucher genügend trockenes Holz vorfand. Dieses Prinzip war Männern während einer fünf Jahre später durchgeführten Reise leider nicht zu vermitteln. Sie unterhielten zeitlich ausgedehnte und überdimensionierte Lagerfeuer an den Hütten und verbrauchten dabei mit der Motorsäge zerkleinertes Holz, ohne es ersetzen zu können, statt in der Umgebung anderes Holz zu suchen oder sich mit Wenigem zu begnügen.

Am nächsten Tag besserte sich das Wetter. Wir konnten einige Sachen trocknen und die Lebensmittel sichten, von denen wir mit 1 kg Trockenmasse pro Person und Tag eindeutig zu viel mitgenommen hatten. Aber einigen von uns bereitete es im Vorfeld der Tour größte Sorgen, sich vielleicht nicht immer völlig satt essen zu können. Die Überlegung, dass wir bei einer Kenterung Lebensmittel einbüßen könnten und dann rationieren müssten, veranlasste Monika zu dem eventuell nicht ganz scherzhaft gemeinten Einwurf: „Das wäre für mich ein Fall für den Notsender."

Jeder, der schon einmal längere Zeit gefastet hat, weiß, dass es kein Problem ist, zum Beispiel 14 Tage ganz ohne Essen auszukommen, wenn man einen einigermaßen trainierten Fettstoffwechsel hat, denn der gesunde Körper ist fantastisch flexibel und anpassungsfähig. Man hat in dieser Phase nicht so viel Kraft und ist relativ langsam, aber man könnte trotzdem weiterpaddeln und in 14 Tagen bei mittelmäßiger Strömung 350, 400 Kilometer zurücklegen. Deshalb halte ich es für weniger problematisch, Lebensmittel zu verlieren als Regenschutz, Schlafsack, warme Kleidung und Feueranzünder. Wenn ich wüsste, dass innerhalb von zwei bis drei Wochen Menschen zu erreichen wären, würde ich ausreichend Wasser und Salz zu mir nehmen, mich aber nicht aufhalten mit Rinde knabbern, Käfer essen oder Angelversuchen, wie es die in den Outdoor-Büchern empfohlenen Überlebens-Bags mit Angelsehne und Haken nahelegen.

Ernährungswissenschaftler und Ärzte sagen, dass der Körper sich bei Diäten und Hungerkuren an geringe Nahrungsmengen anpasst und solche Kuren deshalb nicht empfehlenswert seien. Für die Durchführung von längeren Touren außerhalb der Zivilisation sind das aber sehr nützliche Körpereigenschaften.

Bei meinen Touren stellte ich mehrfach fest, dass Teilnehmer, die regelmäßig reichlich essen und keine Ausdauersportart betreiben, aufgrund ihres untrainierten Fettstoffwechsels wenig Durchhaltevermögen aufbringen. Sie verfallen in große Sorge um ihr Wohlergehen, Unwillen oder auch wirkliche Erschöpfung, wenn sie einmal etwas länger auf eine Mahlzeit warten müssen. Das führt dazu, dass das Lager an ungeeigneten, manchmal sogar gefährlichen Stellen aufgeschlagen werden soll.

Doch das Problem hatten wir bei der Frauentour nicht. Wenn es notwendig war, hielten alle klaglos durch.

Nach zwei, drei kühlen Nächten im August waren die Mücken wie weggeblasen, und wir konnten endlich ohne deren lästige Gesellschaft baden und uns sonnen. Nun war auch die Zeit reif für unser Taigafest im „kleinen Schwarzen", das lt. Ausrüstungsliste „leicht, schön und exklusiv" sein sollte. Während Silvia uns alle in einem tief ausgeschnittenen, sich an den Körper schmiegenden, langen schwarzen Kleid mit Spaghettiträgern überstrahlte, hatte Monika ihr schlichtes dunkelblaues Hängerkleid mit bunt gemusterten Strümpfen aufgepeppt. Gisela und Petra hatten den wichtigen Ausrüstungsgegenstand ignoriert und erst in Krasnojarsk dem leisen, aber beharrlichen Drängen Silvias nachgegeben und sich Stoff gekauft, der malerisch um den Körper geschlungen und mit Sicherheitsnadeln festgesteckt einen recht ungewöhnlichen Anblick bot. Es machte fast gar nichts, dass Petra sich aufgrund der etwas instabilen Konstruktion öfter mal in den feuerroten Rock trat und dass Gisela, ein wenig unpassend zum schillernd schwarzen, mit bunten Tulpen verzierten Wickelkleid, ihre sich auflösenden Sandalen mit Strick zusammengebunden hatte. Ich trug ein langes, eng anliegendes, ärmelfreies Stretchkleid. Dezent geschminkt sammelten wir uns um das Büffet, einen im Gras ausgebreiteten Bootssack in festlich blauer Farbe, auf dem Kulinarisches anmutig angeordnet war. Leider fehlte der Wein; stattdessen gab es frisches Quellwasser.

An der Vorbereitung hatten wir einen halben Tag lang gearbeitet. Petra und Monika bauten einen Backofen aus Ufersteinen, Gisela hackte das Holz, ich sammelte Wildkräuter, bereitete aus ihnen

Salat und kochte das Hauptmenü, während Silvia den Hefeteig zubereitete, aus dem sie mit unterschiedlichen Zusätzen Brot und Hefeschnecken fertigte. Beim Essen langten wir alle ziemlich undamenhaft zu, und danach fühlte ich mich wie eine Boa nach der Fütterung und fand, dass ich in dem eng anliegenden Kleid auch so aussah.

Bevor wir die Tschunja verließen, um die letzten Kilometer auf der Steinigen Tunguska zurückzulegen, setzten wir uns ein letztes Mal an ihr Ufer, und jede von uns verabschiedete sich still von ihr, die uns ihr Wohlwollen erwiesen und ihre Schönheiten gezeigt hatte. Mir wurde klar, dass mich die Liebe zu Sibirien nie mehr verlassen würde.

Gebräunt und gesund landeten wir wenig später in Baikit, wo wir bereits mit Unruhe von unserem jungen Guide Schenja erwartet wurden, der schon zwei Tage vorher aus Irkutsk nach Baikit gekommen war, um die Rückflugtickets zu erwerben und uns auf dem Rückweg zu begleiten. „Alle fünf?", rief er fragend, als hätte er nicht ernsthaft damit gerechnet, uns vollzählig wiederzusehen. Vor Freude umarmte er jede von uns herzlich.

In Baikit erlebte ich zum ersten Mal die legendäre sibirische Gastfreundschaft: Wir als vollkommen Fremde wurden von Viktor und seiner Frau nach Hause eingeladen, wo für uns die Sauna eingeheizt wurde. Zum Abendbrot verwöhnten sie uns mit sibirischen Spezialitäten wie feinem rohem Fisch, marinierten Pilzen, Saft aus Waldbeeren, selbst gebranntem Wodka, einem großen gekochten Fischkopf, Gemüse aus dem Garten. Auch zum Schlafen, Frühstück und Mittagessen mussten wir bleiben. Wie die gesamte Tour war auch unser Abschied von positiven Erlebnissen geprägt.

Sibirien – die Stille, der Fluss, die Taiga und seine Menschen.

Was blieb

Ich flog nach Deutschland mit dem Gedanken, unbedingt wiederkommen zu wollen. Es vergingen jedoch fünf Jahre, bis ich eine weitere, wieder privat von mir organisierte Reise nach Sibirien unternahm.

Im Sommer 2003 befuhr ich gemeinsam mit vier männlichen Paddelpartnern die Flüsse Tungir und Oljokma. Als wir in Ust-Njuksha die Flusswanderung beendeten, Abschied nahmen vom Fluss, war mir sehr wehmütig zumute. Wie gerne wäre ich noch weitergefahren auf diesem herrlichen Gewässer, hätte der Stille gelauscht und die reine, weiche Luft der Taigawälder geatmet. Ich fühlte wieder die stille, tiefe Liebe zu diesem Land; es war, als hätte meine Seele hier ihre Heimat gefunden.

In mir blieb das unbestimmte Verlangen zurück, einige Monate allein – ohne Geplauder und Ablenkungen – auf einem sibirischen Fluss dahingleiten zu können.

Heimgekehrt nach Deutschland widmete ich mich meinem Beruf, nahm mein gewohntes Leben mit Sport, Familie, Freunden, geistigen Interessen wieder auf und lernte nebenbei weiter Russisch, was für mich sprachlich unbegabten und vergesslichen Menschen einen hohen Zeitaufwand und eine Plage bedeutete. Oft fragte ich mich, warum ich mir das eigentlich antat und ob ich meine Zeit nicht besser für etwas anderes verwenden sollte. Obwohl ich darauf lange keine Antwort fand, hielt mich irgendetwas bei der Stange, reifte langsam in mir heran. Und eines Tages wusste ich plötzlich, was ich machen wollte: mindestens drei Jahreszeiten in Sibirien erleben, in einem abgeschiedenen Dorf wohnen und versuchen, mich in das dortige Leben zu integrieren.

Aber war ich wirklich fähig, das Land in seinen unterschiedlichen Facetten zu erleben und zu ertragen oder verfing ich mich nur in schönen Naturträumereien? Die Dunkelheit und Kälte im Winter, die gleichgültige Natur mit ihren Unwägbarkeiten, die erheblichen zivilisatorischen Einschränkungen, die Einsamkeit – was würde all dies in mir bewirken?

Für die dort siedelnden Menschen ist ein solches Dasein normal. Es bedarf keinerlei Heldentums, eine begrenzte Zeit so zu leben, wie sie es tun. Aber für mich persönlich böte es eine seltene Erfahrung und vielleicht die Möglichkeit, bislang verborgene Seiten meines Selbst zu entdecken. Zunehmend nahm dieser Gedanke von mir Besitz.

Aus den bisherigen Begegnungen mit Dorfbewohnern wusste ich, dass ich viel von ihnen lernen konnte sowohl in menschlicher Hinsicht als auch von ihrer Kenntnis der Pflanzen und Tiere der Taiga, die einen großen Bestandteil ihrer Ernährung bilden. Mit ihnen Kräuter, Beeren und Pilze sammeln, lernen, wie man die Funde verwendet und zubereitet und sehen, was und wie dort gefischt und gejagt wird – auch das schien mir erstrebenswert.

Aber wie sollte ich eine wintergerechte Unterkunft in einem Dorf finden, und was brauchte ich, um einen längeren Zeitraum dort zu leben?

Der Ort Srednjaja Oljokma, den wir auf unserer Faltboottour im Sommer 2003 kennengelernt hatten, schien mir überaus geeignet für mein Vorhaben, denn er hat eine ausgesprochen schöne Lage und bietet gute Möglichkeiten für Ausflüge. Ich stellte mir vor, im Faltboot den Oberlauf der Oljokma zu befahren sowie herauszufinden, ob die Oljokma etwa 400 Kilometer flussabwärts von Srednjaja Oljokma, unterhalb der Einmündung des Xani, mit Faltbooten befahrbar ist bzw. ob es Umtragemöglichkeiten gibt. Laut Karte befindet sich dort ein zig Kilometer langer Canyon mit zahlreichen Stromschnellen, und die Einheimischen erzählen, dass in ihnen Baumstümpfe wie Streichhölzer zerbrechen. Doch ich wollte den Gedanken, irgendwann diesen herrlichen Fluss bis zu seiner Einmündung in die Lena zu befahren, nicht ohne nähere Prüfung aufgeben.

Ich wandte mich an mein bewährtes Reisebüro, das zu seinem russischen Partner Kontakt aufnahm und mir zu meiner Freude mitteilte, ich könne in Srednjaja Oljokma ein kleines unbewohntes Blockhaus mieten. Jetzt sah ich keine Hindernisse mehr, meinen Plan im Sommer 2005 in die Tat umzusetzen.

Bereits zweieinhalb Jahre zuvor war ich aus einer Zweizimmerwohnung in ein kleines Zimmer einer Wohngemeinschaft gezogen, um mir mehr finanziellen Freiraum zu schaffen für Zeiten, in denen ich entweder die Arbeitszeit reduzieren oder den Job ganz aufgeben würde. Obwohl ich mir vor dem Umzug einbildet hatte, nicht an Gegenständen zu hängen, fiel mir der Abschied von den vielen Büchern, die in bestimmten Lebensabschnitten für mich sehr wichtig gewesen waren und die mich lange Zeit begleitet hatten, nicht leicht. Dann wurde mir aber klar, dass ich weniger und andere Dinge brauchte als früher. Die Trennung von den Büchern, Möbeln, schönen Speiseservices, Haushaltsmaschinen, Wäsche usw. führte nach anfänglichem Bedauern zu einer Erleichterung, als wäre ein großes Gewicht aus überflüssigen Objekten von mir abgefallen. Diese Vorarbeit machte es nun für mich einfacher, die Arbeit aufzugeben und längere Zeit unterwegs zu sein.

Während der Vorbereitungen wurde mir deutlich, dass ich Vieles nicht wusste und vorher auch nicht klären konnte. Ich musste einfach davon ausgehen, es würde eine gute Erfahrung für mich sein, mit dem auskommen zu müssen, was gerade da ist. Schließlich konnte ich nicht einen ganzen Hausrat mitnehmen. Trotzdem reiste ich Mitte Juni 2005 mit etwa 80 Kilogramm Gepäck ab, weil ich auch mein Faltboot und die Zeltausrüstung mitnahm. Ich hatte mich inzwischen entschlossen, zuerst mit zwei Freunden in die Mongolei zu fliegen und vier Wochen später von dort aus allein mit dem Zug über die mongolisch-russische Grenze nach Sibirien weiterzureisen.

In der Mongolei

Kurts Vorschlag, in der Mongolei zu paddeln, war bei mir anfangs auf wenig Gegenliebe gestoßen. Ich wollte schließlich nach Sibirien. Ganz abgesehen davon hielt ich die Mongolei für kein attraktives Reiseziel, denn meine Vorstellungen von diesem Land waren: weite Steppen, Ebenen, Trockenheit, Wüste und schon gar keine Paddelflüsse. Als ich mich aber mit Reiseführer und Landkarte beschäftigte, begeisterte ich mich zunehmend dafür. Ein weiterer Pluspunkt war, dass die Mongolei an Sibirien grenzt und es von deren Hauptstadt aus per Bahn für sibirische Verhältnisse fast nur ein Katzensprung von 1920 Kilometern bis zu meiner Bahnstation Mogotscha war.

Auch Kurts Freund Charly wollte mitkommen. Wir arbeiteten ein vielseitiges Reiseprogramm aus, dessen Hauptteil darin bestand, mit unseren Faltbooten den Fluss Egijn Gol zu befahren, der im Norden der Mongolei den Chuvsgul-See verlässt und später in die Selenge mündet. Darüber hinaus wollten wir einige buddhistische Klöster besuchen sowie ländliche Naadamfeste, bei denen seit Jahrhunderten traditionelle Wettkämpfe wie Pferderennen, Bogenschießen und Ringen ausgetragen werden.

Ich hatte Kurt und Charly aus der Nähe von München vor mehreren Jahren bei Faltbootreffen an der Mecklenburger Seenplatte kennengelernt. Hilfsbereit, fröhlich, den Menschen zugewandt – ihre herzliche und unkomplizierte Art nahm mich sofort für sie ein. Wenn es darum ging, jemandem zu helfen oder eine Freude zu machen, vergaß Charly völlig selbstlos oft seine eigenen Interessen, und auch Kurt stand ihm darin nicht nach. Als beide für den Sommer 2001 eine Fahrt auf dem Porcupine in Kanada und Alaska planten, schloss ich mich ihnen an. Drei Wochen lang paddelten wir 850 Kilometer auf den Flüssen Eagle, Bell, Porcupine und Yukon River. Im Jahre 2003 waren wir gemeinsam mit zwei weiteren Paddlern in Sibirien auf den Flüssen Tungir und Oljokma unterwegs.

Auf solchen Reisen bleiben Stärken und Schwächen des Einzelnen nicht lange verborgen. Kurt hatte als früherer Sportler ein großes Durchhaltevermögen und eine geradezu unerschöpfliche Energie. Ich konnte mich blind auf ihn verlassen, denn er war absolut zuverlässig, umsichtig und handelte stets sehr überlegt. Bei Charly musste ich immer damit rechnen, dass seine Handlungen „aus dem Bauch heraus", impulsiv und vom Wunschdenken beeinflusst erfolgten.

Voller Vorfreude traten wir drei in Berlin-Tegel den Direktflug in die mongolische Hauptstadt an, nicht ahnend, dass diese dritte gemeinsame Reise ein vorzeitiges und tragisches Ende finden würde.

Weil wir schon morgens um 7 Uhr in der mongolischen Hauptstadt Ulan Bator landeten, konnten wir den Tag nutzen, um Lebensmittel für die vierzehntägige Wasserwanderung zu kaufen. Mir fielen zahlreiche attraktive Geschäftsgebäude auf, die bereits fertiggestellt oder noch im Bau waren. Ulan Bator wirkte wie eine aufstrebende Stadt und hatte eine angenehme Dienstleistungskultur. Die sehr hübschen jungen Mongolinnen waren modisch gekleidet, Handys bereits gang und gäbe. Es gab viele Restaurants, aber wir bevorzugten die an jeder Ecke zu findenden einfachen Bistros und Imbisse mit den einheimischen schmackhaften und dazu noch spottbilligen Gerichten.

In der Stadt lagen brütende Hitze und staubige Luft. Darum waren wir froh, am nächsten Tag mit Minibus, Fahrer und deutschsprechender Reisebegleiterin die 800 Kilometer weite Fahrt durch die Steppe zum Chuvsgul-See antreten zu können. Einige zig Kilometer hinter Ulan Bator verließen wir die Asphaltstraße und fuhren auf einer der Autospuren weiter, für uns nicht als „Straße" erkennbar.

Die Viehzüchter in ihren farbigen, bestickten Deels, den traditionellen mantelartigen, langen Kleidungsstücken, durch die weitläufige, hügelige Graslandschaft reiten zu sehen, war ein fremdartiger, malerischer Anblick. Sie leben wie vor Hunderten von Jahren in Filzjurten, Gers genannt, und halten große Pferdeherden, häufig auch Schafe, Ziegen oder Kühe, weiter im Norden auch Yakherden. Ihre Nahrung besteht vorwiegend aus Mehlfladen und selbst erzeugten Milchprodukten, wie Rahm, Joghurt und hart getrockneten Joghurtscheiben sowie aus Fleisch; Gemüse und Obst fehlen.

Nach zwei Übernachtungen im Zelt und Fahrten auf teilweise abenteuerlichen Pisten, die in der Nähe des Sees durch ausgetrocknete Flussbetten, über Berge und schwieriges, felsiges Gelände führten, erreichten wir den Chuvsgul, von dem unsere Reisebegleiterin erzählte, dass sich die meisten Mongolen wünschen, ihn einmal besuchen zu können. Sehr verständlich für mich, denn ich finde ihn noch

schöner als den Baikalsee, mit dem er viele Ähnlichkeiten hat. Im Norden der Mongolei, nahe der russischen Grenze, gelegen in 1640 Meter Höhe über dem Meeresspiegel und umgeben von über 3000 Meter hohen, waldbewachsenen Bergen, münden viele Flüsschen und Bäche in den Chuvsgul, aber nur ein Fluss, der Egijn Gol, verlässt ihn. Der See ist sehr tief, seine Wasser sind kalt, glasklar und fischreich.

Während Charly ruhebedürftig im Camp blieb, machten Kurt und ich zwei lange Wanderungen bergwärts und entlang des Seeufers. Eine unglaubliche Vielfalt an herrlichen Blumen in allen Farbtönen umgab uns, die Wiesen waren Blumenmeere.

Am Seeufer trafen wir auf ein Zelt von Rentiernomaden, um das einige Rentiere wiederkäuend lagen und in dem eine stattliche etwa Fünfzigjährige und deren Mutter, eine kleine, ausgemergelt wirkende alte Frau, saßen. Sie luden uns zum salzigen Milchtee ein, und mithilfe der deutschsprechenden mongolischen Begleiterin konnten wir eine Unterhaltung führen.

Die jüngere der Frauen war eine Schamanin. Sie war in ihrer Jugend schwer erkrankt und konnte drei Jahre nicht gehen bis zu dem Zeitpunkt, da ihr Schamanentum offenbar wurde. Sie fragte nach meinem Leben, und ich erzählte ihr etwas über mich und meine Gedanken, von meinen Plänen, und dass ich auf dem Wege nach Sibirien sei. Daraufhin lud sie mich ein, einige Zeit mit ihnen zu leben, wenn ich zurück sein würde aus Sibirien.

Das Leben dieser Menschen ist äußerst karg. Schon allein des Essens wegen mutet der Aufenthalt in einem sibirischen Dorf dagegen wie der reine Luxus an. Dazu sind sie auch im Winter ohne feste Behausung und schlafen praktisch auf der Erde. Und doch, der Gedanke an die Einladung spukt noch immer in meinem Kopf herum, auch wenn ich nun erst einmal einen anderen Weg eingeschlagen habe. Die traditionelle Lebensweise der Rentiernomaden, das Leben an der Seite einer Schamanin, die in ihren Gesängen mit den Bergen, Bäumen, Tieren, Steinen spricht – all das zieht mich sehr an.

Drei Nächte verbrachten wir am Ufer des Sees in einem Ger-Camp. Das Wohnen in den Filzjurten ist außerordentlich angenehm. In der Mongolei versteht man es hervorragend, den Touristen sowohl eine lebendige Tradition als auch westlichen Komfort zu bieten. Die Dienstleistenden sind immer sehr freundlich und entgegenkommend.

Nachdem wir drei Tage die Annehmlichkeiten des Touristencamps genossen hatten – Duschen, Vollverpflegung, Wäscheservice, ein interessantes Kulturprogramm mit mongolischer Musik, Gesang und Tänzen –, bauten wir auf der Wiese vor unserem Ger die Faltboote auf und begannen die Tour auf dem blau schimmernden Wasser des Sees. Nach etwa 25 Kilometern Fahrt erreichten wir den Fluss.

Der Egijn Gol überraschte uns, denn er mäanderte unablässig in ganz kurzen Windungen. Die Innenkurven waren stets sehr flach, und auch in der Mitte befanden sich Untiefen. Deshalb waren wir gezwungen, bei jeder einzelnen Windung, genau dem Stromzug folgend, die Flussseite zu wechseln. Durch den Zickzackkurs verlängerte sich die Fahrtstrecke, und wir kamen langsamer voran als geplant, obwohl die Strömung bei einem Gefälle bis über 3 ‰ sehr schnell war. Der Fluss teilte sich außerordentlich oft in mehrere Arme, und es galt, rasch zu entscheiden, welcher die vermutlich größte Wassermenge und beste Durchfahrt bot, bevor wir von der starken Strömung in die falsche Richtung geführt wurden. Wir mussten die ganze Zeit mit voller Konzentration fahren und wechselten uns daher in der Führung fast automatisch ab. Ich wünschte mir einige ruhige Flussabschnitte, um die Landschaft besser genießen und auch um filmen zu können.

An den Ufern grasten Yaks, schöne Pferde boten mit ihren Silhouetten einen faszinierenden Anblick, galoppierten in kleinen Herden davon. Dazwischen in der weiten Hügellandschaft vereinzelt die weißen Gers der nomadisch lebenden Viehzüchter. Ich fühlte mich zurückversetzt in vergangene Jahrhunderte, als die Heere des Tschingis Khan noch über die Steppe zogen.

Wir fanden wunderschöne Plätze zum Zelten. Zu unseren Füßen der klare Fluss, die Zelte inmitten von Wiesen, auf denen Mengen von Edelweiß, gelbem Enzian, sehr kleinen feuerroten Lilien und viele andere Blumen wuchsen, umgeben von alten, bereits abgetragenen Gebirgen, die zum Teil mit Nadelwald bedeckt waren. Charly sagte, dass dies sein schönster und interessantester Urlaub sei. Kurt und ich teilten seine Begeisterung.

Da wir uns noch in einer Höhe von etwa 1200 Metern befanden, waren die Nächte kalt, die Zelte morgens mit gefrorenem Tau bedeckt. Eines Morgens maßen wir minus 2 Grad, liefen aber trotzdem barfuss in Sandalen, denn in der Sonne wurde es bald wärmer. Der fünfte Tag unserer Fahrt bescherte uns einige kleine Wildwassereinlagen. Der Fluss verengte sich, wurde tief und schmal. Große Gesteinsbrocken erforderten Aufmerksamkeit bei der Durchfahrt, und kalte Wasserschwälle ergossen sich über die Spritzdecken. Nicht lange danach paddelten wir wieder durch eines der breiten, flachen Täler in einem wahren Flusslabyrinth auf einem der vielfach geteilten, schmalen Arme. Gebüsch und Bäume hingen in den Flusslauf, zahlreiche enge Kurven und schnelle Strömung komplizierten die Fahrt bei einem Gefälle von durchschnittlich 3,3 ‰.

Charly fuhr circa zehn, fünfzehn Meter vor mir. Plötzlich sah ich ihn ans Ufer streben, beim Versuch auszusteigen kentern, ins Wasser fallen und untertauchen, sich bis zum Bauch im Wasser stehend aufrichten. Er sah blass und geschockt aus. Sein Boot trieb rasch ab. Ich rief ihm zu, dass ich es holen werde. Nach etwa 150 Metern konnte ich das Boot an einer ruhigeren Stelle mit meiner Bootsspitze ans Ufer drängen und dann dort fest machen. Erleichtert dachte ich: „Noch mal gut gegangen", denn eine Kenterung ist kein Problem, solange der Paddler unverletzt bleibt und das Boot geborgen werden kann. Man fällt ins Wasser und wird nass, das ist alles.

Ich fing an, Charlys Boot zu entladen, damit wir anschließend das Wasser ausschöpfen konnten, wunderte mich aber, wo die beiden so lange blieben. Schließlich hörte ich Kurt meinen Namen rufen und antwortete ihm: „Alles okay, ich habe das Boot."

Kurt näherte sich. Nur noch durch einen flachen Flussarm von mir getrennt, rief er fassungslos: „Charly ist tot."

Ich realisierte das nicht. „Was ist los?", fragte ich zurück. „Charly ist tot."

Wortlos watete ich durch das Wasser zu Kurt. Gemeinsam gingen wir zurück zu der Stelle, an der ich Charly zuletzt gesehen hatte. Er lag auf dem Ufer, regungslos, blass, mit geschlossenen Augen und sah eher bewusstlos aus. Ich konnte nicht glauben, dass er wirklich tot sein sollte, legte die Finger an die Halsschlagader, mein Ohr an seine Brust – nichts. Wir sahen etwas Blut in seinem Ohr, verstanden aber nicht, was das bedeutete und woran er gestorben war.

Kurt berichtete erschüttert: „Ich sah ihn im Wasser stehen, als ich um die Biegung kam, und fragte: 'Charly, alles okay?', worauf er nickte. Ein Stück unterhalb des Platzes konnte ich anlanden und ging zurück zu Charly, der inzwischen aufs Ufer geklettert war und dort lag. Er war bereits ohne Puls und Atmung. Ich habe eine ganze Weile Mund-zu-Mund-Beatmung und Herzmassage gemacht, aber es blieb ohne Wirkung."

Wir wussten nicht, ob wir uns auf einer Insel befanden und nur im Boot andere Menschen erreichen konnten. In diesem Falle wäre es sehr schwierig gewesen, wieder hierher zu gelangen, um Charly zu bergen. Motorboote oder andere Boote gab es dort weit und breit nicht; sie hätten wegen der unübersichtlichen Verzweigungen und der vielen Untiefen wohl auch wenig Chancen gehabt, den Standort zu finden. Ob ein Helikopter hier zu landen vermochte, war fraglich. Wir konnten nur hoffen, nicht von Wasser umschlossen zu sein, sondern zu Fuß Hilfe holen zu können.

Kurt wollte sofort losgehen, doch ich hielt ihn zurück. „Nein, jetzt kommt es nicht auf die Minute an. Wir wissen nicht, wie lange wir unterwegs sein müssen. Wir bauen erst unsere Zelte auf, verstauen die Sachen wettersicher und ziehen feste Kleidung an. Danach können wir gehen."

Dort, wo Charlys und mein Boot lagen, fand sich eine kleine Lichtung. Kaum hatten wir die Sachen in die Zelte geworfen, brach ein Gewitter los. Wir gingen zu Charly und deckten ihn mit einer Plane ab, denn wir konnten nicht ertragen, dass er schutzlos dem Regen ausgeliefert war. Entgegen besseren Wissens hoffte ich noch immer, ihn plötzlich die Augen öffnen zu sehen.

Während der Gewitterregen aufs Zelt prasselte, zogen wir Regenkleidung und festes Schuhwerk an, nahmen Taschenlampen, Wertsachen und Pässe an uns und begaben uns dann auf die Suche nach Hilfe. Es war Glück im Unglück, dass wir uns zufällig am Ende des Flusslabyrinths befanden, am rechten Ufer des Egijn Gol. Wir mussten nicht lange gehen, bis wir zwei Gers sahen und einen Mongolen trafen. Mit Zeichensprache machten wir ihm klar, dass wir zu dritt seien, einer von uns tot am Fluss liege und er mitkommen solle. Bei Charly angekommen, bedeutete uns der Mongole, dass der Tote auf einer Insel läge und wir ihn durch den Flussarm zu unseren Zelten tragen müssten. Ich holte Packriemen und meine große Kunststoffplane, in die wir Charly einschnürten, um ihn besser tragen zu können. Zu dritt schleppten wir ihn entlang des Ufers durch das Gebüsch und den seichten Flussarm. Er war schwer.

Obwohl in vielen Gebieten der Mongolei bereits Handybetrieb möglich ist, funktionierte Kurts Mobiltelefon hier nicht. Kurt ging mit dem Mongolen, um unseren Transport in die nächstgrößere Ortschaft zu organisieren. Inzwischen leerte ich die Boote, schaffte Ordnung unter unseren Sachen und sortierte die aus, die wir an Ort und Stelle verschenken würden, weil sie uns jetzt nichts mehr nützten und uns beim Rücktransport nur belasten würden. Dabei musste ich ständig an der reglosen, im Grase liegenden Gestalt vorübergehen.

Mittags hatten wir noch gemeinsam Rast gemacht, gegessen, gescherzt, und nun lag Charly dort als Leiche. „Das gibt's doch nur im Alptraum", dachte ich und wunderte mich, dass ich trotz alledem so rational funktionierte.

Kurt kehrte erst kurz vor 22 Uhr zurück. Am nächsten Morgen um 9 Uhr würde uns ein Auto abholen, berichtete er. Bis dahin mussten wir die Boote zerlegt, in den Säcken verstaut und alles andere ebenfalls verpackt haben. Wir arbeiteten bis in die späte Nacht im Scheine unserer Kopflampen. Erst danach kamen wir dazu, uns ein wenig zu sammeln und auszutauschen.

Wie konnte es dazu kommen? Hätten wir früher auf Charlys Gesundheitszustand aufmerksam werden müssen? Verhielt er sich während dieser Reise anders als bei den vorherigen? Er hatte am Morgen kurz erwähnt, dass ihm schwindlig sei, dies aber mit angeblich niedrigem Blutdruck begründet und dem keinen weiteren Wert beigemessen. Sonst war uns nichts weiter aufgefallen. Klein, untersetzt mit Bauch, war er, seit ich ihn kannte, körperlich nicht sehr fit und wenig bewegungsfreudig. Obwohl mit seinem Boot uns immer voraus, war er nicht so ausdauernd wie Kurt und ich, die lange Zeit paddeln konnten ohne zu ermüden oder essen zu müssen und die eines schönen Zeltplatzes wegen lieber noch eine Stunde anhängten. Im Lager angekommen, hatte Charly meistens das Bedürfnis, sich im Zelt auszuruhen, während Kurt und ich uns bis in die späten Abendstunden beschäftigten mit Lagerarbeiten, Angeln, Spaziergängen, Schwimmen und ähnlichem. So war es auch dieses Mal gewesen.

Am nächsten Morgen kamen fünf Mongolen und halfen uns, alles Gepäck und Charly zu einem Minibus zu tragen. Bei anhaltender Hitze weit über 30 Grad fuhren wir einige Stunden durch die Steppe und nahmen an, dass sie uns nach Mörön fahren würden. Sie nannten jedoch einen gänzlich anders klingenden Namen und so wussten wir nicht, wo wir uns befanden, als wir in einer größeren Ortschaft ankamen. Seltsamerweise brachten sie uns in ein Hotel statt zur Polizei oder in ein Krankenhaus. Aber dort erfuhren wir wenigstens, dass wir doch in Mörön waren, und Kurt konnte mit dem nun funktionierenden Handy beim deutschen Konsulat in Ulan Bator anrufen. Mit telefonischer Unterstützung des

29

Konsuls und dessen mongolischsprechender Sekretärin gelang es, die erforderlichen Schritte zu unternehmen, Polizei und Krankenhaus aufzusuchen.

Bei der Polizei und der Staatsanwaltschaft wurde mit der Übersetzungshilfe einer herbeigeholten Lehrerin ein Protokoll über den Todeshergang aufgenommen, was mehrere Stunden in Anspruch nahm. Die Lehrerin hielt gerade am hiesigen Gymnasium Deutschprüfungen ab, und die Schüler mussten unseretwegen lange Zeit warten und konnten ihre Prüfung erst in den späten Abendstunden ablegen.

Der Staatsanwalt begleitete uns ins Krankenhaus. Dort war die Kühlung defekt, und der Arzt wollte die Leiche anfangs nicht annehmen, sondern bestand darauf, dass sie nach Ulan Bator überführt und dort nach mongolischem Gesetz obduziert wird. Das konnte der Konsul aber nicht veranlassen, weil das Konsulat die Transportkosten nicht übernehmen durfte und deshalb zuvor mit den Angehörigen klären musste, wer die Kosten trug und was dann weiter mit dem Leichnam geschehen sollte.

Unter Charlys Sachen hatten wir keine Auslandsversicherungspolice gefunden, die die Rückführungskosten abgedeckt hätte. „Was soll denn schon passieren?", hörte ich ihn im Geiste sagen. Doch selbst als gesunder Mensch muss man immer mit einer plötzlichen Erkrankung oder einem Unfall rechnen. Kurt und ich hatten für etwa 15 Euro eine Versicherung abgeschlossen, die Krankheits-, Bergungs- und auch Rückführungskosten im Todesfall übernommen hätte, und wir hatten sogar ein Testament gemacht.

Am übernächsten Tag flogen wir nach Ulan Bator, wo wir unweit davon in einem Camp die Entscheidung der Angehörigen abwarteten, da wir Charly auf seinem letzten Weg begleiten wollten.

Mehrere Tage darauf fand die Einäscherung im erst ein Jahr zuvor erbauten Krematorium statt. Außerhalb von Ulan Bator, inmitten einer unbebauten Hügellandschaft, bildete es den Anblick eines lichten, buddhistischen Tempels, zu dem eine schöne Treppe empor führte und der zwei Seitengebäude hatte. Die Gebäude sahen bunt, festlich und gediegen aus.

Wir wurden von der Deutsch sprechenden Leiterin der Einrichtung und ihrem Personal sehr aufmerksam empfangen. Der deutsche Konsul und zwei seiner Mitarbeiter waren ebenfalls anwesend.

Charlys Sarg stand mit einer bunten Decke bekleidet in einem geschmackvollen Raum. Zwei buddhistische Mönche rezitierten längere Zeit Gebete, die dem Geist des Toten helfen sollten, durch den Bardo zu gehen. Danach umschritten alle dreimal den Toten. Kurt und ich sprachen jeder einige persönliche Worte zum Abschied. Anschließend wurde der Leichnam in einen Fahrstuhl gehoben und in die Verbrennungskammer gebracht. Kurt und ich begaben uns in den geschmückten Tempel, in dem Angehörige Verstorbener und etwa zehn bis zwölf laut rezitierende Mönche saßen. Die Statue eines tibetischen Schutzheiligen, der nach tibetischem Glauben die Toten durch den Bardo leitet, stand auf dem

Schrein. Im Vorraum entzündeten wir 108 kleine Kerzen, die dem Toten helfen sollten, den für ihn richtigen Weg zu finden.

Nach einer Stunde bedeutete man uns, dass die Verbrennung abgeschlossen sei, geleitete uns in einen anderen Raum und stellte die Asche unseres Freundes in einer schön gearbeiteten, dunklen Holzurne vor uns auf den Tisch. Man fragte uns, ob wir die Asche sehen möchten, was wir beide verneinten, aber kurz darauf bereute ich es, weil es mir plötzlich auch gefühlsmäßig als das Natürlichste erschien. Auch Kurt tat es leid, dass die deutschen Bestimmungen es nicht zuließen, die Urne persönlich im Flieger mitzunehmen. Er meinte, das käme ihm jetzt auf einmal viel normaler vor, als sie anonym im Frachtraum transportieren zu lassen.

Am Abend unterhielten wir uns über die Einäscherung und waren beide der Meinung, dass sie sehr persönlich und festlich gewesen war, kein bisschen niederdrückend oder düster. Fast gleichzeitig sagten wir: „Das hätte Charly gefallen. Daraus hätte er eine gern erzählte Geschichte gemacht."

Ich glaube, dass dieser plötzliche Tod in einem exotischen Land an einem schönen Fluss und dieser festliche Abschluss seines körperlichen Lebens so waren, wie er sich sein Ableben gewünscht hätte.

An meinen Plänen änderte sich durch dieses erschütternde Ereignis nichts, denn ich begreife den Tod als das Normale und einzig Gewisse im Leben, nicht als tragischen Schicksalsschlag, der uns ungerechterweise trifft. Allerdings kommt er oft zu einem unvorhergesehenen, unerwünschten Zeitpunkt und bereitet Schmerzen, wenn er uns einen geliebten Menschen nimmt.

Charly war für mich ein lieber Paddelfreund, und ich hatte ihn wegen seiner großen Herzensgüte und seiner hilfsbereiten, warmherzigen Art sehr gern. Dieses Gefühl für ihn ist geblieben. Er hat etwas Gutes von sich in mir zurückgelassen, und dafür bin ich ihm dankbar. Ich denke noch oft an die Umstände seines Todes, aber es belastet mich nicht.

Weiterreise nach Sibirien

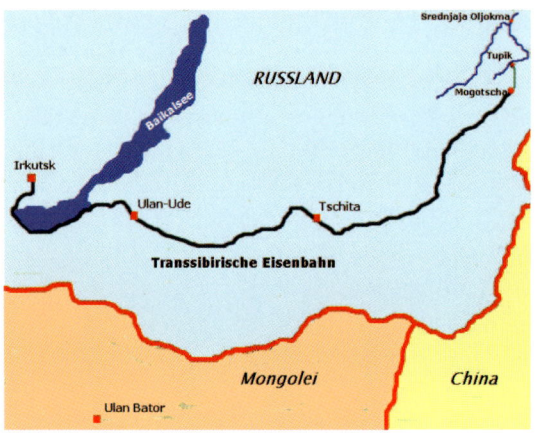

In einem Reiseführer über die Mongolei wird heftigst davor gewarnt, als Einzelperson oder gar als Frau mit der normalen Zuglinie Peking – Moskau zu reisen, und man solle auf keinen Fall ein Abteil teilen mit Mongolen, Chinesen oder Russen. Auf meiner Fahrt waren fast alle Bedingungen erfüllt, es fehlte lediglich der Chinese.

Im Viererabteil hatte ich wegen des Gepäcks zwei Plätze gebucht. Die anderen wurden anfangs von einem jungen Jakuten und einem Mongolen belegt, beide sauber duftend und mit angenehmen Manieren. Der Mongole erzählte mir auf Russisch, dass er eine russische Ehefrau habe und einen zweijährigen Sohn, die beide in Wladiwostok lebten und die er jetzt besuchen wolle. Er bekomme aber nur selten ein Visum dafür. Ich konnte nachempfinden, wie schmerzhaft es war, lange Zeit getrennt zu sein von seinen liebsten Menschen, die Entwicklung seines Kindes nur bruchstückhaft zu erleben, weil ich es selbst erlitten habe.

Nach kurzer Zeit kam ein etwa 55-jähriger Bekannter des Jakuten, ein Russe, herein und machte sich im Abteil breit, vor allem geruchsmäßig. Es herrschte eine unglaubliche Hitze und Schwüle, alle schwitzten, doch er hatte seine Kleidung sicher seit Tagen nicht gewechselt und lange nicht geduscht. Er roch nach Schweiß, ungewaschener Wäsche, Alkohol und Zigaretten. Er und der Jakute hatten in Ulan Bator an einem dreitägigen Wettbewerb von Segelflugzeugmodellen teilgenommen, bei dem der Russe den ersten Platz errungen hatte. Die Segelflugzeugteile führten sie in langen Holzkästen mit sich.

Leider tauschten der Mongole und der Russe ihre Plätze, und ich durfte den Russen volle vierundzwanzig Stunden erleben. Angeblich soll man Gerüche nach einigen Minuten nicht mehr wahrnehmen, aber das kann ich nicht bestätigen. Bei jeder seiner Bewegungen kam eine neue Geruchswelle zu mir herüber.

Der Zug hatte an der mongolischen und der russischen Grenzstation jeweils mehrere Stunden Aufenthalt, die der Russe zum Einkaufen nutzte. Es war rührend, wie er mir voller Freude die Kleider zeigte, die er für seine Frau und die Tochter gekauft hatte. Er packte jedes einzelne Kleidungsstück aus, um es mir vorzuführen. Für sich selbst kaufte er ganz wenig. Ich hätte bei dieser Hitze, die sogar die Einheimischen stöhnen ließ, höchstens die Energie aufgebracht, mir eine Flasche Wasser zu kaufen und mich in den spärlichen Schatten zu schleppen, er aber hatte einen halben Schrank voll gekauft, um seinen Lieben eine Freude zu machen.

Die Entfernung zwischen Ulan Bator und Ulan-Ude beträgt nur 657 Kilometer, aber die Fahrt dauerte wegen der langen Aufenthalte siebenundzwanzig Stunden. Am mongolischen Grenzübergang konnte man sich zu meiner Freude in einem sauberen Waschraum erfrischen sowie ordentliche Toiletten benutzen, während auf der russischen Seite lediglich die üblichen Stehklosetts vorhanden waren, die zwar meistens relativ sauber waren, aber nie so aussahen, weil die Fliesen uralt, teilweise abgeplatzt und vom Alter geschwärzt waren. Ich glaubte auch nicht so richtig an den Erfolg der Reinigung, wenn ich die alten, zerbeulten Eimer und die aus schwärzlichen Lumpen bestehenden Aufwischlappen in Aktion sah. Die Stehklosetts waren nur durch halbhohe Wände voneinander getrennt, nach vorne hin vollkommen offen, und das benutzte, natürlich selbst mitzubringende Toilettenpapier wurde in einen Eimer ohne Deckel geworfen.

Ein russischer Zollbeamter nahm Anstoß an meinem umfangreichen Gepäck und war der Meinung, ich dürfe nur 50 Kilogramm zollfrei mit über die Grenze nehmen, die restlichen 30 Kilogramm müsse ich verzollen. Auf meinen Einwand, dass es sich nicht um Waren, sondern um mein persönliches Gepäck handle, das ich auch wieder ausführen würde, antwortete er, dass dies egal sei. Als ich mich schon in mein Schicksal ergeben hatte, musste ich dann aber doch nichts bezahlen und fühlte mich plötzlich um die entsprechenden 180 Euro reicher, obwohl meine Reisekasse den gleichen Stand wie vorher aufwies.

Endlich in Ulan-Ude angekommen, der Hauptstadt der Burjatischen Republik innerhalb der Russischen Förderation, wohnte ich zwei Tage bei einer Witwe in einer großen, prächtigen Wohnung im Zentrum der Stadt. Ihr verstorbener burjatischer Mann war Minister für Kultur, Buchautor und der Dichter der burjatischen Nationalhymne gewesen, und es gab eine Menge Fotos von der Familie und von Begegnungen mit hohen Würdenträgern, u. a. mit dem Dalai Lama.

Nach der langen, anstrengenden Zugfahrt genoss ich – Luxus pur – die Dusche sowie das große Bett in einem eigenen Zimmer und eine angenehme familiäre Atmosphäre. Die Tochter der Witwe war Inhaberin eines Reisebüros, und obwohl beide sicherlich ein ausreichendes Einkommen hatten, waren Lebensstil und Essgewohnheiten sehr einfach. Reis mit Sojasoße gewürzt, dazu wurde rohes Gemüse wie Petersilie, Lauch, Gurken aus der eigenen Datscha (Garten mit Wochenendhäuschen) gegessen und Milchtee getrunken. Morgens kochte die Babuschka Kascha (Brei) aus Maisgrieß oder Haferflocken. Die Bescheidenheit der Lebensführung gefiel mir.

Da die Auswahl an Lebensmitteln und anderen Waren in Mogotscha und erst recht in Tupik mangelhaft ist, kaufte ich in Ulan-Ude den größten Teil der Dinge ein, die ich in den nächsten acht Monaten benötigen würde. Das Reisebüro stellte mir dafür ein Fahrzeug mit Fahrer zur Verfügung. Mein Gepäckberg wuchs, und für die Weiterfahrt mit der Transsibirischen Eisenbahn benötigte ich bereits zwei zusätzliche Plätze und einen Begleiter, weil ich fürchtete, damit allein nicht zurechtzukommen. Als mein Begleiter Schenja erschien, freute es mich sehr, in ihm den jungen, blonden, sympathischen Guide wiederzutreffen, der uns Frauen 1998 aus Baikit abgeholt hatte. Er hatte inzwischen geheiratet und einen Sohn bekommen. Wir kamen gleich ins Gespräch und verbrachten eine angenehme Zeit miteinander.

Vierundzwanzig Stunden dauerte die Bahnfahrt bis Mogotscha – genügend Zeit, um innerlich anzukommen in meiner Heimat für die nächsten acht Monate. Versonnen blickte ich auf die Ortschaften, Flüsse, Wiesen und Wälder, die wir durchfuhren, versenkte mich in Landschaft und Weite. Mir fehlen die Worte zu beschreiben, was Sibirien mit mir tat, indem es lediglich da war. Ich reiste nicht nur einfach im Zug durch Sibirien, sondern es breitete sich allmählich und still in mir aus, erfüllte meine Seele mit seinem Wesen. Schenja fühlte vielleicht, was in mir vorging, denn aus dem Fenster blickend sagte er: „Das gehört jetzt alles dir."

Die Strecke von Moskau nach Wladiwostok ist mit 9298 Kilometern die längste Bahnstrecke der Welt. Man muss wohl mit dem Zug fahren, um eine Vorstellung von der ungeheuren Weite Russlands zu erhalten. Mit über 17 Millionen Quadratkilometern, von denen rund 11 Millionen Sibirien zugerechnet werden, stellt es das flächenmäßig größte Land der Erde dar (zum Vergleich: USA 9,8/ Kanada 10/ China 9,6 Mio km^2). Von seinen elf Zeitzonen liegen allein neun in Sibirien, das sich vom Ural im Westen bis zum Pazifischen Ozean im Osten erstreckt, im Süden grenzt es an Kasachstan, die Mongolei und China und dehnt sich im Norden mit seinen Inseln bis weit hinein ins Polarmeer aus. Es ist in viele Verwaltungsgebiete (Oblast oder Kraj) und diese sind wiederum in einzelne Landkreise (Rayon) aufgeteilt.

Mein Ziel, das Dorf Srednjaja Oljokma, liegt im Tungiro-Oljokminskij Rayon, einem der 28 Landkreise der 412.300 Quadratkilometer umfassenden Region Tschitinskaja Oblast (später umbenannt in Sabaikalskij Kraj). Im Tungiro-Oljokminskij Rayon leben rund 1600 Einwohner auf einer Fläche von 42.900 Quadratkilometern, also 0,037 Einwohner/km^2. Sie konzentrieren sich in vier Ansiedlungen, dem größeren Rayon-Verwaltungsort Tupik und drei kleinen Taigadörfern.

Am Bahnhof in Mogotscha erwartete uns Nikolai mit seinem Minibus. Ich kaufte noch einige Dinge ein, von denen ich vermutete, dass sie in Srednjaja Oljokma nicht vorrätig sein würden, unter anderem verschiedene Lebensmittel, Plastikschüsseln sowie 30 Rollen Toilettenpapier. Danach fuhren wir hundert Kilometer durch die Taiga zur Ortschaft Tupik am Fluss Tungir. Bezeichnenderweise bedeutet der Ortsname „Sackgasse", denn hier endet die Trasse. Der Tungir mündet nach rund 320 Kilometern in den Fluss Oljokma, an dessen Ufer kurz danach das Dorf Srednjaja Oljokma liegt.

In Tupik verabschiedete ich mich von Schenja und stieg noch am gleichen Abend gegen 18 Uhr in ein etwa acht Meter langes Holzboot mit Außenborder, in dem mich sein Besitzer Alexander nach Srednjaja Oljokma bringen wollte. Alexanders zwölfjähriger Neffe Sascha begleitete uns. Das Wetter war sonnig, jedoch nicht zu heiß, und die Landschaft begeisterte mich wieder aufs Neue. Ich verlor mich im Anblick der Wälder, des klaren, strömenden Wassers, der Gestaltungen des Ufers und der Inseln. Sehnsüchtig schaute ich auf den Fluss, denn es hätte mir viel mehr Spaß gemacht, ihn gemächlich in meinem eigenen Boot zu befahren und abends auf einer der schönen Kiesinseln mein Zelt aufzuschlagen. Dazu hatte ich dieses Mal allerdings zu viel Gepäck dabei.

Der Tungir führte viel Wasser, und Alexander berichtete, dass acht Tage zuvor der Wasserstand mehr als zwei Meter höher gewesen war; sogar einige der Jagdhütten auf den Steilufern hatten unter Wasser gestanden. Reihenweise umgestürzte Bäume mit von der Strömung ausgewaschenem Wurzelwerk zeugten noch vom Hochwasser. An anderen Stellen waren angetriebene Baumstämme im wilden Durcheinander zu hohen Wällen aufgeschichtet.

Nach dreistündiger Fahrt hielten wir vor einem hohen Ufer, um dort im Wald zu übernachten. Alexander machte mir unvermittelt den verblüffenden Vorschlag, mit ihm zu schlafen, was ich auf reichlichen Wodkagenuss zurückführte und nur mit einem Lachen und Kopfschütteln quittierte.

Er und Sascha nächtigten auf dem Waldboden auf einer Decke, und auch ich verzichtete auf das Zelt, weil Alexander meinte, es sei nicht nötig. Diesen Entschluss bereute ich die ganze Nacht, weil die Mücken in Scharen über mich herfielen, sodass ich mich in meinen warmen, auf sibirische Winternächte ausgelegten Schlafsack verkriechen musste und dort vor Hitze fast erstickte. Ich begrüßte deshalb erleichtert das Ende der Nacht und die frühe Weiterfahrt um 7 Uhr morgens.

Die Fahrt ging nicht sehr zügig voran, weil Alexander überall anhielt, wo er ein Boot und „Jäger" erspähte. Dann fuhr er ans Ufer, unterhielt sich, rauchte und trank mit ihnen Wodka. „Jäger" hieß, dass jeder Mann im Boot ein Gewehr dabei hatte und ausgiebig Zielwasser zu sich nahm. Es schien mir darum nur logisch, dass sie danach alles doppelt sehen und von den zwei Elchen doch mindestens einen treffen mussten.

Einem Boot begegneten wir mehrmals. Darin befand sich ein menschliches Wrack – rotunterlaufene Augen, volltrunken, unfähig jeder Bewegung, stinkend. Das war „Papa". Ich beobachtete, dass Papa von seinem fürsorglichen Sohn bei jedem Halt geweckt wurde und die nächste Dröhnung erhielt.

Im Dorf Gulja hatte Alexander einen Mann mitgenommen, den er zur Jagd irgendwo absetzen und auf dem Rückweg wieder abholen wollte. Die beiden fragten mich, ob ich etwas dagegen hätte, wenn sie in der Nacht auf die Jagd gingen, während ich und der Junge noch mal im Wald übernachten würden. Da ich es nicht eilig hatte und neugierig auf die Jagdbeute war, erklärte ich mich einverstanden. Sie gingen erst einmal auf Spurensuche. Sascha und ich warteten im Boot. Während dieser Zeit legte direkt neben uns das Boot mit dem untoten Papa, seinem Sohn und dessen Freund an. Der Freund war inzwischen auch bis obenhin abgefüllt und lag regungslos auf dem Gepäck, die Füße auf dem Kopf des wehrlosen Papa, der halb im Wasser hockte, weil das Boot nicht ganz dicht war. Ich hätte dieses makabere Bild gern gefilmt, aber der Sohn war noch bei Sinnen, also ging es nicht.

Die Aussicht, möglicherweise neben dem stinkenden Papa und den anderen Betrunkenen zu übernachten, fand ich nicht lustig, und darum war es mir ganz egal, ob die Spurensuche erfolgreich verlaufen war oder nicht. Als Alexander und sein Jagdgenosse wiederkamen und zu beraten anfingen, sagte ich entschieden: „Alexander, ich möchte sofort abfahren. Ich will nicht mit betrunkenen Leuten zusammen sein." Er befolgte meinen Wunsch sogleich – musste er auch, weil er die ganze Fahrt nur für mich machen sollte und dafür bezahlt wurde.

Wir übernachteten noch einmal im Wald, denn durch die vielen Wodka-Päuschen war es schon zu spät zum Weiterfahren.

Am Tungir

Rückblick – Faltbootfahrt auf Tungir und Oljokma

Während der jetzigen Fahrt versuchte ich, die Plätze wiederzuerkennen, auf denen wir vor zwei Jahren campiert hatten, als ich mit Kurt, Charly, Harald und Arnold hier entlanggepaddelt war.

Arnold, Karin, Harald, Kurt und Charly (v.l.n.r.)

Ich erblickte die Insel, auf der wir das „Traum-Camp" aufgeschlagen hatten. Damals hatte uns der Platz kurz nach dem Anlanden, noch bevor wir unsere Zelte aufbauen konnten, mit Wolkenbruch und Hagelschauern empfangen, dann aber zwei genussreiche Tage beschert. Die große Insel bestand aus feinem Kies, aus dem der Wind vielerorts sanfte Hügel gebildet hatte. Weidenbüsche und blühende Pflanzen belebten den Ort, und sogar einige Sträucher der Roten Johannisbeere hatten sich darauf angesiedelt. Ein riesiger Verhau aus angespülten Baumstämmen zeugte von der Urkraft der Elemente und setzte einen fast dramatischen Akzent. Dass mehrmals am Tage Regengüsse niederprasselten, störte uns wenig, da jeder von uns ein gutes Zelt hatte und das als Küchenzelt dienende große Tarp allen geschützte Sitzplätze bot.

Nicht nur an diesem Platz, sondern immer, wenn es regnete, tat Arnold kund: „Das regnet jetzt die ganze Zeit bis zum Ende der Tour so weiter", und immer, wenn der Regen eine Pause machte oder das Wetter sonnig war, sagte Charly im gleichen Brustton der Überzeugung: „Der Regen hat aufgehört, das Wetter bleibt nun schön bis zum Ende der Tour."

Kurt und ich konnten einfach nicht begreifen, wie man solchen aus der Luft gegriffenen Unsinn daherreden konnte. Wir nahmen diese Bemerkungen anfangs nicht unwidersprochen hin und gerieten daraufhin in Streitgespräche mit ihnen. Komisch war aber, dass weder Arnold noch Charly Widerspruch anmeldeten, wenn einer von beiden seine krass gegenteilige Meinung zum Besten gab. Für sie war wohl klar, das solche Äußerungen rein emotional waren und es deshalb völlig sinnlos war, darüber zu diskutieren. Harald hatte das schnell durchschaut und hielt sich weise zurück. Arnold stammte aus Niederösterreich und Harald lebte in der Nähe des Bodensees. Sie hatten über meine Anzeige in einer Kanu-Zeitschrift von der geplanten Tour erfahren und ihr Interesse angemeldet. Wir trafen uns einige Male in Oberbayern bei Kurt, lernten uns ein wenig kennen, besprachen alles und bereiteten die Reise vor.

Arnold mit seinem lustigen Dialekt und seiner Wurschtigkeit gefiel uns gleich. Er amüsierte uns unter anderem mit der Schilderung seiner Touren auf Teslin River und Yukon River in Kanada, die darin gipfelte, wie er sein mit Bierdosen angefülltes Gummiboot ohne besondere eigene Anstrengung unter Ausnutzung der Strömung die Flüsse hinunterschwimmen ließ. Unterwegs schlummerte er immer mal ein und wurde geweckt, wenn das Boot an Hindernisse stieß – ein Anlass, zur nächsten Bierdose zu greifen. Das Bierdosen-Timing war perfekt, denn das Bier reichte gerade bis zum Zielort, an dem Arnold sich von seinem in der Nähe lebenden Onkel abholen ließ. Beim Anblick seines Bootes mit der im wüsten Durcheinander liegenden, unkonventionellen Ladung stießen einige hochgerüstete Kanuten, die er unterwegs traf, ein entgeistertes: „Was ist denn das?" aus.

Während wir unbefangen herzlich lachten, entging uns vollkommen, dass genau und nur diese Art der Fortbewegung seiner Vorstellung von einer Wanderpaddeltour entsprach. Solches zu denken, lag weit jenseits unserer Fantasie, denn wenn wir vom Paddeln sprachen, meinten wir paddeln und nicht sich treiben lassen. Zudem hatte er behauptet, an manchen Tagen bis zu 100 Kilometer zurückgelegt zu haben. Wir hielten ihn für einen im Wanderpaddeln erfahrenen, lockeren, umgänglichen, lustigen Kumpel, mit dem wir unterwegs viel Spaß haben würden.

Auf dem Fluss in Sibirien dauerte es allerdings nicht lange, bis wir unseren Irrtum bemerkten. Obwohl wir in einem ausgesprochen gemäßigten Tempo paddelten, stöhnte er schon am zweiten Tag unablässig, dass wir zu schnell führen und er in seinem Boot keine Chance hätte mitzuhalten. Aus meiner Sicht lag das aber eher daran, dass er die Paddel oft ruhen ließ, statt wie üblich gleichmäßig durchzupaddeln, denn wenn er paddelte, war er nicht langsamer als wir. Trotzdem mochte ich nicht ausschließen, dass bei seinem Boot ein höherer Kraftaufwand notwendig war und bot ihm an, am nächsten Tag mit ihm zu tauschen. Falls es sich tatsächlich als mühsam herausstellen sollte, damit um die 30 Kilometer am Tag zu paddeln, würde bis zum Zielort jeder von uns immer reihum das Boot einen Tag lang benutzen, damit die Belastung gleichmäßig verteilt war.

Arnolds aufblasbares, aus strapazierfähigem Gummi bestehendes Boot war 3,90 Meter lang, relativ breit und oben offen, sodass ausreichend Laderaum auch für sperriges Gepäck vorhanden war. Durch die Längsrippen am Boden lief es auch ohne Steuer gut geradeaus, war jedoch für schnell strömendes Wasser besser geeignet als für langsames. Gegenüber den schmalen, schnittigen Faltkajaks von Harald und Charly sowie dem Klepperdampfer von Kurt war es sicherlich im Nachteil. Ich fuhr statt meines schlanken Pouch-Einers einen 4,50 Meter langen, recht breiten Zweier eines kleinen Moskauer Faltbootherstellers. Auf diese Weise konnte ich alles, was in den anderen Faltbooten keinen Platz fand, aufnehmen und fuhr mit einer ziemlich großen Zuladung. Etwas nachteilig empfand ich die weit hinten befindliche Position des zweiten Sitzes und die durch den breiten, flachen und nur leicht gerundeten Rumpf verursachte langsamere Fahrt. Bei großer Wendigkeit war auch dieses Boot eher für schnell strömendes Wasser zweckmäßig. Für strömungslose, windanfällige Gewässer war es ganz und gar ungeeignet, denn es hatte kein Steuer und durch die am Boden angebrachten Luftschläuche kaum Tiefgang, sodass es zum Spielball des Windes geworden wäre, doch diese Gefahr bestand auf Tungir und Oljokma nicht.

Am folgenden Tag tauschte ich mit Arnold das Boot und paddelte zwar nicht schnell, aber relativ mühelos eine Tagesetappe von 35 Kilometern. Danach war ich der Ansicht, dass diese Leistung einem mehr als 20 Jahre jüngeren, kräftigen Mann durchaus zuzumuten sei. Arnold hingegen hatte gemerkt, dass auch in meinem Boot gearbeitet werden musste und erhob keinen Einwand. Allerdings machte er ostentativ ständig Paddelpausen, rauchte dabei eine Zigarette, aß etwas oder schaute in der Gegend herum, sodass wir dauernd auf ihn warten mussten und dadurch aus dem Rhythmus kamen. Das kümmerte ihn keineswegs, sondern er benahm sich aufsässig wie ein bockiger Bube. Schließlich wurde mir sein Verhalten zu bunt. Ich fuhr zu ihm hin und schimpfte: „Mir reicht es jetzt mit dir! Diese Spielchen kannst du daheim mit deinem Mütterchen machen, aber nicht mit mir! Ständig müssen wir auf dich warten. Hör auf herumzubummeln und halte dich gefälligst an die Regeln, die wir gemeinsam abgemacht haben!"

Die Standpauke hatte ihm wohl gefehlt, denn danach lief es etwas besser. Trotzdem war er missmutig und sprach einige Tage davon, allein weiterzufahren zu wollen, was aber nicht ging. Schließlich verlor auch Kurt die Geduld und fuhr ihm über den Mund: „Jetzt hör aber auf, solchen Quatsch zu reden. Wir haben eine gegenseitige Verantwortung und bleiben zusammen. Ganz abgesehen davon könnten wir die Gemeinschaftsausrüstung und die Lebensmittel überhaupt nicht entsprechend aufteilen."

Zu Beginn der Fahrt waren wir übereingekommen, immer zwei Stunden durchzupaddeln, dann eine halbstündige Mittagspause zu machen, nach weiteren zwei Paddelstunden eine nächste halbstündige Pause einzulegen, und danach noch einmal ein bis zwei Stunden bis zu einem guten Lagerplatz zu fahren.

Wir sahen, dass Arnold keine Stunde durchpaddelte. Nach etwa einer dreiviertel Stunde schon sackte er in sich zusammen, schien meistens sogar einzunicken und einige Minuten sitzend zu schlafen. Da er sich selbst als gesund bezeichnete, Muskeln und eine kräftige Statur hatte, konnten wir uns das nicht erklären. Glücklicherweise war später auf der schnell strömenden Oljokma, die uns ohne viel eigenes Zutun rasch den Fluss hinuntertrug, für Arnold die Welt wieder in Ordnung. Erst in Hamburg bei der Lektüre eines Buches über Ernährung, kam mir der Verdacht, dass sein Zuckerstoffwechsel gestört gewesen sein konnte, da es seinen Ernährungsgewohnheiten entsprach, viele Mehlspeisen und Unmengen Zucker zu sich zu nehmen. In eine Tasse Kaffee oder Tee gab er zum Beispiel vier gehäufte Löffel Zucker. Der Zuckermissbrauch führt zu vermehrter Ausschüttung von Insulin und in der Folge zu starkem Absacken des Blutzuckers. Der niedrige Blutzuckerspiegel kann Schwächegefühle, Zittern, plötzliches Einschlafen und Erschöpfung bewirken.

Harald war fast zwei Meter groß und unglaublich mager, obwohl er erstaunliche Essensmengen verdrücken konnte und wohl auch benötigte. Vorsorglich hatte er sich mit Energieriegeln eingedeckt, die er bei Bedarf zu sich nahm. Er hatte einen wohlgeformten Kopf und ein hübsches Gesicht, war sportlich, ausdauernd, gebildet, formulierte sehr witzig und durchdachte alles genau. Seine gesamte Ausrüstung war neu, alles war vom Besten und nichts fehlte. Besonders staunte ich über einen zusammenlegbaren Armlehnencampingstuhl, denn noch nie hatte ich erlebt, dass ein solches Möbelstück bei einer Faltboottour Anwendung fand. Er schlief nicht etwa auf einer Matte aus PVC-Schaum oder einer selbstaufblasbaren, dünnen Matratze, sondern auf einem Gästebett, das er mit der Bootsluftpumpe zu einem komfortablen, hohen Lager aufpumpte. Das Bett musste Charly sehr imponiert haben, noch dazu, da seine Luftmatratze bald unreparabel den Geist aufgab und er danach mit dem oft steinigen, kalten Boden einen unerwünscht engen Umgang pflegen musste. Bei der nächsten gemeinsamen Tour kam Charly mit einem ebensolchen Gästebett an. Da er aber keine von Haralds Eigenschaften aufwies, hatte er keine Pumpe dabei und vorher auch nicht ausprobiert, wie das Aufpumpen mit reiner Lungenkraft funktioniert, nämlich außerordentlich mühevoll und langsam – und das wegen der Ortswechsel jeden Abend aufs Neue.

Harald liebte große, lange brennende Lagerfeuer und schleppte dafür unermüdlich Baumstämme und möglichst dicke Äste heran, mit denen er nach dem Essen das Küchenfeuer zum Flammenmeer ausweitete. Bei sonstigen Küchen- und Lagerarbeiten war er etwas zu zurückhaltend. Das lag aber vermutlich an mir und Kurt, weil wir uns immer gleich in die Arbeit stürzten, bevor ein anderer sich besinnen konnte. „Naaa (nein), ich mach das schon", pflegte Kurt zu sagen, wenn jemand Hand anlegen wollte.

Das herrliche „Panorama-Camp" von damals, ebenfalls auf einer Insel gelegen mit Aussicht auf einen interessanten Flussverlauf und waldige Hügelketten, konnte ich nicht zweifelsfrei ausmachen, denn ich sah viele Plätze, die Ähnlichkeiten aufwiesen. Im Geiste sah ich dort wieder unsere Zelte stehen und hörte das Lagerfeuer knistern. Charly hackte mit unerhörter Schnelligkeit die Unmengen Knoblauch, die wir jeden Tag aßen, sodass Harald ihn „Knoblauchspecht" getauft hatte. Ich saß am Ufer in der Abendsonne und blickte auf das ungetrübte, strömende Wasser. Manchmal ging ich ein Stück abseits, um fern aller Gespräche die Stille zu genießen.

Einer der schlechtesten Lagerplätze meiner gesamten Paddlerlaufbahn, das „Mückige Steincamp", lag beim derzeitigen hohen Wasserstand vermutlich unter Wasser. Ich hätte es sehr begrüßt, wenn es das damals auch schon getan hätte. So aber erspähten Charly und Arnold das mit großen Steinen übersäte, flache Ufer, in dem sich schlammige Vertiefungen befanden. Da nach der zweiten Pause bereits mehr als eine Stunde vergangen war, befanden beide, nun müsse unbedingt gelagert werden. Kein Paddelschlag ging mehr. Gezwungenermaßen fanden wir anderen uns damit ab, die Zelte in dieser hässlichen Mückenhochburg aufzustellen. Am nächsten Morgen sahen wir fünfzehn Minuten weiter eine wunderschöne Stelle zum Zelten.

Als Charly das nächste Mal einen ähnlich ungünstigen Platz angesteuert hatte, versuchten wir eine ganze Weile, ihn dazu zu überreden, ein Stückchen weiterzufahren bis zu einer besseren Lagerstätte. Aber er blieb stur und entlud schon mal sein Boot, während Arnold noch unentschlossen herumstand. Wir anderen drei fügten uns dieses Mal nicht, paddelten noch ein kleines Ende und wurden dafür belohnt. Arnold folgte zögernd, worauf sich notgedrungen auch Charly anschloss.

Meistens jedoch hatten wir keine Probleme beim Finden geeigneter, landschaftlich herrlicher Lagerorte, und häufig wäre ich am liebsten kurz nach dem Start gleich wieder an Land gegangen, weil es dort so schön war.

Weder der Tungir noch die Oljokma wiesen bis zum Aussetzen in Ust-Njuksha schwierige Stellen auf. Es gab lediglich Untiefen, an denen man aufpassen musste, und Stellen mit sehr schneller Strömung und höheren Wellen, die durch Gesteinsbrocken am Grund hervorgerufen wurden, aber alles war leicht befahrbar. Bei niedrigem Wasserstand mag das anders aussehen. Wir hatten durch die häufigen starken Regengüsse viel Wasser und einen ständig steigenden Pegel. Vielleicht war Kurt enttäuscht über die dadurch fehlende „action" und wollte etwas nachhelfen, denn nur so war es zu erklären, dass er an einer auf der Karte als Stromschnelle gekennzeichneten, unter den jetzigen Bedingungen jedoch harmlosen Stelle plötzlich neben dem Boot im Wasser schwamm.

Als wir nach der Einmündung des Tungir auf der Oljokma weiterfuhren, nahm die Strömung zu, und der Fluss wies lebhafte Stellen auf. Die Landschaft wurde felsiger, noch interessanter und abwechslungsreicher. Im „Filmkulissen-Camp" standen unsere Zelte auf einem langen, breiten Sandstrand, an dem wir bei sonnigem Wetter ausgiebige Badefreuden genossen. Auf der gegenüberliegenden Seite befand sich ein hohes, steiles Felsband, das sich den ganzen ausgedehnten Flussbogen entlangzog und einen unvergesslichen Anblick bot.

Während ich mir unsere Flussfahrt von vor zwei Jahren in Erinnerung rief, näherten wir uns dem Dorf.

Heimat für acht Monate

„Hoffentlich funktioniert der Ofen und das Dach ist dicht. Ob mir wohl einer hilft, wenn ich etwas allein nicht schaffe? Werde ich von jemandem Gemüse und Kartoffeln kaufen können?"

Auf den letzten Kilometern vor der Ortschaft Srednjaja Oljokma wurde mir wieder bewusst, wie wenig ich einschätzen konnte, was mich erwartete und wie mein Leben hier verlaufen würde. Trotzdem will ich nicht von Mut sprechen. Vertrauen, nicht Mut, war das Schlüsselwort für mein Unternehmen, hierher zu fahren und eine Weile hier zu leben. Vertrauen zu mir selbst, dass ich es schon irgendwie hinkriegen würde, und Vertrauen zu anderen Menschen, dass sie mir bei Schwierigkeiten helfen würden. Und dann gab es noch die Bereitschaft, bekannte Pfade zu verlassen und Unangenehmes ertragen zu wollen, denn ich durfte nicht damit rechnen, dass immer alles glatt gehen würde.

Ich wusste, dass in dem Haus keine Möbel waren und machte mich darauf gefasst, dort wie im Zelt leben zu müssen, also auf meiner dünnen, selbstaufblasbaren Matratze zu schlafen und den Boden als Ablage, Sitz und Tisch benutzen zu müssen, falls es mir nicht gelang, einige Einrichtungsgegenstände zu leihen oder selbst zu basteln.

Am 17. Juli 2005 legte unser Motorboot nach einer Fahrt von etwa 320 Flusskilometern am Ufer des Dorfes an. Der Zufall wollte es, dass wir dort Kolja und seinen 18-jährigen Sohn antrafen, die gerade vom Fischen und Pilzesammeln kamen. Mit Kolja und seiner Lebensgefährtin Irina hatte ich einen losen Briefwechsel geführt, seitdem ich die Fotos an sie geschickt hatte, die Kurt bei unserer Durchreise von ihnen und einigen anderen Dorfbewohnern gemacht hatte.

Kolja holte sofort seinen großen Lastwagen zum Flussufer und fuhr mein Gepäck zu sich nach Hause. Wir bekamen, das ist selbstverständlich in Sibirien, erst einmal Tee und etwas zu essen, Suppe mit Elchfleisch. Solches Fleisch aßen hier offenbar alle, denn bis dahin war es mir jedes Mal vorgesetzt worden: bei meiner Ankunft in Tupik, unterwegs in Gulja und nun hier. Und noch etwas schien üblich zu sein: Der Gast stellt eine Flasche Wodka auf den Tisch, die ausgetrunken wird. Dabei machte ich aus Prinzip freilich stets eine (un)rühmliche Ausnahme, obwohl Schenja mir in Tupik erklärt hatte, dass das in Sibirien überhaupt nicht geht.

Bevor wir uns zum Essen setzten, flitzte Alexander zum Einkaufsladen, um schnell noch drei Flaschen Wodka zu holen. Irina und Alexander tranken eine Flasche innerhalb einer Stunde fast ganz allein aus, denn Kolja trank nur ein Glas und ich gar nichts, sehr zur Empörung Irinas. Danach gingen Irina und ich zu der Frau, die den Schlüssel für das Haus haben sollte, das ich mieten wollte, aber wir trafen sie nicht an. Daraufhin führte Irina mich zum Dorfvorsteher. Dort gab es wieder etwas zu essen und Wodka, von dem Irina mehrere Gläser trank. Schließlich stellte sich heraus, dass die Frau mit dem Schlüssel erst am nächsten Tag heimkommen sollte.

Wieder bei Irina angekommen, putzten wir eine riesige Schüssel Birken- und Steinpilze. Einen Teil davon konservierte sie mit Salz, Essig, Zucker und Dill in Weckgläsern. Das schmeckt später kalt als Vorspeise ausgezeichnet.

Nach dem Essen überredete Irina mich, mitzugehen zum Laden, was Kolja aber nicht wissen sollte. Ich konnte mir schon denken, warum. Im Laden kaufte sie eine Flasche Wodka und machte sich dort unverzüglich ans Werk. Nach drei großen Gläsern und zwei Zigaretten wurde es mir zu langweilig und ich sagte: „Irina, es ist genug. Ich möchte gehen." Davon wollte sie aber nichts hören und wurde richtig giftig: „Wir sind zusammen gekommen und gehen auch zusammen." Mir schwante, dass sie den Raum nicht verlassen würde, bevor die Flasche leer war. Nach einer Weile des Wartens ging ich allein zurück, obwohl sie darüber recht böse wurde. Kolja wollte wissen, wo Irina ist. „Im Laden", antwortete ich, worauf er ahnungsvoll fragte: „Trinkt sie?"

Mich vor einer klaren Antwort drückend, hob ich nur unbestimmt die Schultern.

Inzwischen hatte er die Banja geheizt. Nach mehreren Tagen ohne ausreichende Waschmöglichkeiten war es eine Wohltat, mich in der Hitze entspannen und gründlich waschen zu können. Als ich wie neugeboren aus der Banja kam, war Irina wieder da, und ich merkte ihr außer der lauten, impulsiven Redeweise kaum an, dass sie etwa zwei Flaschen Wodka intus hatte.

Im Hof gab es neben der Sommerküche einen weiteren Raum, und ich fragte, ob ich dort auf meiner Matratze im Schlafsack schlafen dürfe, obwohl Irina im

Haus ein Bett für mich hergerichtet hatte. Sie empfand das als ungastlich und sträubte sich, aber schließlich setzte ich es doch durch, denn ich wollte unbedingt ein wenig für mich sein. Es war anstrengend für mich, dass alle seit Tagen russisch auf mich einredeten, und zwar möglichst laut, weil ich so wenig verstand. Ich kam mir dabei vor wie halb taub und halb stumm, hoffte aber, dass es mit der Zeit besser würde.

Die Erlebnisse der vergangenen Tage mit dem Alkohol hatten mich in dem Entschluss bestärkt, hier niemals auch nur einen Tropfen Wodka zu trinken, niemals welchen zu verschenken und konsequent niemandem zu erlauben, bei mir im Haus welchen zu konsumieren. Andernfalls befürchtete ich nämlich, dass den ganzen Tag bzw. Abend bei mir trinkende Leute herumhängen würden, und damit wollte ich meine Zeit keinesfalls verbringen. Vermutlich würden das alle am Anfang äußerst unsympathisch finden, aber mit der Zeit würden sie sich wohl daran gewöhnen, dass die Touristin ihre Macken hat, hoffte ich.

Am folgenden Tag regnete es. Die Frau mit dem Schlüssel blieb verschwunden, und niemand wusste, wann sie kommen würde. Im Haus war jede Menge zu tun, und ich hätte gern schon angefangen. Außerdem wollte ich Irina und Kolja nicht so lange auf der Pelle hocken, aber es half nichts, ich musste warten.

In der Zwischenzeit machte ich einen Spaziergang durch das Dorf. Die Wege waren teilweise tief zerfurcht, mit großen Schlammlöchern. Sie wurden nicht ausgebessert, weil es nicht bezahlt werden konnte, hörte ich. Der Gemeinschaftssinn schien nicht ausgeprägt zu sein, denn die Dorfbewohner hätten es aus Eigeninteresse auch ohne Bezahlung machen können.

Alle Häuser des Ortes waren Blockhäuser, aus starken Holzstämmen gebaut und umgeben von großen Gärten, in denen viele Kartoffeln und Gemüse wie Weißkohl, Rote Bete, Dill, Zwiebeln, Gurken, Tomaten, Zucchini üppig wuchsen. Sogar Wassermelonen und Paprika entdeckte ich, was ich in Sibirien am wenigsten vermutet hätte.

Es gab eine Schule, ähnlich den früheren Dorfschulen in Deutschland, einen Kindergarten und ein kleines Klubhaus. Das frühere Posthäuschen stand leer, genauso wie der geräumige ehemalige Einkaufsladen. Dort hatte es in der Vergangenheit alles gegeben, was man benötigte – eine große Auswahl an Lebensmitteln, Kleidung, Haushaltsgegenstände und dergleichen. Das Backhaus, in dem einst täglich Brot zum Verkauf gebacken worden war, war verfallen und der große, steinerne Backofen darin ein Trümmerhaufen. Nicht wenige Wohnhäuser waren verlassen, die Fenster zugenagelt.

In Srednjaja Oljokma hatte früher ein kleines Sägewerk existiert, eine Kuhherde mit fünfzig Tieren, eine Fuchsfarm mit über tausend Silberfüchsen, drei Rentierherden mit jeweils vierhundert Tieren. Dadurch hatte es genügend Arbeitsstellen für die Einwohner des Ortes gegeben. Man hatte alle Produkte im Sommer mittels Hubschrauber transportiert und im Winter mittels Flugzeug, das auf der zugefrorenen Oljokma gelandet war. Nach der Perestroika wurden diese staatlichen Betriebe geschlossen, alles wurde demontiert, und man transportierte die noch brauchbaren Maschinen ab. Die Leute wurden arbeitslos, und viele verließen in den folgenden Jahren den Ort. Ich traf verständlicherweise niemanden, der das jetzige System guthieß, sondern alle trauerten dem früheren Leben nach.

Anderentags kam endlich die Frau und öffnete das Vorhängeschloss, nahm aber den Schlüssel mit, sodass ich dumm dagestanden hätte, wenn ich nicht in Ulan-Ude eines gekauft hätte. Irina empfahl mir, beim Weggehen immer die Tür abzuschließen, weil nicht alle Leute im Dorf verlässlich seien.

Endlich konnte ich mein zukünftiges Zuhause besichtigen. Das Doppelhaus befand sich unweit des hohen Felsufers mit Blick auf den Fluss. Die Eingangstür führte in einen Vorbau aus zugigen Brettern, der zum Abstellen von Schuhen, Arbeitskleidung, Geräten usw. diente. Von dort aus gelangte man sowohl in einen einfachen, hölzernen Vorratsraum als auch in das eigentliche Haus. Meine Haushälfte bestand aus einem einzigen großen Raum, der durch einen mächtigen, gemauerten Ofen beheizt wurde und mittels einer mannshohen Bretterwand mit offenem Durchgang in Küche und Wohnzimmer unterteilt war. Zwei Fenster blickten nach Süden und zwei nach Westen.

In der Küche konnte man drei Dielenbretter hochnehmen. Die kleine Treppe darunter führte zu einem etwa anderthalb Meter hohen und vier Quadratmeter großen Vorratsraum, der im Sommer kühl und im Winter frostfrei war. In diesen Kellern werden Eingewecktes, Kartoffeln und Gemüse gelagert.

Wie allgemein üblich, waren die Doppelfenster fest eingefügt und ließen sich nicht öffnen, was ich im ersten Moment als großen Mangel ansah. Bald merkte ich freilich, dass es im Sommer wegen der Hitze und der Mücken sowieso keinesfalls ratsam ist, die Fenster zu öffnen. So bleibt es im Haus angenehm kühl, auch wenn draußen 30 bis 35 Grad im Schatten herrschen. Durch die Holzbauweise ist das Raumklima immer angenehm.

Da Fensterglas hier rar ist, wird eine zerbrochene Scheibe häufig nicht vollständig ersetzt, sondern nur gerade abgeschnitten und mit einem anderen zugeschnittenen Stück überlappend ergänzt. Ich bemerkte, dass die Scheiben mehrfach repariert worden waren, und diese Flicken flößten mir zunächst wenig Vertrauen ein; sie erwiesen sich im Winter aber als zureichend.

Mit dem Zustand des Hauses war ich ganz zufrieden, da ich keine größeren Schäden entdeckte. Dach und Ofen konnte ich nicht sofort überprüfen, aber sie sollten angeblich intakt sein.

Im Haus befanden sich ein schmutziger, kleiner, eiserner Tisch, ein wackliger Schrank aus Möbelspanplatten mit schief hängenden, nicht schließenden Türen, ein Wandspiegel sowie eine Regentonne, sonst nichts. Die Tonne stellte ich draußen unter die Regenrinne und hoffte, dass sie sich bald füllen würde, aber der Regen hatte inzwischen aufgehört.

Im Hof gab es einen kleinen Schuppen und eine weitere Holzhütte mit zerbrochenem Ofen, die Sommerküche. Das Plumpsklo stand am äußersten Ende des Gartens.

Kolja brachte mir mein Gepäck und erfreulicherweise ein Eisenbett mit einer aus Drahtgeflecht bestehenden Matratze. Sie machte einen unbequemen Eindruck, aber nachdem ich eine PVC-Plane und meine Matratze aufgelegt hatte, schlief es sich äußerst angenehm darauf. Wie ich später feststellte, hatte hier jeder ein solches Bett mit dieser nahezu unverwüstlichen, praktischen Matratzenart. Darüber wird in der Regel eine mit Baumwolle gefütterte Unterlage gelegt oder auch ein Fell.

Leider hatte ich nicht daran gedacht, eine Kochplatte zu besorgen. Deshalb war ich darauf angewiesen, alles mit Holz auf dem Ofen zu kochen. Auch da half mir Kolja weiter. Er lieferte etwa sieben Klafter noch zu hackendes Brennholz, für das ich ihm umgerechnet 75 € bezahlte, und rückte später mit Lehm, Ziegeln und einem Ofenrohr an. Im Handumdrehen machte er aus der Ruine in der Sommerhütte wieder einen funktionsfähigen Ofen, in dem nach kaum einer Stunde schon ein Feuer brannte. Während der Arbeit strahlte er vor Freude und erzählte immer munter darauf los, was ich nur mit hilflosem Nicken und „mmms" beantworten konnte.

Das Kochen auf dem Ofen in der Sommerhütte gestaltete sich indes mühsam. Um das von Irina gebrachte Elchfleisch zu schmoren und Kaffeewasser heiß zu machen, verbrauchte ich für meine Begriffe eine Unmenge Holz und viel Zeit. Darum schränkte ich die Kocherei weitgehend ein und lebte die ersten Tage hauptsächlich von in Mogotscha gekauftem Brot, Käse und Äpfeln.

Es dauerte nicht lange, und ich erhielt Besuch von meiner ganz kleinen, sechsundsiebzigjährigen Nachbarin Dora Michailowna aus dem Haus gegenüber. Sie brachte mir frische grüne Gurken aus ihrem Garten und zwei Glühlampen, worüber ich sehr froh war, denn im Haus waren keine. Dann schaute sie sich den Ofen an und meinte, dass die Entfernung vom Feuer zur Herdplatte zu groß sei. Ich erhöhte den Boden mit einer Schicht Ziegelsteine, aber das Problem blieb im Wesentlichen bestehen. Kurz darauf erschien Dora Michailowna wieder, dieses Mal mit einem Eimer Kalkfarbe im typischen Hellblau, mit der im Dorf Öfen und Wände gestrichen werden, und einem Quast aus zusammengebundenen, getrockneten Gräsern. Sie fand, dass der Ofen mit den rohen Ziegeln und dem Lehmverputz nicht schön aussah und daher gestrichen werden müsse. Folgsam machte ich mich ans schnell verrichtete Werk.

Als ich ihr den Eimer zusammen mit einem kleinen Geschenk zurückbrachte, lud sie mich zum Essen ein. Ich kostete zum ersten Mal Piroggen, gefüllt mit Pilzen, und äußerte, dass ich gerne von ihr lernen würde, wie man die im Dorf üblichen Gerichte zubereitet. Sie lächelte und meinte: „Moschno (das ist möglich)."

Mit einem vorgefundenen Reisigbesen konnte ich das Haus einigermaßen säubern, mehr war momentan nicht möglich. Für die Reinigung des Fußbodens wären ein Schrubber und sicher zehn Eimer Wasser nötig gewesen. Die kleine Ablage in der Küche war verklebt mit Essensresten, auch die Holzwände waren sehr schmutzig. Ohne eine richtige Scheuerbürste und genügend Wasser konnte ich wenig ausrichten. Aus dem Vorratsraum unter der Küche holte ich sechs Eimer Dreck heraus, aber richtig sauber konnte ich ihn nicht bekommen.

Meine Nachbarin sagte mir, dass ich im Laden einige notwendige Dinge bestellen könne, und so orderte ich voller Zuversicht Scheuerbürste, Wachstuch, Besen, Kehrschaufel, Farbe, Pinsel, Eimer und größere Kochtöpfe in der einfältigen Annahme, dass die Sachen mit dem nächsten Boot in einigen Tagen oder dem übernächsten Boot im folgenden Monat geliefert werden würden.

Da ich kein Wasser hatte und das Angebot Dora Michailownas, mich aus ihren Regentonnen zu bedienen, nicht über Gebühr in Anspruch nehmen wollte, ging ich am nächsten Tag zum Fluss, um etwas Wäsche und mich selbst zu waschen, und genoss während der einsetzenden Sommerhitze die Kühle des Wassers. Als ich wiederkam, hatte mir der Dorfvorsteher Wladimir Gawrilowitsch ein großes Stück Birkenrinde, die zum Anfeuern benutzt wird und selbst im nassen Zustand wie Feueranzünder wirkt, und eine weitere rostige Blechtonne vor die Haustür gestellt. Er erklärte mir, dass es eine Tonne für die Küche sei, die ich noch streichen solle. Im Winter müsse ich in ihr zur Wassergewinnung die Eisbrocken aus dem Fluss auftauen.

Vor dem Haus warteten die von Kolja gelieferten dicken Holzklötze auf das Zerkleinern. Das Holzhacken hatte ich vor der Abreise auf dem Hof meiner Tochter in Deutschland üben wollen, aber aus Zeitmangel war nichts daraus geworden. Meine ersten Versuche im Holzhacken mit der mir von meiner Tochter geschenkten Fiskars-Axt scheiterten; ich bekam die Dinger einfach nicht klein. Nach einer Weile kam ein Mann an meinem Haus vorbei, sah meine kläglichen Bemühungen, ließ sich die Axt geben und hackte dann einen Stapel Holz.

Er sah sich die Axt interessiert an und fragte, woher sie sei.

„Aus Finnland", antwortete ich.

„Ich bin in Finnland geboren", äußerte er. Weiter erzählte er, dass er Juri hieße, von Beruf Biologe sei und unter anderem fünf Jahre in Irkutsk an einem Institut gearbeitet habe, an dem auch Deutsche und Engländer gewesen seien. Jetzt sei er aber Pensionär.

Ich fragte ihn, ob er gerne hier lebe.

„Ja, ich liebe die Natur, die Ruhe und die saubere Luft. Das Stadtleben ist nichts für mich. Ich gehe gerade in den Wald, um Pilze zu sammeln."

„Da bin ich an der richtigen Adresse", dachte ich. „Ich möchte lernen, was im Wald wächst. Könnte ich einmal mit Ihnen zusammen in den Wald gehen?"

„Ja, natürlich. Ich werde Sie abholen."

In der Sommerhütte fand ich einen alten Stuhl mit drei Beinen und zwei lange Bretter. Damit begann ich am Nachmittag, mir mithilfe des mitgebrachten Werkzeugs eine Sitzbank für die Küche zu bauen. Allerdings fehlten mir noch ein paar dicke Holzlatten. „Vielleicht entdecke ich irgendwo welche", hoffte ich. Ich hatte Kolja gefragt, ob ich Bretter und Kanthölzer kaufen könne, doch in dieser mit unübersehbarem Holzreichtum gesegneten Gegend gab es kein Material, weil im Ort seit der Perestroika keine entsprechende Säge mehr vorhanden war.

Noch während meiner Bastelei klopfte es an der Tür. Juri brachte mir einen großen Beutel voller fester und stattlicher Röhrenpilze. Außerdem holte er eine elektrische Kochplatte hervor – uralt und rostig, aber funktionstüchtig. Darüber freute ich mich sehr, denn nun konnte ich mir morgens und abends, wenn der Generator elektrischen Strom lieferte, heißes Wasser für meinen geliebten Kaffee machen und Essen kochen, ohne jedes Mal den Ofen anzuheizen und eine Menge Holz zu verbrauchen.

Ich schenkte ihm eine Tafel guter Schokolade, worauf er mir verriet, dass er heute Geburtstag habe. Ein Anlass für mich, ihm ein weiteres Geschenk zu machen, und zwar die fast neuen, dicken Elchlederhandschuhe aus Alaska, mit denen ich die heißen Töpfe vom Lagerfeuer und vom Herd nahm. Ich konnte sie entbehren, da ich noch ein altes Paar Arbeitshandschuhe besaß.

Als ich ihm stolz die Anfänge meiner Sitzbank zeigte, sah er sich meine „Einrichtung" an und meinte, ich bräuchte keine Sitzbank zu bauen, er brächte mir eine von sich. Darauf beschränkte er sich jedoch nicht, sondern krönte seine Leihgaben mit einem Stuhl, einem Holztisch und einem selbstgemachten Messer zum Schnitzen von Holzspänen für das Anheizen des Ofens. Mein schönes Marttiini-Messer bedachte er mit eher mitleidigem Blick und meinte, es sei ein Touristenmesser. Wie ich später sah, tragen die meisten Männer hier derbe, selbstgemachte Messer aus einem Stahl, den sie bestellen. Das Messer wird benutzt für das Zerlegen der Jagdbeute (Elche, Hirsche, Bären, kleineres Wild), zum Büchsen aufschneiden, zum Fische ausnehmen, zum Feuerholz machen, zum Brot schneiden – einfach für alles. Hölzerne Teigroller, große Rührlöffel, Kartoffelstampfer, andere Gerätschaften, sie werden bei Bedarf mit diesem Universalmesser schnell geschnitzt.

Misstrauisch geworden bezüglich meiner Ausrüstung, erkundigte sich Juri nach meiner Winterkleidung, und ich zeigte ihm meine irrwitzig teuren, bei einem bekannten Ausrüster gekauften Handschuhe, die angeblich für minus 40 Grad ausgelegt sein sollten. Sie wirkten offenbar nicht überzeugend, denn Juri vermutete, dass sie eher für den Herbst geeignet seien und empfahl mir die Anschaffung von Fellfäustlingen. Auch meine Winterstiefel gleicher Herkunft und preislicher Größenordnung, hergestellt aus wasserdichtem, speziell kältetauglichem Material, fanden keine Gnade vor seinen argwöhnischen Augen. Stattdessen sollte ich mir Filzstiefel bestellen. Als technikgläubiger Zivilisationsmensch teilte ich zwar seine Bedenken nicht, aber andererseits wollte ich kein Risiko eingehen angesichts zu erwartender winterlicher Temperaturen von bis zu minus 50 Grad, und so bestellte ich anderentags im Laden Handschuhe und Filzstiefel.

Ich war noch keine fünf Tage im Dorf, als sich in meiner Küche eine Menge geschenkter frischer Lebensmittel angesammelt hatte: Gurken, Dill, Rote Bete, Weißkohl, Pilze, Eier, Brot und eine neue Ladung Elchfleisch, die Juri zu meiner heimlichen Verzweiflung anschleppte. Ich kam kaum dazu, die Lebensmittel zuzubereiten und zu essen, denn ich wurde ständig zum Essen eingeladen. Sobald ich bei Irina vorbeischaute, hatte ich sofort Essen vor mir stehen, während mich die Nachbarin fast zu jeder Mahlzeit einlud, was ich nicht allzu oft abschlagen konnte. Vor allem wollte sie mich ihrem Mann vorstellen, nachdem er von einem mehrtägigen Jagdausflug zurückgekommen war.

Als ich am Vormittag einen Teil der Pilze geschnitten und zum Trocknen auf eine Schnur gefädelt, den anderen Teil nach Irinas Rezept mariniert sowie eine große Schüssel Krautsalat zubereitet hatte, brachte mir Dora Michailowna wieder grüne Gurken und lud mich für 1 Uhr zum Essen ein. Ich freute mich, dass ich den Salat beisteuern konnte. Als ich ankam, hatten sie den Tisch in der Stube gedeckt. Auf ihm standen gebratener Fisch, roh in etwas Salz eingelegter Fisch, Brot, Konfitüre aus Waldbeeren sowie Bouletten aus dem Fleisch des jungen Bären, den Iwan Georgijewitsch geschossen hatte. Dazu „Champagner", ein aus Früchten selbstgemachtes, leicht alkoholhaltiges Getränk, kühl und erfrischend in der Hitze des Sommers. Alles war selbst gesammelt, gejagt und gefischt.

Iwan Georgijewitsch hatte angegrautes, volles Haupthaar, war groß, agil und rüstig, ging aufrecht und sprach lebhaft; ich sah ihm seine siebenundsiebzig Jahre nicht an.

Am nächsten Vormittag erschien Juri in Begleitung von Saschka, einem zehnjährigen Jungen, und holte mich zum Pilzesammeln ab. Es war kein Spaziergang, nicht zu vergleichen mit dem Wandeln auf dem weichen, ebenen Boden unserer deutschen Wälder. Die Taiga ist Urwald. Umgestürzte, teilweise bereits überwachsene Bäume, Gesträuch, sumpfiger Grund, flache Seen durchziehen das holprige Gelände. Ein Weiterkommen ist meistens nur auf den von Menschen und Tieren immer wieder benutzten, manchmal kaum sichtbaren Pfaden möglich, und auch dann ist es oft mühsam, sich seinen Weg zu bahnen. Diese kleinen Pfade sind sehr alt, erfahren aber alljährlich kleine Veränderungen, wenn etwa umgefallene Bäume den Weg versperren. Wie viele Generationen mochten auf ihnen schon entlanggezogen sein, auf der Suche nach Wild oder Waldfrüchten?

Unseren Gang begleiteten Schwärme von Mücken, vor denen ich mich mit Mückennetz und mückendichter Kleidung schützte, die mir in der Hitze am Leibe klebte.

Wir fanden viele Steinpilze, Birkenpilze (auf Russisch wörtlich „Unter-Birklinge") sowie „Unter-Espelinge", und ich kostete eine mir bis dahin unbekannte Beerenfrucht, hier „Schimolost" genannt. Laut Wörterbuch lautet die Übersetzung „Geißblatt", hat aber nicht die geringste Ähnlichkeit mit dem in Mitteleuropa bekannten Waldgeißblatt. Es ist ein bis Mannshöhe in Überschwemmungsgebieten wachsender, nicht rankender Strauch mit paarig angeordneten, länglichen, blauen, süßen Beeren, die im reifen Zustand leicht abfallen. Später sah ich, dass die Leute sie ernten, indem sie die Äste schütteln und aufgespannte Regenschirme umgedreht darunter halten. Trotzdem bleibt es eine mühsame Beschäftigung, denn man muss sich immer wieder durch die Sträucher zwängen, nachdem man die manchmal weit entfernten Orte aufgesucht hat, an denen sie wachsen.

Nachdem wir vier Stunden ohne Pause Pilze gesammelt hatten, durch einen Sumpf gewatet und weit gelaufen waren, rasteten wir zu meiner Erleichterung endlich an einer kleinen verfallenen Hütte. Ich gab zu, ein wenig müde zu sein. Damit gab ich mich als das schwächste Glied der Kette zu erkennen, denn weder dem 65 Jahre alten Juri noch dem Jungen war Müdigkeit anzumerken. Ich muss dazu sagen, dass ich in Deutschland von meinen Freunden als Wandergefährtin gefürchtet werde, weil ich selbst im Hochgebirge stundenlang mit wachsender Begeisterung ohne Pause wandere, aber hier fand ich meine Meister.

Juri holte Wasser aus dem nahen Fluss, entzündete ein kleines Feuer und kochte Tee. Dann nahm er Brot und gekochtes, recht trockenes, würziges Elchfleisch aus seinem Beutel, und wir stärkten uns für den Rückweg.

Als wir an einer ausgedehnten Wiese vorbeikamen, erzählte Juri wehmütig, dass sie vor der Perestroika bewirtschaftet worden war. Die Leute hatten dort

Heu für die Kuhherde geerntet und an einem langen Holztisch unter dem großen Unterstand pausiert, von dem noch Reste zu sehen waren. Arbeit, Leben, Lachen – ich konnte es mir bildlich vorstellen.

Zu Hause fühlte ich mich nach dem siebenstündigen Hitzemarsch erst wieder menschlich, nachdem ich mich von Kopf bis Fuß einschließlich der Haare gründlich gewaschen, frische Kleidung angezogen und eine Tasse Kaffee vor mir stehen hatte.

Die schönsten Pilze brachte ich noch am selben Tag Dora Michailowna, die restlichen vermehrten den Haufen zu verarbeitender und zu essender Lebensmittel.

Wenn ich mir vor meiner Ankunft vorgestellt hatte, viel Muße zu haben, so erwies sich das schnell als Irrtum. Alle Hausarbeiten erforderten mehr Zeit und Mühe als gewohnt. Um Pilze auffädeln und trocknen zu können, musste ich ein relativ kurzes Stück Bindfaden in drei Teile aufdröseln, denn im Laden gab es keinen. Genauso machte ich es mit einem Stück Leine, das mir zum Wäscheaufhängen dienen sollte. Um in ihnen das von Juri gebrachte Elchfleisch aufbewahren zu können, säuberte ich im Schuppen gefundene, schmutzige und verklebte Einweckgläser gründlich, salzte das Fleisch und stellte es in die kühle Vorratskammer unter dem Küchenboden. Meine Regentonne war immer noch leer, und so war es wichtig, das Wasser so ökonomisch wie möglich zu verwenden. Das heißt, dass ich erst Wäsche wusch und dann im Waschwasser die Gläser einweichte und vorreinigte. Das Spülwasser verwendete ich ebenfalls mehrfach.

Um mich für die Geschenke und Essenseinladungen zu revanchieren, war ich gezwungen, nun meinerseits möglichst schmackhafte Gerichte zu kochen und sie beizusteuern. Da ich in der Regel wenig Zeit aufwende für das Essen, empfand ich diese ganze Esserei und Kocherei eher als Belastung, konnte mich dem jedoch nicht entziehen, denn das Essen hat hier im Dorf, wie vielleicht in ganz Sibirien, eine zentrale Funktion. Egal, wann und wohin man kommt, immer wird dem Gast neben Tee auch Essen vorgesetzt.

Auch bei mir fand sich ein Gast ein, allerdings ein ungebetener namens Ljuska, Juris Hündin. Sie hatte mich als Essensquelle eingestuft, als ich angeschimmelte Lebensmittel weggeworfen und sie sich mit Hochgenuss darüber hergemacht hatte; es schienen geradezu Leckerbissen für sie zu sein.

Die nächste Mahlzeit führte sie aktiv herbei, indem sie in einem unbeobachteten Augenblick in die Küche schlüpfte und mir eine mit Fleisch gefüllte Pirogge vom Tisch stahl. Ich bemerkte es erst, als ich sie essen wollte und nicht fand, dafür aber die leere Tüte im Hof. Kurz darauf schenkte mir Dora Michailowna ein großes Stück frisch gebackenen Kuchens, den ich auf den Küchentisch legte. Ich ging anschließend noch einmal zu ihr, um zwei Eimer Wasser zu holen, schloss die Tür aber nicht ab, sondern drückte sie nur an. Als ich zwei Minuten später zurückkam, stand die Tür halb offen, Ljuska leckte sich zufrieden das Maul, der Kuchen war weg.

Sie wusste, dass sie nicht ins Haus gehen durfte, denn raffiniert wartete sie immer, bis ich aus Sichtweite war. Mir gefiel die Hündin nicht – rothaarig, mager, verklaut, in der Hunderangordnung ganz unten, trieb sie sich Tag und Nacht in meinem Hof herum. Wenn es schon ein Hund sein sollte, dann hätte ich doch lieber einen stolzen, schönen gehabt.

Da das Wetter anhaltend sonnig war, ich im Haus wegen des Fehlens von Regenwasser, Reinigungsgeräten, Farben nicht viel ausrichten konnte und ich mich auch nach etwas Alleinsein und Natur sehnte, entschloss ich mich kurzfristig, in meinem Faltboot die Oljokma aufwärts zu paddeln. Ich konnte in diesem Fall sicher sein, mit der Strömung und aus eigener Kraft ins Dorf zurückkehren zu können. Zudem kannte ich den Oberlauf des Flusses noch nicht, während ich einen Teil des Unterlaufes sowie den Tungir zwei Jahre zuvor befahren hatte.

Als ich gerade beim Packen war, kam Dora Michailowna mit vier frisch gefangenen, kleineren Karauschen, bereits geputzt und ausgenommen, aber die konnte ich während der Packerei nun überhaupt nicht gebrauchen. Als sie von meinem Vorhaben hörte, bat sie mich, zum Abendbrot zu ihnen zu kommen und die Landkarte mitzubringen.

Die gebratenen Karauschen bestanden hauptsächlich aus Gräten, die Iwan Georgijewitsch genussvoll ablutschte. Der Fischkopf sollte angeblich besonders lecker sein, aber ich konnte auch ihm keinen Geschmack abgewinnen. Viel Arbeit und wenig Fisch, fand ich. Dann holte Iwan Georgijewitsch seinen Spezial-Champagner heraus. Ich freute mich schon, aber das Getränk schmeckte nach Benzin. Das störte meinen Gastgeber aber gar nicht, sondern er goss es hinunter mit großem Genuss und Behagen. Ich sagte, dass ich den Benzingeschmack nicht mochte und es nicht trinken wollte, worauf er auch meine Tasse mit Vergnügen leerte.

Von der Faltbootfahrt riet er mir heftigst ab. Die Strömung sei zu stark, um ohne Motor flussaufwärts zu fahren. Außerdem sei es zu gefährlich wegen der Bären. Ich erwiderte, ich wolle es probieren und würde umkehren, wenn es problematisch würde.

Auch Juri warnte mich vor den Bären, fragte, ob ich ein Gewehr hätte und äußerte, ich bräuchte wenigstens einen Führer. Ich hatte den Verdacht, dass er das gerne gewesen wäre. Ohnehin verstand niemand, warum ich wochenlang am Fluss herumtrödeln wollte

ohne zu jagen, zu fischen oder Pilze und Beeren zum Konservieren für den Winter zu sammeln. Dora Michailowna fiel schließlich die rettende Erklärung ein: „Romantik". „Aha, das muss es sein", die anderen nickten erleichtert.

Viel später und mit größter Verblüffung erfuhr ich, wie sich Kolja mein Vorhaben erklärte. Er erzählte nämlich einigen Leuten im Dorf, ich sei seiner Meinung nach eine Spionin, die alles auskundschaften wolle, hätte eine große Pistole und deshalb keine Angst vor Bären. War er aus Furcht davor, ich könnte ihm schaden, immer so hilfreich gewesen?

Die Bären machten mir keine Sorgen, weil meine bisherigen Erfahrungen zeigten, dass „normale" Bären nicht angreifen, sondern sich entfernen, wenn sie den Menschen rechtzeitig wahrnehmen können, was bei meinen Aufenthalten an den Ufern der Fall sein würde. Zudem hatte ich auch dieses Mal vor, Plätze mit Bärenspuren zu meiden und die Lebensmittel entfernt vom Zelt aufzubewahren. Ein Restrisiko blieb, aber das wollte ich in Kauf nehmen.

Ein Fluss für mich allein

Als ich am Abfahrtstag die letzten Gegenstände im Boot verstaute, zeigte die Uhr bereits halb vier nachmittags. Der Dorfvorsteher landete sein Boot neben mir an, eines der formschönen, langen Holzboote, die sich so stimmig in das Landschaftsbild einfügen und äußerst zweckmäßig sind. Sie werden wegen ihres geringen Tiefgangs vor allem auf dem Tungir und dem Oberlauf der Oljokma benutzt und erlauben sehr große Zuladungen, sodass zum Beispiel ein erlegter Elch, Ausrüstung für einige Tage, zwei Jäger und üblicherweise zwei bis drei Hunde problemlos Platz finden. Im Herbst werden damit Ausrüstung und Lebensmittel für die monatelange Winterjagd in die Jagdhütten am Fluss gebracht.

„Wie viele Kilometer wollen Sie denn heute noch fahren?", fragte Wassili Gawrilowitsch. „Zehn Kilometer? Das schaffen Sie nicht", gab er seine Ansicht preis.

Mir war es eher egal, wie weit ich an dem Tag kommen würde. Ich wollte nur raus aus dem Dorf, an einem einsamen Kiesufer mein Zelt aufschlagen und im kühlen, klaren Wasser des Flusses ungestört baden, denn die Sonne brannte vom wolkenlosen Himmel bei Temperaturen von über 30 Grad im Schatten.

Flussaufwärts, unweit des Dorfes, mündet der Tungir in die Oljokma, die dort einen Neunzig-Grad-Bogen beschreibt und in der Innenkurve eine sehr weitläufige Kiesbank angelegt hat. Da die Strömung in der Außenkurve enorm stark und schnell war, versuchte ich, mich paddelnd an der Kiesbank entlangzuschleichen, musste aber bald zu Fuß weitergehen, das Boot hinterherziehend, weil das Wasser in der Innenkurve schnell und sehr flach über die Steine strömte. Ich verstand jetzt besser, warum alle meinten, ich könne die Oljokma nicht stromauf befahren, denn diese Bedingungen fand ich an nahezu jeder Biegung vor. Treideln vom Ufer aus war wegen der breiten Untiefe beinahe nie möglich, sondern ich musste durch mindestens knöcheltiefes Wasser waten, um das Boot führen zu können. Meine ständige Sorge war, ob die wasserfesten Sandalen durchhalten würden, da das Wasser sie mir fast von den Füßen riss während der täglich fünf, sechs längeren Treidelstrecken.

An diesem ersten Tag erfuhr ich, wie mühsam es ist, gegen die Strömung voranzukommen, fand mich aber bald mit dem langsamen Tempo ab und war zufrieden, dass ich überhaupt vorwärts kam. Ich stapfte durch das angenehm erfrischende, aber nicht eisige Wasser, erfreute mich an der abwechslungsreichen Landschaft und konnte zwischendurch immer wieder einige Kilometer paddeln. Nachdem ich drei Inseln in Augenschein genommen und verworfen hatte, fand ich nach etwa dreizehn Flusskilometern gegen 20 Uhr einen schönen Lagerplatz auf einer genügend hohen Kiesbank mit bergigem, bewaldetem Gegenüber, auf dem Rentiermoos ausgedehnte silbrig-grüne Flecken bildete. Aus alter Gewohnheit gab ich dem Camp einen Namen: „Geht-doch-Camp".

Vor Anbruch der Dunkelheit hatte ich noch genügend Zeit, das Boot zu entladen und aufs Land zu tragen, das Zelt aufzubauen, trockenes Holz fürs Feuer zu sammeln und ein kurzes abendliches Bad zu nehmen.

Es war ungewohnt, die Nacht allein am Fluss zu verbringen. Vor mir das dunkle Wasser des Flusses, hinter mir das Flüstern des Waldes, über mir der Nachthimmel mit den vielen funkelnden Sternen, von denen immer mehr aus den Weiten des Weltraums hervorzutreten schienen, je länger ich hinschaute. Das kleine Zelt gab mir Geborgenheit und Heimat.

Am nächsten Morgen lag, wie auch an fast allen folgenden Tagen, Nebel über dem Fluss, der die Umgebung in geheimnisvolle Ungewissheit hüllte und nur einige Konturen freigab, jedoch bis 10 Uhr der strahlenden Sonne wich. Ich blieb noch einen Tag an dem Platz, wusch meine verschwitzte Kleidung und badete ausgiebig in dem Wasser, das mich täglich aufs Neue begeisterte. Es war so rein, dass man jeden Kiesel und die Schwärme der kleinen Fische sah, so weich, dass es sich anfühlte wie Seide auf der Haut und so kühl und erfrischend, dass ich immer wieder eintauchte und unterwegs das Treideln sogar genoss. Für das Schwimmen im Tieferen war die Strömung allerdings zu stark und das Wasser zu kalt.

Ich saß am Ufer und erfreute mich der Stille und der momentanen Insektenfreiheit, als ich ein Motorboot den Fluss heraufkommen hörte. Kurze Zeit darauf machten der Dorfvorsteher nebst Jagdgefährte ihr Boot am Ufer fest. Sie fuhren zur Jagd und boten mir an, mich stromauf mitzunehmen, was ich jedoch dankend ablehnte. Das Tuckern des Motors verklang in der Ferne.

Am folgenden Tag wollte ich die etwa zwanzig Kilometer entfernte Mündung der Unteren Mokla erreichen, startete gegen 10 Uhr und erblickte kurz vor 18 Uhr die Untere Mokla, die aus gebirgigem Gebiet kommt und die zu befahren es mich sehr verlockte. Nach einigem Zögern blieb ich der Oljokma treu, hoffte jedoch, später noch Gelegenheit für einen Abstecher zu finden. Unweit hinter der Mündung fand ich eine ausgedehnte, herrliche Kiesbank. Feiner, reiner „Badekies", Weidenbüsche wuchsen vereinzelt darauf, und es gab Schwemmholz für viele

Abende Lagerfeuer – ein Platz wie gemacht für eine Gruppe mit vielen Teilnehmern. Mein Zeltchen im „Mokla-Camp" wirkte verloren, doch ich vermisste die Gesellschaft anderer Menschen nicht, sondern gab mich dem Genuss hin, in Schweigen die Landschaft zu erleben.

Das Kochen nur für mich allein machte mir allerdings keinen Spaß. Ich rührte mir nur einen ziemlich geschmacklosen Reispamps als Abendbrot zusammen. Während der Reis kochte, packte ich den wasserdichten Lebensmittelsack aus, weil die Halwa-Plastiktüte zerrissen war und sich der süße, bröckelige Inhalt im Sack verteilt hatte. Russische Plastikbeutel sind so dünn, dass man sich immer wundert, wenn sie den Transport zum Kunden überstehen, danach aber gehen sie unweigerlich kaputt. Ich stellte fest, dass auch noch eine Fischdose undicht und alles mit Fischöl verschmiert war. Nachdem ich alles gesäubert und teilweise neu verpackt hatte, freute ich mich nach dem frugalen Abendbrot auf eine Tasse Kaffee am Lagerfeuer. Ich stellte das Kaffeewasser auf Feuer, nahm mein abendliches Bad im Fluss und setzte mich nieder. Darauf hatten die Mücken offenbar nur gewartet und starteten einen Generalangriff. Es war immer noch sehr heiß, zu heiß für die mückendichte Kleidung, und nach dem Bad wollte ich mich nicht flächendeckend mit Antimückenmittel einreiben. So flüchtete ich ins Zelt und blickte sehnsuchtsvoll nach draußen auf die idyllische Flusslandschaft, an der ich mich dann aber während der Weiterfahrt am nächsten Tag unbeschwert erfreuen konnte.

Den Fluss umgaben bewaldete Hügelketten, dazwischen gab es Stellen mit flachem, sumpfigem Gelände, in das laut Karte Seen eingebettet lagen, die ich vom Wasser aus jedoch nicht sehen konnte. Das mäandernde Gewässer bildete großsteinige Ufer, Kiesbänke, Prallhänge, Inseln. Starke Strö-

mung und Untiefen wechselten sich ab mit Staustufen, in denen das Wasser ruhig und langsam floss. Wasser und Ufer waren immer völlig klar und rein, ohne Schlamm oder Schlick.

Nach sechseinhalb schönen, aber auch anstrengenden Stunden sah ich eine hoch aufgespülte, breite Kiesbank. Hinter dem „Ideal-Camp" war Wald, und auf der Flussseite gegenüber befand sich eine hohe Felswand, an deren Ende ein Bach in den Fluss plätscherte.

An diesem Abend konnte ich einige Zeit draußen sitzen, ohne dass mich die Insekten in die Flucht schlugen. Ich beobachtete eine Hirschkuh, die wie gelangweilt ein wenig durchs Wasser watete, bis sie sich wieder in den Wald trollte. Meinem Feuer schenkte sie keine Beachtung.

Am frühen Morgen erwachte ich von einem anhaltenden, seltsamen Geräusch. Es klang wie heiseres Keuchen und hörte sich gruselig an. Nach einer kleinen Weile fasste ich mir ein Herz und öffnete mit schussbereiter Kamera das Zelt, um nachzusehen, welch furchtbares Tier sich da herumtrieb. Doch es waren nur einige Raben, die diese eigenartigen Töne von sich gaben und aufflogen, als sie mich sahen. Uff – Erleichterung und Enttäuschung hielten sich die Waage.

Bereits vor 10 Uhr war ich auf dem Wasser, und knapp eine Stunde später kam mir das Boot aus meinem Dorf entgegen. Wir fuhren ans Ufer und tauschten uns aus. Das Boot der Jäger war vollgeladen mit Fischen und Fleisch; sie hatten einen Elch geschossen. Sie schnitten mir ein riesiges Stück Leber sowie Fleisch ab, weil sie der festen Überzeugung waren, dass man ohne Fleisch überhaupt keine Kraft hat. Ich wollte es erst nicht nehmen, aber gegen so viel Großzügigkeit hatte ich keine Chance. Wohin nun damit? Damit es nicht verdarb, musste es offen transportiert werden. Ich legte das Fleisch in eine Schüssel und fuhr mit offener Ladeluke weiter. Vor dem Anblick der Leber grauste es mir; blutig und wabbelig sah sie aus, und Öl zum Braten hatte ich auch nicht mit.

Nachmittags nahte ein Gewitter. Der Himmel machte einen immer bedrohlicheren Eindruck, und es donnerte anhaltend. Länger auf dem Fluss zu bleiben, schien gefährlich zu werden. Das nahe Ufer lud jedoch nicht zum Lagern ein, überall große Steine und unebenes Gelände. Schon etwas hektisch wechselte ich in starker Strömung per Seilfähre zur anderen Flussseite, aber auch dort sah es nicht besser aus. Darum entschloss ich mich, das Gewitter an Land auszusitzen und danach weiterzufahren. Ich zog Regenkleidung an, verschloss das Boot mit Lukendeckeln und wartete, doch nichts tat sich. Schließlich fuhr ich weiter, genoss wenig später eine besonders schöne Gegend mit hohen Felswänden, die sich im ruhigen Wasser spiegelten. Die Leute nennen sie „die weißen Felsen". Bäche rauschten in den Fluss, das Grün der Kiefern, Lärchen und Birken tat meinen sonnengestressten Augen wohl.

Leider kam keine gute Kiesbank in Sicht. Im Wald konnte ich das Zelt nicht aufbauen, da dort nie eine einigermaßen ebene Stelle zu finden war, von der Mückenplage nicht zu reden. Als ich oberhalb eines Steilhangs am Waldrand eine Jagdhütte erblickte, überlegte ich kurz, dort zu übernachten, verwarf den Gedanken jedoch wieder, weil die Hütten nicht sehr reinlich sind und ich mich in meinem Zelt wohler fühle. Im Nachhinein bereute ich diesen Entschluss, da ich einfach keinen akzeptablen Platz finden konnte.

Es war inzwischen 20 Uhr geworden, als ich endlich einen Kiesstrand entdeckte – flach, kaum 25 Zentimeter über dem Wasserspiegel und ohne Ausweichmöglichkeit auf ein höheres Ufer. Mit unguten Gefühlen baute ich das

Lager auf. Danach hörte ich wieder Donnergrollen, und plötzlich fiel mir der Text auf der Rückseite der russischen Karten ein. Dort hatte ich gelesen, dass sich wetterabhängig der Wasserstand der Oljokma und ihrer Nebenflüsse innerhalb weniger Stunden um mehrere Meter erhöhen könne. Fühlte ich mich vorher nur unwohl, so war nun meine Ruhe ganz dahin. Am liebsten hätte ich alles zusammengepackt und wäre weitergefahren, aber es begann bereits zu dunkeln, und in der Nähe meines Standplatzes hörte ich eine Stromschnelle rauschen, die ich im Dunklen nicht passieren konnte. Was tun?

Ich legte das Boot neben das Zelt und belud es; nur Zelt, Schlafsack und Matratze blieben draußen. Falls das Wasser steigen sollte, konnte ich schnell in meine Arche Noah flüchten. Die Nacht verbrachte ich sehr unruhig, ließ mich jede zweite Stunde von meiner Armbanduhr wecken, um nach dem Wasserstand zu sehen, der sich aber nicht veränderte. Es donnergrollte und regnete einige Male etwas, und der Himmel blieb auch am Morgen mit dunklen Wolken verhangen. Ohne zu frühstücken verließ ich das „Not-Camp" bereits vor 8 Uhr und fand nach anderthalb Stunden einen schönen, geschützten Lagerplatz, den ich mir trotz der kurzen Fahrtstrecke wegen des unsicheren Wetters auch gönnte. Zudem vermutete ich nach dem Studium der Karte, dass auf dem danach folgenden Streckenabschnitt Lagerplätze rar sein würden. Ich bezog also das „Vorsichts-Camp", machte alles wetterfest und kroch ins Zelt, um etwas Schlaf nachzuholen. Kurze Zeit darauf fing es an zu gießen, was die Richtigkeit meines Entschlusses, schon hier zu campen, bestätigte und den Aufenthalt im Zelt noch gemütlicher machte. „Regne du nur, ich schlafe inzwischen noch eine Runde", dachte ich zufrieden.

Nachdem der Regen aufgehört hatte, holte ich mir von einem großen, angeschwemmten Birkenstamm Rinde zum Anzünden des Feuers und sammelte Treibholz, das in reichlicher Menge am Ufer lag. Nun fühlte ich mich verpflichtet, die Elchleber zu braten. Ich betrachtete sie voller Misstrauen und hätte sie am liebsten weggeworfen, aber das kam mir sehr undankbar vor. Darum machte ich mich darauf gefasst, sie dankbar, aber voller Ekel herunterzuwürgen – nützt ja nichts. Doch, oh Wunder, sie schmeckte ausgezeichnet, und es war auch kein Problem, sie ohne Öl in der antihaftbeschichteten Pfanne zu braten. Offen in der frischen Luft transportiert und aufbewahrt, trockneten Fleisch und Leber ziemlich aus und hielten sich trotz des teilweise heißen Wetters lange, ohne zu riechen und zu verderben.

Mein „Anglerzelt" in Form einer Strandmuschel mit der hochtrabenden Bezeichnung „Explorer Outdoor", das die Lebensmittel und mich bei den Essensvorbereitungen vor Regen schützen sollte, stellte sich dagegen als Reinfall heraus. Es war wohl eher dafür geeignet, den Angler vor Sonnenbrand zu schützen als dem Regen Widerstand zu leisten. Ich sah die Regentropfen aufprallen und fein zerstäubt im Zeltinneren ankommen. Das war sicher gut für die Gesichtshaut, aber ich befand mich nicht auf einer Schönheitsfarm und legte keinen besonderen Wert auf die Behandlung. Da die Lebensmittel in wasserdichten Beuteln lagerten, war zum Glück kein Schaden entstanden.

Am Tag und in der Nacht regnete es immer mal wieder, und auch der Morgen begrüßte mich wolkenreich. Die Aussicht, im Regen treideln zu müssen, fand ich nicht verlockend: Spritzdecke auf, raus aus dem Boot, treideln während es ins Boot regnet, rein ins nasse Boot, Spritzdecke zu? Oder gleich ohne Spritzdecke fahren? Aber das wäre zu kalt gewesen, weil ich wegen des Treidelns keine lange Regenhose tragen konnte. Dann doch lieber noch einen Tag im Lager herumbummeln, dachte ich. Ich betrachtete die vielen großen angeschwemmten Baumleichen, erblickte weit oberhalb des Zeltfirstes in den Weiden hängende Grasbüschel, die von der Höhe des Wasserspiegels erzählten und stellte mir bildlich vor, wie es damals an dieser Stelle ausgesehen hatte, als die Urgewalt des Wassers alles erfasst und mit sich genommen hatte, was sich ihr in den Weg stellte.

Während ich so sinnierte, kam plötzlich Wind auf und bewegte die große Rolle Birkenrinde, die ich einige Meter von der Feuerstelle entfernt gelagert hatte, rasch auf das Feuer zu. Gerade noch rechtzeitig konnte ich sie abfangen und mit einem Stein beschwert zur Seite legen. Sie wäre ins Feuer gerollt, hätte sich schnell entzündet, wäre durch den Wind weiter zum leicht entflammbaren Zelt getrieben, das genau in der Windrichtung stand. Und neben dem Zelt lag das Boot aus PVC-Material. Das hätte ganz schnell den Verlust der wichtigsten Gegenstände bedeuten können.

Langsam drang in mein Bewusstsein, dass ich mich allein am Oberlauf der Oljokma befand und es auch bleiben würde. Stromauf weilte keine Menschenseele, denn vom Dorf war niemand mehr hier unterwegs. Wie ich erfuhr, befahren sie den Fluss nur bis zu den „weißen Felsen", weil das Gewässer weiter oberhalb ausgedehnte Untiefen aufweist, die den Motorbooten gefährlich werden. Danach gehören der Fluss und die Taiga nur noch sich selbst und den Tieren. Der Gedanke, völlig allein zu sein, war einesteils etwas beängstigend, anderenteils aber faszinierend und schön. Ich fühlte mich wie Eva ohne Adam im Paddlerparadies.

Am folgenden Tag hatten sich die Wolken aufgelockert, und der Himmel versprach Wetterbesserung. Fast andächtig setzte ich meine Fahrt in dieser unberührten Natur fort. Es war noch früh, erst 9 Uhr morgens. Ein Elch stillte seinen Durst am Ufer.

Beim Fahren und Treideln musste ich sehr achtsam sein, denn ich durfte mir keinen Fehler leisten, keine Verletzung, nicht den Verlust wichtiger Gegenstände. Mir fiel auf, dass die Gedanken die Aufmerksamkeit minderten, selbst wenn sie sich mit der gerade aktuellen Situation befassten: „Das Treideln ist eigentlich wie Spazieren gehen, ganz nett. Schade bloß, dass meine Kajakschuhe in Hamburg liegen, die könnte ich jetzt gut gebrauchen. Hoffentlich halten die Sandalen, denn ohne sie wäre ich bei dem steinigen Boden aufgeschmissen."

Schon war die Aufmerksamkeit bei den Gedanken und nicht mehr bei dem, was im Moment geschah. Ich ertappte mich dabei, nicht voll konzentriert darauf zu achten, wohin ich meinen Fuß gerade setzte, glitt ab, geriet ins Wanken.

Früher hielt ich das ständige Herumwandern des Geistes, das ich als Denken ansah, für eine gute Sache. Es war normal für mich, Hausarbeit zu machen, Zähne zu putzen, zu essen, eine Straße entlangzugehen und dabei mit den Gedanken woanders zu sein – in der Vergangenheit, der Zukunft oder fiktiven Situationen. Man bezeichnet das sehr zutreffend als „abwesend sein", was bedeutet, die Gegenwart nicht zu erleben und alle ihr innewohnenden Erfahrungen zu verschenken. Ein indianisches Sprichwort sagt: „Das Feuer von gestern ist Asche, das Feuer von morgen ist Holz – nur heute brennt das Feuer."

Denken ist das bewusste und konstruktive Bemühen, eine Situation zu durchschauen und einen nützlichen Weg zu finden, damit umzugehen. Gedanken muss man kritisch hinterfragen: Bringen sie Nutzen oder setzen sie ein Laufrad von Sorgen, Ärger, Hoffnungen usw. in Bewegung und bedeuten in Wirklichkeit Ablenkung von dem, was tatsächlich ist. Wie schwer es ist, auf seine Gedanken und Emotionen Acht zu geben, merkte ich erst, als ich bewusst damit begann.

Ich gelangte zu einem Flussabschnitt, in dem ufernah größeres Gestein im Wasser lag. Im sonst etwa hüfttiefen Wasser konnte ich gut manövrieren und es jeweils umfahren. Dann jedoch glitt ich mit Schwung auf einen umfangreichen, unter der Wasseroberfläche nicht sichtbaren Stein und saß trotz Befreiungsversuchen fest. Die Strömung begann, das Boot quer zu treiben, was ich aber durch Paddelschläge verhindern konnte. Wie tief das Wasser an dieser Stelle war, ob ich neben dem Stein würde stehen können, erkannte ich vom Boot aus nicht. Ich korrigierte noch einmal die Stellung des Bootes, teilte das Steckpaddel, legte die beiden Hälften schnell ins Boot, packte die Bootsleine und stieg dann aus.

Zum Glück konnte ich sicher stehen, das Boot vom Stein schieben und halten. Ich hätte es äußerst ungern ohne mich stromabwärts treiben gesehen.

Während man sich in der Gruppe bei Notfällen gegenseitig helfen kann, haben solche Ereignisse bei Alleinfahrten einen bedrohlichen Charakter. Darum reagierte ich in manchen Fällen besorgter als sonst. Während ich im Zelt lag, alarmierten mich Geräusche, die vielleicht Gefahr ankündigten. Kam da ein Tier, vielleicht ein Bär, angelockt vom Elchfleisch? Was bedeutete das Rauschen? Stieg das Wasser und gefährdete mein Lager? Auch beim Paddeln war ich vorsichtiger, mied Risiken. Ich wusste um meine Unzulänglichkeit und Verletzlichkeit, trotzdem genoss ich die Fahrt, langweilte mich nicht, vermisste keine Gespräche, war zufrieden. Saß am Lagerfeuer, schaute auf den Fluss und die untergehende Sonne.

Anfangs war ich an diesem Tag gut vorangekommen, aber dann erwarteten mich mehrere lange Treidelstrecken, in denen der Fluss über die gesamte Breite flach und mit Steinen jeglicher Größe verblockt war. An der großen Flusskurve, an der ich mit einer zum Lagern geeigneten Kiesbank gerechnet hatte, fand ich stattdessen Felsbrocken vor – eine wilde Steinlandschaft an einem ungastlichen Ufer, während die Felsen auf der anderen Flussseite steil ins Wasser abfielen. Mühsam arbeitete ich mich zu Fuß entlang des wüsten Ufers weiter.

Meine Ansprüche an einen Zeltplatz waren inzwischen auf ein sehr niedriges Niveau gesunken, da ich seit zehn Stunden unterwegs war und nur zweimal eine kurze Pause gemacht hatte. Seit drei Stunden hielt ich erfolglos Ausschau nach einem brauchbaren Platz. Der Wald reichte bis zu den Ufern. In ihm umgestürzte, teils überwucherte Bäume, Strauchwerk, Heerscharen von Mücken, keine ebene Stelle. Dort konnte ich das Zelt nicht aufbauen. Etwas entmutigt und müde vermutete ich, dass es flussaufwärts nicht besser werden würde, machte kehrt, überwand die flachen Stellen wieder zu Fuß und paddelte mit der Strömung in schnellem Tempo zurück zu einem Ufer, an dem sich eine kleine, sandige Stelle zwischen Weidenbüschen gebildet hatte, die einen brauchbaren Schlafplatz abgab und die ich bei einbrechender Dunkelheit erreichte.

Aus Frust darüber, dass ich mein Ziel, die Mündung der Mittleren Mokla in die Oljokma, nicht erreicht hatte, aß ich die Hälfte der Halwa auf. Danach war ich nicht nur verdrießlich, sondern mir war auch noch schlecht. Meine Stimmung im „Frust-Camp" verschlimmerte sich am nächsten Morgen noch, als ich ausgeruht darüber nachdachte, dass ich wohl zu schnell aufgegeben hatte, nur weil es Abend wurde und ich keinen Ort zum Schlafen gefunden hatte. Wahrscheinlich wäre der Fluss oberhalb meiner Umkehrstelle wieder tiefer und weniger steinig geworden. Vor allem bedauerte ich, die Mittlere Mokla nicht erkundet zu haben, die auf der Karte verheißungsvoll aussah. Aber Ärgern nutzte nun nichts mehr; stattdessen nahm ich mir vor, die restliche Zeit mit Muße am Fluss zu weilen.

Auf dem Rückweg ließ ich mich immer wieder treiben, beeindruckt, wie das Boot ohne mein Zutun über den im durchscheinenden Wasser erkennbaren Flussgrund sauste, dort, wo ich auf dem Hinweg nur langsam und mühsam vorwärtsgekommen war.

Auf der Suche nach Beeren und Pilzen versuchte ich, in die weglose Taiga einzudringen, kam freilich in meinen offenen Sandalen nicht weit, aber selbst mit festem Schuhwerk wäre es äußerst mühsam gewesen. Später lernte ich, dass Dorfbewohner beim Sammeln immer die kleinen Tierpfade benutzen, und dass nicht überall Waldfrüchte zu finden sind, sondern bestimmte Gegebenheiten vorhanden sein müssen. Immerhin fand ich am Waldrand Preiselbeeren, die allerdings noch nicht reif waren und wegen mangelnder Süße eher „erfrischend" im Grießbrei schmeckten. Ich konnte aber nicht wählerisch sein, weil ich relativ wenig Lebensmittel dabei hatte und der Brei ohne Zucker und Milchpulver ziemlich fade schmeckte.

Nachdem ich nun kein bestimmtes Ziel mehr anstrebte, wurde mir meine Ruhelosigkeit bewusst. Ohne mir darüber ganz im Klaren zu sein, hatte ich die Zeit fast ausschließlich aktivitätsorientiert verbracht, und als dem Vorwärtsstreben ein Ende gesetzt war, fühlte ich mich fast wie ohne Daseinsberechtigung. Hatte ich mir bei Wasserwanderungen in der Gruppe manchmal gewünscht, allein unterwegs zu sein, um ohne Ablenkung in die Natur eintauchen zu können und ein Teil von ihr zu werden, musste ich jetzt feststellen, dass mir das bisher auch nicht gelungen war. Langsam, erst am dritten Tag meines Aufenthalts im Camp, fiel meine innere Ruhelosigkeit von mir ab, dieses „Machenwollen".

Als ich nachts einmal aus dem Zelt musste, wölbte sich über mir der unendliche Sternenhimmel, frei von Verunreinigungen durch künstliche Lichter und Staub. Bei aller Schönheit wirkte die Großartigkeit und Allmacht der Natur aber auch etwas einschüchternd auf mich, und ich war versucht, gleich wieder mein schützendes Zelt aufzusuchen. Da erkannte ich, dass diese Furcht aus einem Gefühl des Getrenntseins resultierte: Ich und das Andere da draußen. Und ich bemerkte ebenfalls, dass ich dieses Getrenntsein sogar die ganze Zeit am Fluss gelebt hatte: diese Mücken da und ich, diese Hitze und ich, diese schöne Landschaft und ich. Ich hatte nicht wahrgenommen, dass Mücken, Hitze, Wasser, ich, einfach alles, zu einer Einheit gehören, hatte das EINSSEIN mit meiner Umwelt nicht empfunden. Ich nahm mir vor, meine innere Haltung zu ändern, darauf zu achten, Gefühle des Getrenntseins durch die Haltung des EINSSEINS zu ersetzen, und ich dachte lange darüber nach, was dieses EINSEIN seinem Wesen nach bedeutet und was das für mich besagt.

Am frühen Abend hörte ich flussabwärts ein Motorboot. Es kam näher, und ich erkannte Kolja, worüber ich mich sehr freute. Als ich im Gespräch erwähnte, dass ich die Untere Mokla ein Stück aufwärts fahren wolle, berichtete er mir, dass sie viele Stromschnellen und sehr wenig Wasser habe; er zeigte etwa dreißig

Zentimeter an. In Srednjaja Oljokma und Umgebung habe es bisher kaum geregnet.

Ich bot ihm die gerade gekochte Linsensuppe aus der Tüte an, aber er wollte, sicher auch Besseres gewohnt, nichts nehmen. Stattdessen holte er seinen eigenen Proviantbeutel und den Teekessel, schenkte uns Tee ein und gab mir von seinem Essen ab: die Hälfte eines Brotes, Zwiebäcke, ein kleines Glas Konfitüre, grüne Gurken und dazu noch zwei frisch geangelte Barsche. Er sagte, dass ich die Fische nicht zu schuppen und auszunehmen brauchte, sondern sie einfach auf dem Rost überm Feuer rösten solle. Darauf wäre ich nicht gekommen, aber umso besser – keine Arbeit damit. Als sie gar waren, aß ich das Fischfleisch aus der Haut heraus. Es schmeckte sehr gut.

In der Nacht erlebte ich ein fürchterliches Gewitter in unmittelbarer Nähe und war froh, dass ich auf dem hochliegenden Ideal-Camp steigenden Wasserpegel nicht zu fürchten brauchte. Es blitzte und donnerte lange Zeit unentwegt und goss wie aus Kübeln. In dem kleinen, aber stabilen Zelt sicher vor Wind und Wolkenbruch liegend, dachte ich mehrmals an Kolja, der nur mit einer Zeltplane unterwegs war und mir gesagt hatte, dass er nicht in einer Isbuschka (Jagdhütte) übernachten werde.

Zwei Tage später regnete es noch immer. Ich entschloss mich, ins Dorf zurückzufahren und mit dem Wasser aus der nun vermutlich vollen Regentonne und den hoffentlich inzwischen eingetroffenen Reinigungsgeräten und Farben die Arbeiten im Haus zu beginnen.

Als ich aufbrach, hatte der Regen nachgelassen. Über dem Fluss lag eine dichte Dunstschicht, die die Sicht bei der Rückfahrt erschwerte. Während ich für die gleiche Strecke flussaufwärts zweieinhalb Tage gebraucht hatte, legte ich sie nun innerhalb von fünf Stunden zurück und langte bereits um 14 Uhr am Dorf an. Um diese Zeit war gewöhnlich Mittagsruhe und kaum jemand auf der Straße anzutreffen. Damit sich niemand verpflichtet fühlen sollte, mir zu helfen, wollte ich meine Ausrüstung still und heimlich zum Haus schaffen und erst danach zu Dora Michailowna gehen, um den bei ihr deponierten Schlüssel abzuholen und mich zurückzumelden.

Ich trug noch den ersten Teil meines Gepäcks zum Haus, als mich Iwan Georgijewitsch schon erspäht und seine Frau alarmiert hatte. Er half mir sogleich beim Tragen. Wieder am Ufer angekommen, erkannte ich bei meinem Boot den Mann, der unserer Paddelgruppe vor zwei Jahren fünf schöne Karauschen geschenkt hatte. Ich sagte ihm, dass ich mich daran sehr gut erinnere und begrüßte ihn als alten Bekannten. Später erfuhr ich, dass er als Waldhüter des Ortes tätig war. Selbstverständlich griff auch er sofort nach dem Gepäck. Dora Michailowna kam uns auf halbem Weg entgegen, umarmte und küsste mich. Offensichtlich freute sie sich sehr, dass ich gesund wiedergekehrt war. Selbstverständlich lud sie mich zum Essen ein, und ich griff dieses Mal herzhaft zu. Iwan Georgijewitsch häufte mir immer wieder den Teller voll.

Heimgekehrt ins Dorf

Vom ersten Tage an hatte ich mich im Dorf trotz meiner Sprachschwierigkeiten niemals fremd gefühlt, doch jetzt, nach meiner Rückkehr, fühlte ich mich mit innerer Freude wirklich „heimgekommen" und zu Hause, obwohl ich mich bis zum Beginn meiner Flusswanderung nur zehn Tage im Dorf aufgehalten hatte.

Und etwas Entscheidendes hatte sich geändert: Vorher überstiegen manchmal die täglichen, zahlreichen sozialen Kontakte mein ans Singleleben gewohntes Fassungsvermögen, und ich wünschte mir dann, es möge eine Weile niemand kommen, damit ich wie geplant zwei Stunden Russisch lernen, eine bestimmte Arbeit im Haus erledigen, Tagebuch bzw. Briefe schreiben, meditieren oder meine Gymnastik machen könne. Während ich mich unterhielt oder kochte, glaubte ich manchmal mit Unbehagen, es sei wichtiger, dies oder jenes zu tun. Nun jedoch war ich in der Lage, mich ohne Ungeduld auf den Augenblick und den Besucher einzulassen, und dachte nicht mehr daran, was ich „eigentlich" machen wollte, fühlte mich nicht gestört.

Vor meiner Abreise aus Deutschland hatte ich mir vorgestellt, dass ich hier viel Zeit allein verbringen, innere Einkehr, Stille, Ruhe finden würde. Gefunden hatte ich dagegen etwas ganz anderes, etwas, das ich nicht bewusst suchte, das mir aber nötiger war als das Alleinsein, schien es mir nun. Diese Menschen lehrten mich ein großes Vertrauen, Zuwendung, Liebe.

Ihre Unzulänglichkeiten und Schwächen entgingen mir nicht, aber ich betrachtete jene Eigenschaften, die in uns allen in unterschiedlichen Ausprägungen vorhandenen sind, mit liebevollem Begreifen.

Aus den Holzklötzen im Hof war während meiner Abwesenheit ein ordentlich aufgeschichteter Stapel dicker Scheite geworden. Vor meiner Abfahrt hatte ich Juri gefragt, ob er gegen Bezahlung das Holz hacken würde, worauf er antwortete, dass er es nicht für Geld, sondern aus Freundschaft machen wolle. Das aber mochte ich nicht annehmen. Ich erkundigte mich, was es denn ungefähr kosten würde, und er nannte ein mir unbekanntes Wort. Da ich Feinheiten in der Sprache nicht mitbekam und sie mir immer sagen mussten, ob etwas „Humor" war, fragte ich vorsichtshalber: „Ist das Humor?" Er lächelte und nickte. Das Wort hieß „Kuss". Diese Art Bezahlung war mir jedoch auch nicht recht.

Wie ich nunmehr erfuhr, hatte Juri den Auftrag an den Ewenken Roman weitergegeben, der für ein geringes Entgelt das Holz gehackt und gestapelt hatte. Er sollte mir auch ein neues Plumpsklo in einer entfernten Gartenecke bauen, da das alte voll war. Juri würde ihm sagen, was er machen soll, die Arbeit abnehmen und mir den Preis dafür nennen, also der „Organisator" sein. Das war praktisch für mich, da ich nicht wusste, welche Arbeitspreise üblich waren. Warum Juri die Arbeit nicht selbst machte und sich das Geld verdiente, leuchtete mir nicht ganz ein, denn er erhielt nur eine, wie er selbst sagte, kaum ausreichende Pension in Höhe von 3000 Rubeln.

Juri und Roman machten sich dann zur Einweihung der Toilette den Spaß, ein rotes Band vor die Tür zu spannen, das Juri feierlich durchschnitt, nachdem er einige angemessene Worte gesprochen hatte.

Der Preis für das überall zusammengesuchte Material und die Arbeit betrug 350 Rubel, umgerechnet 10,50 Euro, also lächerlich wenig für meine Begriffe. Man darf das allerdings nicht mit Deutschland vergleichen, denn es galten auch andere Preise für Lebensmittel und so weiter. Ein Sack mit 50 Kilogramm Mehl kostete zu diesem Zeitpunkt nur 21 Euro (alle Preise sind seitdem stark angestiegen), die Leute wohnten in den dem Staat gehörenden Häusern umsonst. Auch ich musste deshalb keine Miete bezahlen, was eine angenehme Überraschung bedeutete.

Vorteilhaft war die Möglichkeit zur Selbstversorgung aus der Natur: Fleisch, Pilze und eine Vielzahl verschiedener Beeren aus dem Wald (ich lernte neun Arten kennen), Fische aus Seen und dem Fluss, Kartoffeln und Gemüse aus dem eigenen Garten. Diese Selbstversorgung erforderte eine Menge Arbeit, sodass die Hauptbeschäftigung der Leute im Dorf aus der Essensbeschaffung, Zubereitung und Konservierung bestand.

Dora Michailowna wurde meine Lehrmeisterin und zeigte mir die üblichen Konservierungsverfahren sowie die Zubereitung der traditionellen Gerichte. Aus den Beeren wurde „Warenje" bereitet, eine Konfitüre. Man kochte die Beeren mit Zucker im Verhältnis 1:1 und füllte sie in Gläser ab. Diese wurden mit einem speziell dafür vorhandenen Gerät durch einen Metalldeckel luftdicht verschlossen.

Beim Kochen der Warenje verbrauchte ich viel Zucker. Ich hatte in Mogotscha nur drei Kilogramm gekauft und angenommen, dass ich damit über den ganzen Winter käme, weil ich normalerweise fast keinen Zucker esse. Nun stellte sich heraus, dass ich eine ganze Menge brauchen würde und es im Laden keinen gab, weil das Boot aus Tupik wegen des niedrigen Wasserstandes im Tungir noch nicht fahren und Lebensmittel bringen konnte.

Die Leute im Dorf liebten Zucker, alles wurde sehr süß gegessen und getrunken. Dora Michailowna verzog beim Kosten meiner Warenje regelmäßig das Gesicht, als hätte sie in eine Zitrone gebissen, und behauptete, ich hätte viel zu wenig Zucker genommen.

Beim Kochen der Gerichte wurden nur wenige Gewürze verwendet – Salz, schwarzer und roter Pfeffer, Lorbeerblätter sowie frische Kräuter wie Dill, Petersilie, wilder Schnittlauch, Zwiebeln. Im Vordergrund stand immer der naturbelassene Geschmack der Nahrungsmittel, was bei den edlen frischen Fischen, dem unbelasteten Wildfleisch, den Früchten aus Wald und Garten nur von Vorteil war. Das Fleisch von Hirschen, Elchen, Kabargas oder Hasen wurde ganz frisch genossen, allenfalls aus Haltbarkeitsgründen in stark gesalzenes Wasser gelegt und in die Eisgrube im Garten gestellt. Als ich einmal erzählte, dass man in Deutschland das Wild abhängen lässt, ekelten sich meine Zuhörer.

Einen halben Tag lang hielten sich Mascha und Natascha bei mir auf, zwei etwa elfjährige Mädchen. Ohne zu ermüden sahen sie zu, wie ich im Hof mit Kernseife und einer kleinen Handbürste mein nach vierzehntägigem Tragen arg verschmutztes mückendichtes Hemd und die Militärhose schrubbte, schauten sich im Haus interessiert alles an, untersuchten das Boot, die ganze Campingausrüstung, das Zelt, das ich im Zimmer zum Trocknen aufgestellt hatte, und halfen mir später, es zusammenzulegen. Ich war sozusagen ihr Nachmittagsprogramm, besser als Fernsehen.

Juri brachte mir eine Schüssel frische Elchleber, die man ihm geschenkt hatte. Weil ich bemerkt hatte, dass sie kein Fleisch mehr hatten, gab ich einen Teil davon Dora Michailowna, wie auch etwas Hirschfleisch, das mir Kolja gespendet hatte, der von der Jagd mit einem erlegten Hirsch zurückgekommen war. Sie lud mich zum Abendessen ein, bei dem wir von dem Hirschfleisch aßen. Kaum in mein Haus zurückgekommen, klopfte es wieder an der Tür, und Juri brachte mir die Hälfte eines großen Kuchenstücks, das ihm jemand gegeben hatte. Auf diese Weise potenzierten sich die Geschenke, und jeder bekam von jedem etwas. Ich lernte von diesen Menschen eine Herzlichkeit und Großzügigkeit, von der ich hoffte, sie in mir bewahren zu können.

Dora Michailowna war einfach hinreißend. Sechsundsiebzig Jahre alt, kaum 1,50 Meter groß, faltiges Gesicht, im Unterkiefer noch einige Zähne, im Oberkiefer nur drei Metallzähne, aber mit einem Lächeln schöner als das einer Geisha – sie lächelte mit dem Herzen. Mehrmals am Tage hörte ich ihre leise, fragende Stimme vor der Tür: „Karina?", und dann half sie mir, lehrte mich, brachte mir etwas oder lud mich zu sich ein.

Die meisten Leute über vierzig hatten Zahnersatz aus Metall oder viele Zahnlücken. Kolja, groß und sehr schlank, fehlte fast die ganze obere Zahnreihe, wodurch er älter schien als er war. Irinas umfangreicher Zahnersatz bestand aus einer silbrigen Metalllegierung. Sie war ziemlich untersetzt und trug ihr dunkles Haar kurz gelockt. Als sie mich fragte, für wie alt ich sie hielte, sagte ich vorsichtshalber: „Vierzig Jahre", und es stellte sich zu meinem Erstaunen heraus, dass ich damit genau ihr wirkliches Alter getroffen hatte. Ich hielt beide in Wirklichkeit für deutlich älter.

Nachdem alle während des Paddelausfluges benutzten Utensilien gereinigt und weggeräumt waren und ich mir endlich eine köstliche Tasse Kaffee aufgebrüht hatte, erschien Dora Michailowna bei mir. Sie kostete den Kaffee, verzog das Gesicht und meinte, er sei ohne Zucker. Ich holte den Zucker, sie süßte kräftig nach, nahm einige Schlucke und ließ ihn stehen, nachdem sie mir mit dem vielen Zucker meinen guten Kaffee verdorben hatte, die Liebe. Danach gingen wir zu Sinaida Michailowna, von der ich einige Pinsel kaufen konnte und die mir mehrere Weckgläser vermachte, zu denen mir Dora Michailowna noch die Metalldeckel brachte. Bei der Gelegenheit redete sie mir ein, ich müsse unbedingt auch den Fußboden meiner Hütte streichen und den Dorfvorsteher sofort bitten, mir die entsprechende Farbe aus Tupik mitzubringen, da er dorthin fahren wolle. Gehorsam ging ich los und sagte es ihm.

Als das Boot mit Waren aus Tupik endlich kam, stellte sich zu meiner Enttäuschung heraus, dass meine Bestellung vollkommen vergessen worden war. Immerhin konnte ich drei große Dosen weißer Farbe ergattern. Ansonsten musste ich versuchen, bis auf weiteres mit den vorhandenen Mitteln auszukommen.

Mit meiner kleinen Handbürste scheuerte ich die Holzwand in der Küche sowie die verschmutzte Ablage in der Kochecke und säuberte auf dem Hof das rostige Ungetüm von Wassertonne so gut es ging. Danach strich ich den Küchentisch, die Kochecke nebst Ablage und ein mit viel gutem Willen „rustikal" zu nennendes kleines Hängeregal, das ich im Schuppen gefunden hatte und das meine wenigen Teller und Tassen aufnehmen sollte. Weil ich weder Drahtbürste noch Rostentferner hatte, musste ich den Rost der Wassertonne überstreichen, eine im Dorf normale Verfahrensweise.

Aus alten Balken und rohen Brettern, die vom Toilettenbau übrig geblieben waren, schusterte ich mithilfe meines Werkzeugs, Metallwinkeln und in Ulan-Ude gekauften Holzschrauben einen langen, schmalen Arbeitstisch für die Küche zusammen, sehenswert eher im negativen Sinne. Ich hoffte, dass die weiße Farbe gnädig die schlimmsten Unebenheiten überdecken würde, aber das war dann doch zu viel erwartet. Erst später, nachdem ich ihn zum größten Teil mit einem großen Stück Wachstuch verhüllen konnte, wirkte er einigermaßen gefällig.

Das Boot hatte neben Lebensmitteln und der Post ebenso die Gelder für die Auszahlung der Pensionen und Gehälter gebracht, mit dem Ergebnis, dass das halbe Dorf tagelang betrunken war. Das Sortiment an Lebensmitteln im Laden war bescheiden, und begehrte Waren wie Eier, Speck, Wurst, Käse, Butter waren schnell ausverkauft, doch an Wodka und 1,5-Liter-Flaschen „Bier" (ein Gebräu mit einem Alkoholgehalt von 16 Prozent) mangelte es nie, weil Natalja Petrowna daran offenbar am besten verdiente. Sie wurden sogar außerhalb der Öffnungszeiten abgegeben, wenn die Alkoholiker durch gefährlich niedrigen Alkoholspiegel in Panik gerieten.

Am späten Abend kurz vor 23 Uhr klopfte es an meiner Vordertür, die ich schon mit einem Haken geschlossen hatte. Als ich arglos öffnete, stand der stark alkoholisierte Waldhüter davor und wollte unbedingt mit mir reden. Ich sagte, dass ich jetzt schlafen ginge und wir morgen reden könnten, und schloss nach einigem Hin und Her die Tür. Er rüttelte noch einige Male daran, bevor er endlich ging.

Am nächsten Tag brachte ich an der Tür zusätzlich einen Riegel an, da mir der Haken nicht zuverlässig erschien. Das war keine überflüssige Maßnahme, denn mein Nachbar und sein Besucher, ein schräger alter Typ, hatten ordentlich getankt und ebenfalls das dringende Bedürfnis, sich mit mir zu unterhalten. Ich verwies darauf, dass ich im Haus arbeiten würde, keine Zeit hätte und mich mit betrunkenen Leuten auch nicht unterhalten würde. Diese Argumente hatten nicht die gewünschte Wirkung, denn sie klopften ständig an das Fenster des Vorraumes und rüttelten an der Tür. Es war ziemlich lästig, obwohl sie gutmütig und freundlich blieben.

Der Alkohol machte die Leute äußerst kontaktfreudig; weitere ungeladene Gäste suchten mich an diesem Tag heim. Erst kam Nina, die Schwester Romans, mit ihrer hübschen dreijährigen Tochter Natascha. Sie ging aber sofort mit der Bemerkung, sie wolle mich nicht stören, als ich nach einer Weile erklärte, keine Zeit mehr zu haben. Danach erschienen zwei weitere Frauen, deren Anliegen ich nicht verstand und die deswegen auch nicht lange blieben.

Obwohl sich der Sommer noch nicht verabschiedet hatte, musste schon an den Winter gedacht werden Gemeinsam mit Dora Michailowna legte ich einen großen Eimer Gurken und grüne Tomaten in kaltem Salzwasser ein. Zwischen das Gemüse legten wir Petersilie, Lorbeerblätter, Pfefferkörner, Dill, Knoblauch in Scheiben und Blätter der Schwarzen Johannisbeere und beschwerten das Ganze mit Steinen, die auf den Deckel aus Birkenrinde gelegt wurden, den Iwan Georgijewitsch schnell zurecht geschnitten hatte. Ich konnte gerade noch verhindern, dass Dora Michailowna ungewaschene Steine von der Straße verwendete, auf die schon mehrere Hundegenerationen ihr Wasser abgelassen hatten, was sie aber offenbar nicht als störend empfand.

Ich kaufte einen Eimer weißer Lamellenpilze, die zwei Tage in kaltem Wasser liegen mussten und danach ungekocht zusammen mit verschiedenen Gewürzpflanzen in frische Salzlake eingelegt wurden, sowie einen Eimer Sumpfheidelbeeren, aus denen ich Warenje kochte.

Juri brachte mir eine Schüssel Beeren des Faulbaumes. Vor fast jedem Haus im Dorf wächst ein solcher Baum. Die Beeren haben etwa Heidelbeerformat, sind schwarz und bergen einen verhältnismäßig großen Kern, der von süßlich-herb schmeckendem Fruchtfleisch umgeben ist. Da ich nicht wusste, was ich sonst mit ihnen anfangen sollte, aß ich pflichtschuldig den ganzen Tag von ihnen, indem ich das Fleisch von den Kernen ablutschte. Es schmeckte nicht schlecht, und ich dachte, dass ich frisches Obst essen sollte, solange es noch welches gab, denn der Winter würde lang genug sein. Viel später lernte ich, dass man die Beeren trocknen und danach samt Kernen zu einem dunklen Mehl mahlen kann. Zusammen mit zwei Dritteln weißem Mehl ergibt es einen fruchtig schmeckenden Kuchenteig, der aussieht wie Schokoladenteig. Man kann die frischen Beeren mitsamt den Kernen aber auch durch den Wolf drehen und Warenje daraus kochen. Die zerkleinerten Kerne haben ein hervorragendes, ganz besonderes Aroma, stören aber beim Essen ein wenig. Laut Pflanzenbestimmungsbuch sollen die Kerne Blausäureglykosid enthalten und dadurch giftig sein. Ich verspürte aber nach dem Genuss keine negativen Wirkungen und hörte auch von anderen nie davon. Vielleicht, weil man immer nur kleine Mengen davon verspeist.

Iwan Georgijewitsch fuhr uns mit dem Boot zur anderen Flussseite, wo wir Hagebutten sammelten. Dort hatten bereits andere Leute geerntet, und es waren nur noch die Früchte übrig, die im unwegsamsten Gestrüpp wuchsen, sodass es ausnehmend mühsam war, zu ihnen vorzudringen. Dazu herrschte große Hitze, und Mückenwolken umlagerten uns. Wenn es nach mir gegangen wäre, hätte ich gleich kehrtgemacht und mir statt der Hagebutten lieber ein paar Vitaminpillen in den Hals geworfen.

An einem andern Tag ging ich mit Dora Michailowna Pilze suchen. Ich hoffte immer, dass es nun genug sei und wir umkehren würden, aber sie hatte auf jeden Fall mehr Ausdauer als ich.

Ich bewunderte die beiden alten Leute sehr, die sich unermüdlich, immer fröhlich und ohne Klage um ihr Auskommen bemühten. Iwan Georgijewitsch fuhr täglich auf den Fluss, um zu fischen. Sie hatten einen großen Garten mit Kartoffeln und Gemüse, der viel Arbeit erforderte. Für die vier Jagdhunde und die Hühner musste jeden Tag Futter zubereitet werden. Die Wäsche wusch sie mit der Hand. Sie hatte oft Schmerzen im Rücken und im Bein, aber trotz Humpelns an manchen Tagen traf ich sie nie mit einer Leidensmiene, sondern immer mit einem Lächeln an.

Da im Dorf fast alles selbst angepflanzt, gesammelt, gejagt, gefischt, konserviert, gebacken, von Hand gemacht, repariert wurde, waren die Menschen in der Regel den ganzen Tag am Tun, aber niemand war nervös, hatte Stress oder keine Zeit für den anderen.

Ich lernte den Schullehrer Stanislaw Nikolajewitsch kennen, als er eines Morgens zu mir kam und anbot, mir Gardinen und ein Handwaschgerät für die Dauer meines Aufenthalts zu leihen. Die Gardinen konnte ich gut gebrauchen, wusste aber nicht, wie ich sie anbringen sollte. Er versprach, auch dafür zu sorgen und kam wieder mit seinem handwerklich wohl begabteren Freund, der Drähte oberhalb des Fensterrahmens spannte, an denen ich dann die Metallringe mit den Gardinen entlangziehen konnte. Es war angenehm, abends die Vorhänge schließen zu können und nicht mehr auf dem Präsentierteller zu sitzen.

Das in jedem Haushalt vorhandene Handwaschgerät stellt eine höchst praktische Einrichtung dar. Es besteht aus einem kleinen Metalleimer mit einem Loch am Boden, das durch einen Metallstift mit Gummidichtung verschlossen ist und durch das wie aus einer Wasserleitung Wasser läuft, wenn man den Stift nach oben drückt.

Stanislaw Nikolajewitsch lud mich zum Abendessen ein. Seine Frau hatte ein schmackhaftes Gemüsegericht gekocht sowie Salat aus weißem Rettich und Möhren zubereitet, eine Labsal für mich, deren Hauptnahrung in Deutschland aus Gemüse bestanden hatte. Sie forderten mich auf, ihr Gast zu sein, so oft ich wolle. Damit es bei mir wohnlicher würde, gaben sie mir eine Topfpflanze mit und eine Dose Farbe in diesem typischen, im Ort allgegenwärtigen Hellblau, das ich im Laden nicht bekommen konnte.

Ich hatte mir eingebildet, dass mein Haus außergewöhnlich sparsam möbliert sei, doch die Besuche bei anderen Ortsbewohnern zeigten mir, dass es bei ihnen in der Regel auch keine wesentlich bessere Einrichtung gab: Schrank, Kommode, Tisch, die allgemein übliche schmale, hölzerne Sitzbank ohne Lehne, zwei oder drei Stühle, vielleicht ein Teppich an der Wand, eisernes Bett mit Metallgeflecht-Matratze, an der Decke eine einsame Glühbirne ohne Lampenschirm. Das war kein Zeichen von Armut, sondern normal. In Juris Zimmer befanden sich nur das Bett, ein kleiner Tisch mit einem Schwarz-Weiß-Fernseher in den letzten Zügen und ein alter, durchgesessener Sessel; in der Küche ein Regalbrett an der Wand, ein Tisch, eine Sitzbank und ein Stuhl. Bei einer Ewenkenfamilie mit drei Kindern erblickte ich lediglich Betten, diese und der Fußboden waren bedeckt mit Kleidungsstücken, in der Küche standen eine kleine Kommode, ein Tisch und zwei Sitzbänke. Im Zimmer eines alten Ewenken sah ich nur eine auf Holzbalken gelegte Metallmatratze und auf dem Boden liegende Fischnetze.

Als der Dorfvorsteher aus Tupik zurückkam, brachte er mir nicht nur die Fußbodenfarbe mit, sondern auch eine schlechte Nachricht. Eine Mitarbeiterin der Meldestelle in Tupik hatte ihm mitgeteilt, dass ich mich mit Pass und Visum in Tupik registrieren lassen müsse. Ich hatte mich nach der Einreise in Ulan-Ude eintragen lassen und angenommen, das würde reichen.

An diesem Tag hatte ich kaum eine Stunde Ruhe, denn ständig kam jemand, um Vorschläge zu machen, wie das Problem zu lösen sei, mir seine Hilfe anzubieten oder einfach darüber zu reden. Stanislaw Nikolajewitsch schrieb schließlich für mich auf der Schulschreibmaschine eine Erklärung, dass ich um die Notwendigkeit einer Registrierung in Tupik nicht gewusst hätte, wegen mangelnder Transportmöglichkeiten jetzt nicht dorthin kommen könne, mich aber im März auf meinem Rückweg nach Deutschland dort melden würde. Glücklicherweise hatte ich Kopien der Einladung, des Passes und des Visums dabei und konnte sie der Erklärung beifügen. Den Brief gab ich dem Schulboot mit, das die größeren Kinder vor Schulbeginn zur Schule und ins Internat nach Tupik brachte, und hörte dann zu meiner Erleichterung nichts mehr von der Meldestelle.

Nachdem die Gefahr abgewendet schien und ich Farbe hatte, geriet ich in einen wahren Anstreichrausch, weil es mir große Freude machte, fleckige und schäbige Flächen in frischem Glanz erstrahlen zu sehen. Im Dorf wurden ausschließlich drei Farben verwendet: Braun für Fußboden, Sitzbank und Türen, Hellblau für Holzwände, Wassertonnen und Fensterrahmen, mit Weiß wurden manchmal die Fensterrahmen abgesetzt. Hellblau oder Braun gebrauchte man auch für Küchentisch, Regalbretter oder Kommode. Mit hellblauer Kalkfarbe tünchte man Decken, Wände und Öfen.

Meine hellblaue Farbe langte gerade, um die Holztrennwand von beiden Seiten und den von Juri gebrachten Tisch zu streichen. Mit der braunen Farbe strich ich die Sitzbank sowie die Fußböden im Haus und Vorraum, behielt aber noch welche übrig. Angesteckt vom Farbenrausch meinte Dora Michailowna, dass ich damit Fußboden und Treppe ihres Eingangsbereiches auffrischen könnte. Danach holte sie hellblaue Farbe hervor, mit der ich Holzkonstruktion und Geländer ihres Einganges sowie zwei Wassertonnen einschließlich der Holzdeckel versah. Nun reichte es mir eigentlich, denn ich schwitzte schon längere Zeit in der heißen Sonne, die Mücken stachen mich unablässig, weil ich mich nicht richtig wehren konnte mit dem Pinsel in der Hand, und ich hatte den ganzen Tag unablässig herumgewirtschaftet. Ich wollte mich nur noch waschen, mich umziehen und in Ruhe – allein, schweigend – eine Tasse Kaffee trinken. Aber es war noch Farbe übrig, und Dora Michailowna wusste schon genau, wo die hin sollte, nämlich an meine Fensterrahmen. Da sagte ich entschieden: „Njet, ich werde diese Fensterrahmen nicht streichen."

Ich hatte mich nach der Körperwäsche ruhebedürftig aufs Bett gelegt, aber nach einer halben Stunde klopfte es schon wieder an der Tür. Es war anstrengend für mich, den ganzen Tag auf Russisch zu kommunizieren, da ich mich dabei immer sehr konzentrieren musste. Verwirrung stifteten besonders plötzliche Themenwechsel. Während wir zum Beispiel Pilze einlegten und ich erwartete, darüber weitere Kommentare zu hören, erzählte Dora Michailowna plötzlich etwas ganz anderes, und ich versuchte irritiert, den Text vom Verständnis her mit den Pilzen in Verbindung zubringen, bis ich irgendwann begriff, dass das eine mit dem anderen nichts zu tun hatte. Dazu kam, dass ich wenig multitaskingbegabt bin und mich nur auf eine Sache wirklich gut konzentrieren kann, auf die handwerkliche Beschäftigung oder das Gespräch.

Ich hatte aber eine neue Fähigkeit erworben, nämlich die, mir die Namen der Leute zu merken, was mich sehr erstaunte, da ich immer der Meinung gewesen war, absolut kein Namensgedächtnis zu haben. Die russischen Namen bestehen aus Vornamen, Vatersnamen und Familiennamen. Der Vatersname wird gebildet aus dem Namen des Vaters, der je nach Geschlecht eine weibliche oder männliche Endung erhält. Wenn der Vorname des Vaters Michail ist, so lautet der Vatersname der Tochter „Michailowna" und der des Sohnes „Michailowitsch". Schwierig wurde es für mich, wenn im Gespräch die umgangssprachlichen Formen verwendet wurden, also statt von Wladimir von Wolodja, Wowa oder Wowka die Rede war oder statt von Pawel von Pawlik oder Pascha gesprochen wurde.

Manche umgangssprachliche Namen werden aber auch für unterschiedliche Vornamen benutzt. Die Varianten Slava, Slavka oder Slavotschka zum Beispiel werden benutzt für alle Vornamen, die mit „…slav" enden, und das sind etwa sieben.

In Russland sind noch immer fast nur die traditionellen russischen Vornamen in Gebrauch; vielleicht werden fremdländische Namen gar nicht zugelassen. Dora Michailowna erwähnte, dass sie in Tupik mit dem Vornamen Darja registriert wurde und jetzt bei allen Verwaltungsstellen unter dem Namen geführt wird, weil die Amtsperson dort befand, dass Dora kein russischer Vorname sei

Blick vom Dorf auf die Oljokma

und sie deshalb Darja heißen müsse, trotz der anders lautenden Geburtsurkunde. Alle weiblichen Vornamen enden auf „a". Deshalb wurde ich im Dorf „Karina" genannt.

Bei einem Spaziergang durch das Dorf erzählte mir Dora Michailowna, dass sie seit 54 Jahren hier lebe und 40 Jahre davon als Feldscher gearbeitet habe. Ein Feldscher ist ein „kleiner Arzt" mit einer speziellen Ausbildung für seine Aufgaben. Er kann einfache Behandlungen durchführen, auch Zähneziehen, und er ruft den richtigen Doktor, wenn es notwendig ist.

Sie berichtete, dass vor der Perestroika bei einem Notfall innerhalb einer Stunde ein Flugzeug bzw. Helikopter gekommen war und den Kranken in ein Krankenhaus gebracht hatte. Dafür sei nun kein Geld mehr da. Falls Wasserweg oder Winterweg befahrbar seien, was mindestens vier Monate im Jahr nicht der Fall sei, käme ein Arzt aus Tupik, der im Bedarfsfalle den Kranken im Boot oder im Auto mitnähme ins Krankenhaus. Wie ein Schwerkranker einen mehrtägigen Transport im offenen Boot überstehen soll, selbst wenn es nicht regnet oder kalt ist, konnte ich mir kaum vorstellen.

„Und was passiert, wenn die Wege nicht befahrbar sind?"

Sie zuckte mit den Schultern.

Da die Behandlungsmöglichkeiten des Feldschers arg eingeschränkt sind, ist man dann im schlimmsten Falle wohl auch nicht mehr lange krank, sondern tot, so meine Vermutung.

Bei unserem Spaziergang besuchten wir Sinaida Michailowna. Schon vor zwei Jahren hatte ich ihren Garten, ihr prächtiges Gemüse und die Blumen bewundert. Sie hatte uns damals mehrere große Zucchini und eine Menge Gurken geschenkt, die unsere an Frischgemüse arme Kost sehr bereichert hatten. Auch in diesem Jahr wuchs alles üppig. Im Haus fiel mir auf, wie sorgfältig gestrichen, aufgeräumt und blitzsauber es war; man hätte vom Fußboden essen können.

Mit der Sauberkeit hatte es Dora Michailowna nicht so sehr. Anfangs zuckte ich noch zusammen, wenn ich einen fettigen Teller, eine klebrige Tasse oder eine Gabel mit den Resten des vorherigen Males erhielt oder der Tisch mit der Kittelschürze abgewischt wurde, die auch schon längere Zeit in Benutzung war. Es wäre aber unhöflich gewesen, etwas abzuweisen, und so handelte ich nach dem Motto „Augen zu und durch".

Allgemein üblich war es, den mit Wachstuch bedeckten Tisch als eine Art weiteren Teller zu benutzen; abgenagte Knochen, Gräten usw. wurden unmittelbar darauf abgelegt. Auch das gemeinsame Essen aus einer Schüssel oder Bratpfanne sparte Geschirr, war für mich aber ziemlich gewöhnungsbedürftig.

Unterdessen war mein Haus wohnlich geworden, und ich konnte selbst Gäste empfangen, hatte ich doch überdies aus meiner umfangreichen Bestellung das Wachstuch und drei Töpfe erhalten. Ich bastelte eine Karte mit einer Einladung für den Abend, überreichte sie Dora Michailowna und ihrem Mann und warf mich dann ordentlich ins Zeug: bereitete einen Gemüsesalat, kochte Erbseneintopf, buk Eierpfannkuchen und Brotfladen, machte einen süßen Grießauflauf mit Zedernnüssen, Rosinen und Schokolade, richtete alles gefällig an und stellte Warenje und Tee bereit. Sicher haben sie gemerkt, dass ich mich freute, sie zu Gast zu haben.

An einem der nächsten Tage lud ich Kolja und Irina ein, und auch Stanislaw Nikolajewitsch mit Frau sowie Juri bekamen meine Kochkünste zu schmecken, nachdem ich jeweils mehrere Stunden am Herd gestanden hatte.

Inzwischen war es Ende August geworden. Nachts fiel die Temperatur schon auf 0 Grad, und auch im Haus war es mit plus 10 Grad nicht eben kuschelig. Ich fragte mich, ob es für sibirische Verhältnisse wohl sehr zimperlich war, wenn ich einmal durchheizen würde, und erkundigte mich vorsichtig bei Juri danach. Er erwiderte, die Leute im Norden würden die Wärme lieben, und er hätte bei sich heute geheizt.

Da der Ofen im Haus lange Zeit nicht benutzt worden war, bestand die Gefahr, dass er zugesetzt war und der Rauch nicht abziehen, sondern alles vollqualmen würde. Juri machte behutsam Feuer, und zum Glück funktionierte der Ofen ohne Probleme, sodass es im Haus bald angenehm warm wurde. An der Wärme konnte ich mich aber nicht lange erfreuen, denn bei Dora Michailowna sollten die Kartoffeln aus der Erde, und ich hatte versprochen zu helfen. Gemeinsam mit sechs anderen Helfern wühlten wir uns durch die Reihen, ich fast doppelt so langsam wie die anderen, weil ich fürchtete, eine wertvolle Knolle zu übersehen und halbe Gräber schaufelte. Mittags gab es reichliches Essen für alle, und danach ging es weiter. Gegen 16 Uhr wurde wieder eine Pause gemacht, nach der wir die Arbeit fortsetzten. Mir schmerzte vom langen Bücken seltsamerweise nicht das Kreuz, sondern der Hintern dermaßen, dass ich mich kaum noch aufrichten konnte. Außerdem hatten sich vom Graben die Schmerzen im Unterarm verstärkt, die beim Anstreichen entstanden waren und bei Beanspruchung leider bis zum heutigen Tage auftreten. Da die Zahnbehandlung beim Feldscher einzig und allein im Zahnziehen bestand, befürchtete ich eine Armamputation, wenn ich wegen der Schmerzen dorthin gehen würde und unterließ es deshalb lieber.

Als Dank fürs Helfen brachte mir Iwan Georgijewitsch einen großen Sack Kartoffeln für den Winter, und Juri ließ sich nicht ausreden, dass ich zwei weitere Säcke benötigte und von ihm annehmen müsse. Weil wegen der Frostgefahr nun alles Gemüse geerntet wurde, erhielt ich von ihm und meiner lieben Nachbarin Dill, Möhren, Rote Bete, Zucchini, Tomaten, Weißkohl, sogar eine kleine süße Wassermelone. Es war mir manchmal schon peinlich, so viel geschenkt zu bekommen, denn Geld wollten sie absolut nicht nehmen. Als ich Juri erklärte, dass ich mich dabei nicht wohlfühlte, antwortete er mir mit einem Sprichwort: „Schlägt man dich – lauf, gibt man dir – nimm."

Das Geben und Nehmen war im Dorf eine Selbstverständlichkeit, ohne dass darum große Worte gemacht wurden. Wer etwas bekam, ließ ein zustimmendes Brummen oder ein kurzes „Danke" vernehmen und verschwand damit. Ich hatte einige Dinge verschenkt, LED-Kopflampen, Klappmesser, Sonnenbrillen, Mückennetze, Fleecemützen, und war anfangs irritiert von diesem Verhalten, weil ich dadurch den Eindruck hatte, dass meine Geschenke gar nicht willkommen waren, bis ich nachher merkte, dass sie hoch geschätzt wurden.

Auf den Hund gekommen

So großzügig Juri mir gegenüber war, so schlecht behandelte er seinen Hund. Er behauptete, ihn mit gekochten Kartoffeln zu füttern, da er weder Fleisch noch Fisch für ihn habe und kein Geld, anderes Futter zu kaufen. Man konnte die Rippen durch das rötliche Fell hindurch sehen, und er war so hungrig, dass er an einer Schuhsohle nagte. Obwohl ich ihm bisher selten etwas Futter gegeben hatte, weil ich nicht wollte, dass er bei mir blieb, hielt er sich ständig in meinem Hof auf, wohl, weil das Wenige immer noch mehr war als das, was er von Juri bekam. Selbst als ein kalter Regen den ganzen Tag anhielt, lag er nass, elend und zitternd in einer halbwegs geschützten Ecke meines Hofes, statt seine Hundehütte bei Juri aufzusuchen. Da ergab ich mich in mein Schicksal; ich hatte jetzt einen Hund, den ich nicht leiden konnte, für den ich aber sorgen musste. Komischerweise ging er mir nach diesem Beschluss nicht mehr so auf die Nerven wie vorher. Vielleicht war es das schlechte Gewissen darüber, ihn leiden zu sehen ohne zu helfen, das ihn mir so unangenehm gemacht hatte.

In meinem Hof stand eine alte Hundehütte, die ich wetterfest herrichtete und mit Heu auslegte. Dann teilte ich mein Mittagessen mit dem Hund, war aber froh, dass er keinen Wert auf die Tasse Kaffee legte, die ich danach trank, denn es wäre mir schwer gefallen, ihm davon abzugeben. Jetzt wusste ich, wofür ich die vielen Kartoffeln hatte. Aus ihnen, Gemüse-, Fischabfällen und meinen mitgebrachten Vorräten an Reis, Buchweizen und Mehl kochte ich nun jeden Tag Futter für ihn und zweifelte, ob er jemals satt zu kriegen sei. Erfreulicherweise konnte ich einige Zeit darauf im Laden einen großen Sack Bruchhafer kaufen und folglich meine eigenen Essvorräte schonen. Ich hatte uns beide schon gemeinsam am Hungertuch nagen sehen.

Seine Zuneigung empfand ich manches Mal als wenig vorteilhaft für mich. Wenn ich aus dem Haus trat, empfing er mich mit großer Freude, sprang an mir

hoch und versuchte, mich zu küssen, was ich besonders unangenehm fand, nachdem ich ihn beim Kotfressen beobachtet hatte. Man sagte, dass Kot fressende Hunde angeblich besonders gute Jagdhunde sein sollen, aber darauf konnte ich verzichten. Auf Schritt und Tritt begleitete er mich, auch zum Sammeln von Moosbeeren. Wenn ich eine Stelle mit vielen Beeren entdeckt hatte, eilte er an meine Seite und schleckte sie weg. Im Hof hatte ich am Boden auf einer Plane Hagebutten zum Trocknen ausgebreitet. Zu seinen Gunsten möchte ich annehmen, dass er sie als das ihm zugedachte Futter missverstand. Trotzdem wurde aus „dem Hund" allmählich Ljuska, meine Hündin.

Leider versagte der alte Elektrokocher von Juri bald seinen Dienst, und das war ärgerlich, da ich jeden Tag Hundefutter kochen musste, aber nicht täglich den Ofen heizen wollte, denn inzwischen hatte schönes, sonniges Herbstwetter eingesetzt mit angenehmen Tagestemperaturen, und für mich kochte ich nicht jeden Tag. Juri brachte einen anderen alten Kocher, der mir schnell die Vergänglichkeit der Dinge vor Augen führte. Danach borgten mir Irina und Kolja ein Kochgerät, das nicht lange Zeit darauf durchbrannte, obwohl ich es ordnungsgemäß bedient hatte. Das alles war mir sehr peinlich, und ich machte mir Gedanken, ob ich vielleicht den bösen Blick hätte. Im Laden konnte ich keine Kochplatte bestellen, aber Natalja Petrowna lieh mir einen elektrischen Wasserkessel. Mit dem hätte ich beinahe eine Katastrophe hervorgerufen; noch wochenlang danach wurde mir regelrecht übel, wenn ich mich daran erinnerte:

Am Morgen war der Wasserkessel eingeschaltet, als, wie immer um 10 Uhr, der Stromgenerator abgestellt wurde. Ich war gerade dabei, den Ofen mit Kalkfarbe zu streichen und wollte in dem Moment nicht herabsteigen, dachte aber: „Ich darf nicht vergessen, den Stecker aus der Steckdose zu ziehen", denn nur so konnte der Kessel ausgeschaltet werden. Danach ging ich zur Poststelle und brachte anschließend einen Topf Suppe zu Dora Michailowna, als auch schon Juri kam, um mich zum Preiselbeerensammeln abzuholen. Wir waren bis zum späten Nachmittag unterwegs, und währenddessen wurde der Strom wieder eingeschaltet. Das Wasser kochte, verdampfte, der Kessel glühte. Als ich nach Hause kam, war gerade das Wachstuch verschmort und die Farbe auf der Holzplatte darunter versengt – nicht mehr lange und alles hätte gebrannt: Pass, Geld, Kleidung, Lebensmittel und das Schlimmste, das Doppelhaus mit den Sachen meiner Nachbarn. Wir hätten vor dem Nichts gestanden ohne Aussicht, etwas davon innerhalb der nächsten Monate ersetzen zu können, und der Winter stand praktisch vor der Tür. Schon der Gedanke daran war entsetzlich, und ich schämte mich meiner Nachlässigkeit so sehr, dass ich keinem davon erzählte.

Der Tag im Wald war wunderschön gewesen. Juri zeigte mir einen Pfad, der sich anfangs durch ein Sumpfgebiet schlängelte, anschließend durch herbstlich gefärbten, goldenen Birkenwald an einem ausgedehnten, flachen See vorüberführte, um dann quer über die große Wiese mit ihren vielfältigen, bunten Gräsern zu verlaufen und im Wald zu enden, wo der Boden mit Preiselbeersträuchern bedeckt war.

Die über weite Flächen hin massenhaft wachsenden Preiselbeeren werden mittels eines abgeflachten Blechtöpfchens abgekämmt, an dem kammartig lange Zinken angebracht sind, die durch das Laub gezogen werden und in denen nur die Beeren hängenbleiben. Auf diese Weise kann man in relativ kurzer Zeit eine Menge Beeren ernten. Sie werden in eine schmale, hohe Blechtonne geschüttet, die eine flache Seite hat und als Rucksack getragen wird. Preiselbeeren sind besonders wertvoll, weil sie nicht abgekocht in Gläser gefüllt werden müssen, sondern an einem kühlen Ort in Kartons gelagert werden können, ohne zu verderben. Man sammelt sie im September, ab Oktober gefrieren sie in den Kartons, und man entnimmt die hartgefrorenen Beeren bei Bedarf.

Nachdem wir einige Stunden gesammelt hatten, rief Juri, es gäbe jetzt Tee. Ich war recht hungrig geworden, doch als ich das Brot und die Pirogge aus dem Rucksack nehmen wollte, suchte ich vergebens danach. Ich fand nur die aufgerissene Plastiktüte. Immer noch nicht klug geworden, hatte ich den Rucksack nicht verschlossen, sodass Ljuska leichtes Spiel gehabt hatte, mir mein Mittagessen zu stehlen. Als ich gerade fotografierte, bediente sie sich aus meinem Sammeleimer, und bekam sie dazu keine Gelegenheit, äste sie die Sträucher ab wie eine Ziege.

Schimpfte ich mit ihr, wedelte sie mit dem Schwanz und schaute mir hingebungsvoll in die Augen, froh darüber, meine Aufmerksamkeit zu haben. Um ihr das Stehlen abzugewöhnen, hätte ich sie einmal ordentlich vermöbeln müssen. Die Dosis war wohl zu schwach, die ich ihr verabreichte, als ich sie einmal erwischte, wie sie im Vorraum des Hauses aus einem Topf fraß. Ich sprang hinzu, sie lief auf die Straße, legte sich in Demutshaltung hin, und ich schlug sie mit dem Reisigbesen. Eine Stunde später schlich sie immer noch vor dem Haus auf der Straße herum und traute sich nicht herein, bis ich sie rief. Viel später war ich Zeuge, wie solche Hunde behandelt wurden. Ein Freund erwischte seine äußerst verfressene Hündin im Vorraum des Hauses auf der Suche nach Futter. Er schloss die Tür, damit sie nicht entweichen konnte, und schlug sie lange und derb, während sie jaulend versuchte, den Schlägen auszuweichen. Ich konnte es kaum mit ansehen. Danach betrat sie nie wieder den Raum, sträubte sich sogar vehement, als ich sie einmal aus einem bestimmten Grund dorthin zerren wollte.

Auf dem Rückweg leerte Juri die Reuse am See, in der sich viele kleine Fische gefangen hatten, die für seine beiden Hunde bestimmt waren. Ljuska marschierte stracks mit ihm nach Hause, und es dauerte eine Stunde, bis sie wieder bei mir auftauchte und tat, als hätte sie seit Ewigkeiten nichts gefressen. Allmählich glaubte ich, es sei nur ein abgefeimter Trick der roten Füchsin, ihre Rippen heraushängen zu lassen, um mehr Futter zu bekommen.

Ein anderes Mal ging ich mit Juri zum Angeln an einen felsigen Platz weit flussabwärts. Wir wateten durch einen eiskalten Bach, kraxelten über eine ins Wasser abfallende Felswand, arbeiten uns durch dichten Wald und dann wieder hinunter zum Ufer, wo Felsplatten flach in und über den Fluss ragten. Die Fische blieben aus, doch der Ausblick auf die Oljokma, auf Inseln, Berge und Wälder entlohnte mich für die Mühe des Weges. Trotzdem grauste es mir etwas vor dem langen Rückweg, und Juri ging es wohl nicht anders, denn er begrüßte freudig die Gelegenheit zum Mitfahren, als ein Boot mit Heimathafen Srednjaja Oljokma den Fluss heraufkam. Für unsere beiden Hunde war kein Platz mehr, aber Juri meinte, sie würden nach Hause laufen, Ljuska kenne den Weg.

Die ganze Nacht prasselte eiskalter Regen nieder, und ich machte mir Sorgen um sie, weil ich damals noch nicht wusste, wie hart diese Tiere im Nehmen sind. Sie kam am Vormittag zurück, nass und frierend – nie hätte ich gedacht, dass mich der Anblick meiner roten Diebin so erfreuen könnte. Wahrscheinlich hatten die Hunde auf unsere Rückkehr gewartet, denn die Strecke hätten sie am Abend ohne weiteres zurücklegen können. Ich gab ihr einen reichlich gefüllten Topf Futter und einen Hecht, den ich von Kolja zum Trocknen bekommen hatte. Zu dem Zweck wird ein Draht zwischen den Kiemen durchgezogen, an dem der nicht zu stark gesalzene Fisch über eine Leine in der Küche gehängt wird. Als er so zwischen den gewaschenen Socken baumelte, stieß ich andauernd mit dem Kopf daran und war froh, ihn los zu sein.

Bisher hatte ich selten die Zeit gefunden, systematisch weiter Russisch zu lernen, kein Wunder bei dem Betrieb, der immer bei mir herrschte. Neuerdings hatten die Kinder mich als Unterhaltungsquelle entdeckt, fünf Jungen in wechselnden Grüppchen. Bei ihrem ersten Besuch fragte ich ein bisschen abwehrend, was sie denn wollten, worauf sie erwiderten, sie kämen als Gäste. Das machte mich wehrlos, denn Gäste abzuweisen ist undenkbar in Sibirien, und dann vielleicht noch mit der dümmlichen Begründung, man hätte keine Zeit. Also bat ich die Kinder herein, gab ihnen Bonbons und unterhielt mich ein wenig mit ihnen.

Am nächsten Tag erschienen sie dreimal. Die ersten konnte ich mit einem Luftballon von mir ablenken. Danach kam Saschka und wollte auch einen, und etwas später kehrte er zusammen mit einem anderen Jungen zurück, der ungerechterweise noch keinen hatte. Ich sagte ihnen, dass sie mich zukünftig nur noch einmal am Tag besuchen dürften, da ich nicht so viel Zeit hätte. Das verstanden sie, hielten sich aber nicht daran.

Dora Michailowna verfügte ebenso freizügig über meine Zeit. Eines Tages zum Beispiel saß ich auf dem Hof am Tisch und hatte gerade meine Russischbücher bereitgelegt, als sie auftauchte und meinte, dass ich mitkommen solle zum Sammeln von Ebereschenbeeren.

„Ich möchte nicht, weil ich gerade lerne und außerdem schon zwanzig Gläser Warenje habe und keine mehr brauche", wehrte ich ab.

„Besser mehr, als dass es nicht reicht", war ihr Gegenargument, eine hier allgemein übliche Maxime. Und wenn sie sich in den Kopf gesetzt hatte, ich müsse etwas Bestimmtes tun, und zwar sofort, dann wich sie nicht mehr von mir, Widerstand zwecklos. Also fuhren wir mit Iwan Georgijewitsch im Boot zum anderen Ufer und sammelten jeder einen Eimer voll der orange leuchtenden Ebereschenbeeren. Zurückgekehrt kochte ich Futter für den Hund und Kartoffeln und Gemüse für mich. Die Kartoffeln waren noch nicht gar, als Dora Michailowna erschien und meinte, wir sollten jetzt probieren, wie die eingelegten Gurken und die Pilze geworden seien. Ich hatte mich bisher allein nicht getraut, sie zu kosten, weil Geruch und Aussehen nichts Gutes ahnen ließen, doch Dora Michailowna befand, sie seien in Ordnung – und dies trotz der obenauf schwimmenden Schimmelschicht, die mich in Deutschland veranlasst hätte, alles als verdorben zu klassifizieren und wegzuwerfen. Ich solle zum Abendbrot zu ihnen kommen und welche mitbringen, denn ihr Mann äße sie gerne.

„Ich komme nach, wenn die Kartoffeln gar sind", versprach ich. Als es soweit war, würzte ich die Kartoffeln mit zerdrücktem Knoblauch in Öl und nahm sie zusammen mit dem Gemüse, den eingelegten Gurken und Pilzen mit hinüber zu ihr. Dort gab es gebratenen Fisch, gedünsteten Kohl mit Hackfleisch darin und Tomatensalat. Iwan Georgijewitsch häufte mir alles zusammen auf einen Teller, und ich befürchtete ein weiteres Mal, als Tonne nach Deutschland zurückzukehren.

An anderen Tagen rief sie mich zu sich, wenn sie buk oder kochte, um mich Brot oder verschiedene Arten Piroggen backen zu lehren, mir zu zeigen, wie Pelmeni, Wareniki und hausgemachte Nudeln zubereitet oder bestimmte traditionelle Gerichte gekocht werden. Weißes Mehl bildete neben Kartoffeln einen Hauptbestandteil dieser Küche, und es war wichtig, daraus abwechslungsreiche Gerichte auf den Tisch zu bringen. Der Laden bot neben dem weißen Mehl nur Reis, Nudeln und Buchweizen an. Im Winter gab es manchmal Grieß, Haferflocken, Hirse und Erbsen zu kaufen, Vollkornmehl oder andere Hülsenfrüchte nie.

Die Piroggen aus Hefeteig können mit Hackfleisch, gedünstetem Weißkohl, gedünsteten Möhren, Pilzen, zerdrückten Kartoffeln oder auch mit Warenje gefüllt und entweder auf dem Backblech im Backofen oder in heißem Öl auf dem Herd gebacken werden. Sie schmecken immer hervorragend, besonders wenn sie noch warm sind.

Herbsttöne

Der „goldene Herbst", wie man auch hier sagt, war viel zu schön, um daheim zu sitzen und Russisch zu lernen. Ich konnte mich nicht satt sehen am Anblick der Taiga in ihren sich täglich verändernden Farben.

Das herrliche Herbstwetter mit leichten Nachtfrösten und sonnigen, warmen Tagen hielt fast den ganzen September über an und erlaubte mir ausgedehnte Ausflüge zu Seen, Sümpfen und Wäldern aus Lärchen, Kiefern, Birken, Espen.

Eine der Wanderungen führte mich auf einem kaum sichtbaren Pfad durch feuchtes Gelände mit nachwachsenden jungen Lärchen. Der Fuß versank tief im Moos und wurde nur zögernd und schmatzend wieder freigegeben. In der Senke hatte sich ein großer See gebildet, in dem weite Gebiete mit hellgrünem Sumpfgras bewachsen waren, das im farbigen Kontrast zu weiß leuchtenden Birkenstämmen und gelben Lärchengruppen an seinen Ufern stand. Ich saß auf einem Baumstamm und nahm den Eindruck von Heiterkeit und Frieden in mich auf.

Der Atem des Windes bewegte das farbige Gräsermeer auf der großen Wiese wie Meereswogen, als ich sie überquerte. Ringsum waldige Hügelketten, in denen sich die Farbsinfonie von Grün, Gelb und Weiß wiederholte.

Der Pfad entließ mich in ein Waldgebiet am Ufer der Oljokma, in dem sich ein Teppich aus dunkelgrünen, glänzenden Preiselbeerblättern und vollreifen, prallen, dunkelroten Beeren ausbreitete. Über mir zogen weiße Wolken am blauen Himmel vorüber, davor die Wipfel der in der Sonne leuchtenden, gelb gefärbten Lärchen. Ein kräftiger Wind rauschte durch ihre Äste, bewegte ihre feinen, zarten Nadeln wie Schleier durch die blaue Luft, wirbelte die letzten goldenen Blätter von den weißstämmigen Birken und kräuselte das blaue Wasser des Flusses zu kleinen Wellen.

Nachdem ich mich an den Beeren gelabt hatte, folgte ich einem Pfad, der entlang des Flussufers verlief. Mein Ziel war eine umfangreiche, bewaldete Insel, die ich zu Fuß erreichen konnte, indem ich den schmalen Flussarm an seiner seichtesten Stelle durchwatete. Ich legte Schuhe und Hose ab und begab mich ins Wasser, das schon unerwartet eisig war. Wegen der Steine konnte ich nur vorsichtig und langsam gehen, sodass meine Füße in der Kälte zu schmerzen begannen, bevor ich die Insel erreichte. Durch dichtes Gestrüpp bahnte ich mir einen Weg zum kiesbedeckten flussseitigen Ufer und ließ mich dort in der Sonne nieder. Beim Anblick des strömenden Wassers überkam mich wieder die Sehnsucht, mich ihm anzuvertrauen, in meinem Boot weiterzuziehen und immer weiter.

Ljuska war jedes Mal glücklich, wenn wir losgingen, denn sie liebte es, durch Wald und Wiesen zu preschen. Wenn sie Wild erspähte – meistens waren es Eichhörnchen oder Burunduks, die sich auf Bäume gerettet hatten –, wurde sie ganz aufgeregt und verbellte es, kletterte sogar hinterher, wenn es untere Äste gab.

In der letzten Zeit allerdings wurde das arme Wesen von lästigen, andauernd an ihr herumschnüffelnden Rüden verfolgt, die sie jedoch immer abwehrte. Juris anderer Hund war ein fauler Langweiler und Dummkopf, der oft ohne sichtbaren Grund erbärmlich fiepte. Draufspringen aber konnte er zu Ljuskas Überraschung, die keine Abwehrhaltung eingenommen hatte, weil er sie nicht wie die anderen Hunde belästigt, sondern nur einfältig in der Gegend herumgestanden hatte.

Mein Hof wurde der Treffpunkt aller Rüden des Dorfes. Die Rüden knurrten und bekriegten sich, Ljuska bellte und jaulte in ihrer Hütte, und ich lief ab und zu hinaus und schwang drohend ein Holzscheit, was die Hunde aber nur kurzzeitig zum Abzug veranlasste. Es wurde Mitternacht, und noch immer trat keine Ruhe ein, bis ich auf die Idee kam, den Hütteneingang vollständig mit Baumstümpfen zu verbarrikadieren. Ljuska wurde still, die Rüden zogen betreten ab. Die übrigen Tage und Nächte verliefen relativ ruhig, da das Rennen ein großer, träge wirkender Rüde machte. Er lag Tag und Nacht vor der Hoftür, verscheuchte die anderen und wartete auf die Gelegenheit, sich auf Ljuska zu stürzen, wenn sie herauskam, um ihr Geschäft zu machen.

Das letzte Boot des Jahres fuhr Mitte September nach Tupik ab; mit der nächsten Verkehrsmöglichkeit war erst im Dezember zu rechnen. Kaum hatte es abgelegt, überfielen mich krampfartige Schmerzen im Unterleib. Es fühlte sich an wie die Eileiterentzündung, die ich vor Jahren hatte und die mit strenger Bettruhe und Antibiotika behandelt werden musste. Der Gedanke, ich könnte eine ernsthafte Erkrankung haben, war äußerst beunruhigend. Die Auslandskrankenversicherung würde die Kosten für Transport per Helikopter und Behandlung im Krankenhaus übernehmen, aber wie danach zurückkehren ins Dorf, wenn die Verkehrswege nicht offen waren? Mein Vorhaben, Herbst und Winter hier zu erleben, wäre gescheitert.

Ich schaute in meine Hausapotheke und fand ein Breitbandantibiotikum, entschloss mich aber, erst einmal nichts zu tun, sondern mich zu schonen und abzuwarten. Tatsächlich verschwanden diese Schmerzen nach zwei Tagen, dafür schmerzte mir der Reihe nach jeder Zahn, bis auch das aufhörte.

Im Nachhinein vermutete ich, dass mit der Abfahrt des Bootes im Unterbewusstsein verborgene Ängste vor dem Abgeschnittensein von ärztlicher Versorgung entstanden waren, die in den Schmerzen zum Ausdruck kamen.

Meine Bekannten im Dorf wunderten sich, dass ich weder einen eigenen Fernseher begehrte noch bei ihnen fernsehen wollte. Sie empfingen ein Programm des staatlichen Moskauer Senders und erzählten mir häufig, welche Katastrophen und was sonst noch in der Welt passiert war, dass Europa von großen Überschwemmungen heimgesucht wurde, dass die CDU in Deutschland die Wahl gewonnen hatte und so weiter. All diese Informationen hatten keinen Nutzen für mich, denn sie berührten mein Leben hier in keiner Weise. Anderes war bedeutsamer für mich.

Ursprünglich hatte ich gedacht und gehofft, ich würde hier wegen meiner Sprachschwierigkeiten lernen, den Menschen besser und geduldiger zuzuhören.

Juri im herbstlichen Birkenwald

Die große Insel

Ich bemühte mich darum, merkte aber auch, dass Worte gar nicht so wichtig sind. Worte, die – oft unbewusst – der Selbsttäuschung und Täuschung anderer dienen und vielleicht sogar das Tun ersetzen. Statt darüber zu reden, was man denkt, fühlt, richtig oder falsch, edel oder verächtlich findet, genügt es, einfach danach zu handeln.

Manchmal wollen wir vor uns selbst und anderen so erscheinen, wie wir vielleicht sein möchten, es aber (noch) nicht sind. (Ich nehme mich dabei nicht aus.) Und nicht selten enthalten unsere Worte versteckte Ablehnung. Doch die anderen Signale, die der Sprechende aussendet, haben ebenfalls eine Sprache, die unser „Bauch" sehr wohl versteht. Mein „Bauchgefühl" sagte mir dann manchmal, dass es einen Widerspruch gab. Und doch wollte ich eher den Worten glauben als meinen so unbenennbaren Gefühlen. Hier im Dorf lernte ich, den Worten nicht mehr so viel Gewicht beizumessen.

Da ich Unterhaltungen so schlecht folgen konnte, war ich darauf angewiesen zu sehen, was wie getan wurde, und dadurch lernte ich die Menschen besser kennen und verstehen als durch ihre Worte.

Manchmal fragte ich mich, warum ich mich so wohlfühlte im Dorf, obwohl mir das ständige Essen, Kochen und Besuchen überhaupt nicht lag. Ein Grund war vielleicht, dass es mir hier leichtfiel, keinem weh zu tun, weil ich mich nie über jemanden ärgerte, denn die Leute waren unverstellt und offen. Vielleicht deshalb, weil sie gar nicht auf die Idee kamen, sie sollten irgendwie „besser" sein.

Über ihre unbefangene Neugier musste ich oft lachen. Ich traf zum Beispiel Bekannte auf der Straße, die mich gleich zum Tee einluden. Ich lehnte ab, weil ich Besuch erwartete. „Wer kommt?", platzten sie sofort heraus. Und die gute Dora Michailowna kam eines Mittags, als ich einen Gast hatte, weil sie mal gucken wollte, was ich auf den Tisch gestellt hatte. Auch an anderen Tagen befriedigte sie ihren „Wissensdurst", inspizierte meine Vorräte, wollte wissen, was ich kochte, was ich machte und wer mich besuchte.

Man fragte mich ungeniert nach Alter und Einkommen; mein Leben war ein offenes Buch, aber das störte mich nicht.

Juri und Dora Michailowna interessierten sich dafür, warum ich alleine lebe, und ich antwortete ihnen, dass mir das eine große innere und äußere Freiheit gäbe und es mir darum sehr gefiele. Außerdem lebte ich gar nicht allein, sondern hätte liebe Freunde, Verwandte und Bekannte in Deutschland und jetzt auch in Srednjaja Oljokma. Und als Juri fragte, ob ich nicht seine „Ljubowniza" (Geliebte) werden wolle, erwiderte ich, dass ich keinen Mann haben wolle, weder einen deutschen noch einen russischen. Das veranlasste ihn zu der Frage, ob ich denn wie eine Nonne leben würde. „Ja, so ähnlich", gab ich zur Antwort. Das sei „wider die Natur", fand Juri.

Friedhöfe sagen viel aus über das Leben eines Ortes, und darum interessiere ich mich dafür, lese die Namen und das Alter der Verstorbenen, die Grabinschriften, und betrachte deren Porträts, die in manchen Ländern auf den Grabkreuzen angebracht sind.

Ich bat Juri, mir den Friedhof von Srednjaja Oljokma zu zeigen. Er lag am Dorfrand im Wald. Die Gräber waren mit bunten Kunstblumen geschmückt. An kleinen Holzstelen befanden sich Tafeln mit Namen, Geburts- und Sterbedaten und häufig Fotografien der Verstorbenen.

Der Lehrer schrieb in einem Gedicht:

Der alte Friedhof
in der fünften Stunde,
Gezwitscher der Meisen
im Kiefernwald.
Kreuz, Papierblumenstrauß
und daneben die Bank.
Heim der Einfachheit.

Juri äußerte, dass auf diesem Friedhof mehr junge Leute lägen als alte und erzählte mir, wie sie umkamen.

Mehrere starben buchstäblich an Alkoholvergiftung, und zwei kamen im Alkoholrausch bei einer Messerstecherei um. Einige fielen Unfällen zum Opfer. Ein Mann brach ins Eis der Oljokma ein, wurde durchnässt und erfror auf dem Nachhauseweg; man fand ihn keinen halben Kilometer vom Dorf entfernt. Der damals 33-jährige Sohn Dora Michailownas brach mit dem Schneemobil auf dem Tungir ins Eis ein und ertrank. Drei Jäger ertranken nach dem Kentern ihres Bootes auf der Mokla, drei Kinder einer Familie ebenfalls infolge einer Kenterung. Ein Kind fiel beim Spielen von der Steilküste, eines erstickte an einem Stück Kartoffel und eines erfror, weil die Mutter betrunken war und nicht heizte. Ein Kind starb an Rauchvergiftung, ein anderes an Verbrühungen mit kochendem Wasser.

Zwei schlimme Ereignisse geschahen während meines Aufenthalts im Dorf.

In der Neujahrsnacht verletzte der 23 Jahre alte Wowa seinen älteren Bruder mit drei Messerstichen schwer, als dieser verlangte, die angetrunkenen Besucher sollten das Haus verlassen, weil er am nächsten Morgen arbeiten musste und deshalb schlafen wollte. Am folgenden Abend kamen ein Krankenwagen mit Arzt sowie die Miliz aus Tupik und nahmen beide Brüder mit. Wie ich später hörte, wurde Wowa für die Tat zu zwei Jahren Gefängnis verurteilt.

Anfang Januar verbrannte Koljas Bruder in seiner Jagdhütte. Er trank viel, und es wird vermutet, dass eine brennende Zigarette oder aus dem Ofen herausgefallene Glut das Feuer verursachte.

Ein etwas lächerlicher Vorfall im Herbst machte mir bewusst, dass es Gefahren gab, die ich mir im Traum nicht hätte vorstellen können. Ich hatte mich nämlich im Klo eingesperrt, weil der außen angebrachte Holzriegel quer rutschte, d. h. sich schloss, als ich die Tür von innen zuzog. Für diesen Fall hatte ich einen langen Nagel hingelegt, damit ich durch die Türritze den Riegel hochschieben könnte. Das war aber nur mittelschlau gewesen, denn ich hatte es nicht ausprobiert. Nun stellte sich heraus, dass die Tür gerade an dieser Stelle nur einen ganz geringen Spielraum hatte und der Nagel nicht hindurchpasste; an allen anderen Stellen klafften Spalten noch und noch. Zum Glück hatte ich mein Taschenmesser in der Tasche, konnte die Messerklinge durch den Spalt schieben und den Riegel hochdrücken.

Wenn mir das aber an einem Winterabend bei minus 40 Grad und ohne Taschenmesser in der Hosentasche passiert wäre? Rufe hätte man in den gut isolierten Häusern nicht gehört und auf der Straße wäre zu dieser Zeit niemand unterwegs gewesen. Ein unwürdiger Tod, ausgerechnet auf dem Plumpsklo zu erfrieren. Das hätte man wohl keinem erzählen dürfen – und können!

Der Lehrer Stanislaw Nikolajewitsch erlaubte mir, in der Schule zu filmen, in der bis zur vierten Klasse unterrichtet wurde. Die größeren Schüler besuchten die bis zur elften Klasse weiterführende Schule in Tupik und wohnten dort im Internat.

Während vor der Einwohnerflucht bis zu zwanzig Schüler in Srednjaja Oljokma zur Schule gegangen waren, waren es jetzt nur noch fünf Jungen und ein schon vierzehn Jahre altes, geistig behindertes Mädchen, das nur zu ihrer Unterhaltung auf der Schulbank saß, denn es konnte weder schreiben noch lesen.

Stanislaw Nikolajewitsch zeigte mir die Schülerbibliothek, den Computer mit Lernprogrammen und Spielen, sehr hübsche Zeichnungen, Bastel- und Metallarbeiten der Schüler sowie die ausgezeichneten Lehrbücher für die unteren Klassen. Selbst die Mathematikbücher waren wie interessante, schöne Bilderbücher anzusehen. In einem neben der Schule stehenden kleinen Blockhaus erhielten die Schüler kostenlos Frühstück und Mittagessen, das die Frau des Lehrers kochte. Am Tag meines Besuchs bestand das Mittagessen aus Kohlsuppe mit etwas Fleisch, Brotfladen und Buchweizen-Kascha, einem Stück Wassermelone und Orangensaft. Die Kinder kamen herein, wuschen sich die Hände und setzten sich an den gedeckten Tisch. Sie langten alle kräftig zu, und man sah (und hörte), dass es ihnen schmeckte. Danach brachten sie ihren Teller zurück und jedes Kind bedankte sich bei Galina: „Spassiba", die immer mit „bitte sehr" antwortete.

Die Jungen waren höflich, freundlich, fröhlich und zutraulich und besuchten mich weiterhin oft, schauten mir bei meinen Beschäftigungen zu, betrachteten die Sachen in meinem Besitz und probierten sie aus – Kopflampe, Werkzeugtool, die Funktionen des Taschenmessers. Besonders viel Spaß machte es ihnen, sich die Filmaufnahmen und Fotos anzusehen, die ich von ihnen gemacht hatte. Es war schlimm, sich vorzustellen, dass sie mit großer Wahrscheinlichkeit Alkoholiker werden würden wie ihre Eltern. Etwa siebzig Prozent der jetzigen Ortsbewohner waren es, schätzte Stanislaw Nikolajewitsch.

Unweit der Schule befand sich der Kindergarten. Sechs Kinder spielten friedlich im Garten an den Spielgeräten und riefen mich beim Vornamen, als sie mich kommen sahen. Anfangs wusste nur ein Kind meinen Namen. Eines Tages ging ich am Kindergarten vorüber und vernahm, wie es zu den anderen sagte: „Das ist Karina", und seitdem hörte ich beim Vorübergehen immer ihre hellen Stimmchen: „Da kommt Karina", und ihr Gekicher, wenn ich ihnen zuwinkte und sie verschämt zurückwinkten.

Im Kindergarten war alles blitzsauber und hübsch. Es gab einen Umkleideraum mit kleinen Spinden für die Sachen der Kinder, eine „Toilette", in der die Nachttöpfchen standen, ein Schlafzimmer mit mehreren Bettchen, ein Spielzimmer mit einem schönen, bunten Teppich, Tischchen, Stühlchen und Regalen sowie eine Küche, in der aber nur im Winter gekocht wurde. Damit es in den Räumen kühl blieb, kochte und aß man im Sommer in einem kleinen Blockhaus nebenan. Meine häufig betrunkene Nachbarin kochte dort gerade das Mittagessen: Suppe und Reis mit Fleisch.

Die Betreuung von neun bis nachmittags um 5 Uhr kostete einschließlich des Essens 300 Rubel im Monat, keine 10 Euro also. Das Land musste wohl allerhand Geld zuschießen, um den Aufwand für die wenigen Kinder zu finanzieren: den Kauf von (viel) Brennholz und Lebensmitteln, die Gehälter für Betreuerinnen, Leiterin, Köchin, Reinigungskraft und Heizer, die Kosten für die Instandhaltung des Gebäudes.

Juri hatte sich meinetwegen wohl vorgenommen, sich nicht mehr zu betrinken. Es blieb indessen beim guten Vorsatz. Er hatte einige Eimer Preiselbeeren gesammelt, um sie im Laden zu verkaufen, aber Natalja Petrowna wollte kein Geld dafür geben, sondern lediglich Wodka, berichtete mir Juri. Ich meinte zu ihm, dann wäre es besser für ihn, die Beeren in den Fluss zu schütten. Er brachte zwei Eimer voll zu mir, von denen einen Dora Michailowna und einen ich behielten, aber noch nicht bezahlten. Als ich am nächsten Abend zu ihm ging, um auf seinem Elektrokocher Hundefutter zu kochen, traf ich dort auf eine versoffene Gesellschaft: Alexander, der etwas verwachsene ehemalige Tierarzt, Nina, die etwa vierzig Jahre alte, recht hübsche Ewenkin, meine trinkende Nachbarin und Juri, der schon nicht mehr richtig stehen konnte. Ich machte sofort kehrt. Juri kam mir nach und erklärte, man müsse den Gästen etwas anbieten.

„Tee oder Essen muss man anbieten, Wodka nicht", antwortete ich.

Da fiel er auf die Knie, Hand auf dem Herzen, und stammelte einige Worte, die ich nicht verstand. Ich gab ihm noch den Rat: „Pass auf, dass du nicht von der Treppe fällst", bevor ich dem lächerlichen, aber auch traurigen Auftritt entfloh.

Am folgenden Tag sah ich vor dem Laden drei betrunkene Gestalten herumlungern. Juri, schwankend und mit sturem Blick, war nicht mehr er selbst. Die 200 Rubel, die er sich später für die beiden Eimer Preiselbeeren holte, waren bald durch die Kehle geflossen, denn er kam zu mir, um sich weitere 200 Rubel zu leihen.

„Wofür? Für Wodka?", fragte ich. Er nickte.

„Ich werde dir niemals Geld für Alkohol geben, Juri", ließ ich ihn wissen, doch er versuchte es einige Tage später noch einmal. Er litt unter Entzugserscheinungen, zitterte und roch unangenehm. Es ging ihm wirklich sehr schlecht, und mir tat es leid, ihn so zu sehen. Da ich ihm aber nicht behilflich sein wollte beim Weitertrinken, gab ich ihm kein Geld. Schließlich fiel er vor mir auf die Knie und flehte mich an, ihm wenigstens etwas Geld für Starkbier zu geben, aber ich blieb unnachgiebig. Schließlich meinte er, da müsse er sich eben erhängen, und ging. Das tat er aber nicht, sondern erholte sich notgedrungen wieder.

Von seinem ehemaligen Studienkollegen Anatoli Semjonowitsch, einem ebenfalls im Dorf lebenden Biologen, erfuhr ich, dass Juri schon während des Studiums getrunken hatte und dass er, als er in Srednjaja Oljokma Direktor der Sowchose war, die ganze Zeit über trank, dann in seinem Arbeitszimmer schlief und wieder trank, wenn er erwachte. Nach kurzer Zeit wurde er entlassen.

Anatoli Semjonowitsch war in der Jugend infolge eines Zeckenbisses an Frühsommermeningitis erkrankt und behielt davon ein entstelltes, vollkommen verzerrtes Gesicht und ein Glasauge zurück. Trotzdem war er fröhlich, aufgeschlossen, sehr arbeitsam und haushälterisch. Obwohl er pensioniert war, verdiente er noch etwas Geld beim Heizen der Schule und des Kindergartens. Um Holz zu sparen, wohnte er im Winter nicht in seinem Haus, sondern in einer Blockhütte mit einer Grundfläche von nur acht Quadratmetern und einem genauso großen Vorratsraum unter dem Boden. Trotzdem hatte er vor seinem Grundstück einen alles übertreffenden, riesigen Vorrat an Brennholz gestapelt. Er aß mit Vergnügen die kleinen Kartoffeln, die andere Leute an ihre Hunde verfütterten, und verkaufte die großen Kartoffeln nach Ust-Njuksha. Wenn er mich zu sich zum Essen einlud, war er jedoch freigiebig, stellte auch Wein und Konfekt auf den Tisch. Vielfach brachte er mir Gemüse aus seinem Garten, nach Frosteinbruch gefrorene Salatmischungen aus Möhren, Weißkohl und Roter Bete.

Seine Besuche wurden häufiger, bis er fast jeden Tag nach dem Heizen gegen 20 Uhr erschien und meinen mir wichtigen Freiraum gefährdete. Weil ich um diese Zeit normalerweise nicht mehr gestört wurde, hatte ich mir angewöhnt, abends eine Stunde Sport mit einem Physioband zu machen, mich danach von Kopf bis Fuß zu waschen und anschließend eine Stunde zu meditieren, bis ich gegen 22:30 Uhr zu Bett ging. Ich sagte ihm schließlich, dass ich ab 20 Uhr keine Besuche empfangen wolle.

Streifzüge

Pünktlich zum ersten Oktober fiel der erste Schnee, und mit jedem Tag wurde es merklich kälter. Ausgerechnet zu Beginn der kalten Jahreszeit quoll nach dem Anzünden des Feuers plötzlich dichter Qualm aus dem Ofen, ein Zeichen dafür, dass er verstopft war. Am Morgen hatte ich ein leichtes Poltern gehört. Mir wurde ganz schlecht bei dem Gedanken, dass das große Monstrum abgerissen und neu gebaut werden müsse mit alldem Schutt auf dem schönen, neu gestrichenen Fußboden. Erfreulicherweise bestand dazu keine Notwendigkeit, denn für solche Fälle waren an drei Stellen leicht zu lösende Ziegelsteine eingesetzt. Juri klopfte die Steine heraus, entfernte die Ablagerungen im Ofen und verputzte die Stellen wieder, sodass ich nicht lange ohne wärmendes Feuer ausharren musste.

Eines Nachts hörte ich am Steilufer hinterm Haus die Hunde bellen, bis am Morgen der Hausnachbar an die Tür klopfte und kundtat, dass dort auf einer hohen Kiefer ein Zobel gesessen habe, den die Hunde gestellt hätten und den er abgeschossen habe und mir zeigen wolle. Ich war beeindruckt, vor allem deshalb, weil ich meinem trunksüchtigen Nachbarn nicht zugetraut hätte, dass er beim Schießen überhaupt noch etwas trifft, geschweige denn ein relativ kleines Tier, das hoch oben im Baum sitzt. Der Nachbar wirkte nüchtern ganz verändert, und ich bemerkte zum ersten Mal, dass er ein wohlgestaltetes Gesicht hatte und eigentlich ganz nett war.

Der Zobel ist ein marderartiges Raubtier, das sich von Kleintieren wie Mäusen, Eich- und Streifenhörnchen, Hasen, Auerwild, Rebhühnern, aber auch von Beeren und Nüssen ernährt. Er springt sogar auf die etwas unter rehgroßen Kabargas, beißt sich immer tiefer in deren Nacken, bis sie am Blutverlust verenden. Wie mir Juri erzählte, kommt er nur in Sibirien vor und angeblich soll unter dem Zaren ein Gesetz existiert haben, das die Todesstrafe vorsah für jemanden, der einen lebenden Zobel außer Landes brachte. Dadurch sollte garantiert werden, dass Russland der alleinige Lieferant der wertvollen Zobelfelle blieb.

Auch andere Tiere sah ich jetzt oft im Dorf und in der Nähe. Durch das Fenster beobachtete ich im Garten täglich mehrere Eichelhäher, bewunderte das herrliche rote Gefieder einer Schar Gimpel und das geschickte an der Schuppenwand Auf- und Ablaufen eines Kleibers. Überall hörte man das emsige Klopfen der Buntspechte; Rebhühner und Auerwild hielten sich am Dorfrand im Wald auf. Eichhörnchen zu betrachten, blieb wenig Gelegenheit, weil die Hunde sofort hinter ihnen herjagten.

Es fiel mir schwer, meinen Geburtstag Anfang Oktober so ganz ohne Briefe, Anrufe und Besuche meiner Verwandten und Freunde zu verbringen. Jeden Monat, wenn das Boot mit der Post ankam, war ich voller Hoffnung gewesen, hatte aber bisher nur einen Brief von meinem besten Freund und drei Briefe von Bekannten erhalten. Seit meiner Abreise aus Deutschland drei Monate zuvor war ich ohne Nachricht von meiner Tochter, den Enkeln und anderen Freunden und würde es nun noch mindestens zwei weitere Monate bleiben müssen. Das Boot konnte wegen Niedrigwasser und der damit verbundenen Unfallgefahr nicht verkehren. Vor Kurzem hatte vor dem Dorf Gulja, das auf halber Strecke zwischen Tupik und Srednjaja Oljokma liegt, ein Boot mit voller Fahrt einen Stein gerammt, war gekentert, und alle Lebensmittel, die Pensionsgelder und die Post für Gulja waren verlorengegangen. Die Leute hatten sich zum Glück ans Ufer retten können.

Ab Mitte des Monats war mit dem Zufrieren des Flusses zu rechnen. Ob der Winterweg schon Anfang Dezember oder erst viel später sicher sein würde, hing vom Wetter ab, weil sich auf dem Fluss unter einer dicken Schneedecke nicht so schnell die erforderliche Eisstärke bilden würde.

Dora Michailowna brachte mir am Morgen eine kleine selbstgezogene Geranie mit einer Blüte und eine Geburtstagskarte mit Glückwünschen, und der wieder auferstandene Juri schenkte mir vier Tafeln Schokolade. Zum Abendessen hatte ich Dora Michailowna mit Mann eingeladen. Ich wollte alles besonders gut machen, kochte verschiedene Gerichte, stellte diverse Vorspeisen auf den Tisch und holte einen der wenigen Schätze hervor, nämlich Mousse au Chocolade. Ich wartete lange auf meine Gäste und machte mir Sorgen, als sie nicht kamen, befürchtete gar einen Unfall, denn sie waren über den Fluss zum Brennholzmachen gefahren. Am nächsten Morgen ging ich zu ihnen und fragte, was passiert sei. Dora Michailowna lächelte verschmitzt und klärte mich auf: Gar nichts war passiert, außer dass sie beim Holzmachen schon gegessen und Tee getrunken hatten und dann, als sie um 18 Uhr zu Hause waren, keine Lust hatten, noch mal aus dem Haus zu gehen. Dass sie müde gewesen waren, konnte ich gut verstehen, war aber doch sehr verblüfft über den lockeren Umgang mit Einladungen und Zusagen.

Ab September verlassen die Fische ihre Laichgebiete in den kleineren Nebenflüssen, die im Winter bis auf den Grund zufrieren, und weilen dann in Tungir und Oljokma. Das ist die beste Zeit des Fischfanges; die Fische haben eine ausgezeichnete Qualität und halten sich in den kälter werdenden Tagen geräuchert, getrocknet oder leicht gesalzen gut, vor allem in der bei jedem Haus befindlichen etwa mannshohen Grube, die bis zum Dauerfrostboden ausgehoben wird. Im Oktober beginnt in der Regel die Frostperiode, in der die Fische nach dem Fang auf dem Eis liegend gefrieren, in Säcke gesteckt und so ganz unkompliziert im Vorratsraum aufbewahrt werden können.

Als mich Wladimir Michailowitsch fragte, ob ich Lust hätte, mit ihm auf dem Fluss Fischnetze zu stellen, sagte ich begeistert zu. In seinem Boot fuhren wir die Oljokma etwa 20 Kilometer aufwärts, hielten immer wieder an, um an den verschiedenen Plätzen die Netze zu leeren, zu entwirren, von Blättern zu befreien und neu auszulegen. Sein Hund lief die ganze Zeit am Ufer mit und durchschwamm einige Male den Fluss, auf dem schon dünne Eisschollen trieben, um zu uns zu gelangen. Es schien normal zu sein, denn Wladimir Michailowitsch machte keine Anstalten, ihn ins Boot zu nehmen. Nach acht Stunden ohne Pause, Essen oder Trinken kehrten wir mit ungefähr 25 Kilogramm Fisch zurück. Der Fang bestand aus Lenok, Charus, Taimen, Nalim (Aalraute), Sig (Renke), Hecht und Barsch. Die Fische wurden ausgenommen, in große Kannen gelegt und in eine tiefe Eisgrube gestellt, bis das Boot aus Tupik kam und sie dorthin mitnahm zum Verkauf. Ich nehme an, dass Wladimir Michailowitsch eine Lizenz dafür hatte, denn an und für sich darf eine Familie nur für den Eigenbedarf ein Netz auslegen.

Seine Frau hatte uns kommen gehört und empfing uns am Ufer. Sie fragte mich, ob ich nicht frieren würde und müde sei, und ich versicherte, dass keines von beiden zuträfe. Diese Frage wurde mir oft gestellt – als ob Deutschland am Äquator und ich normalerweise den ganzen Tag auf dem Sofa läge.

Auch an den nächsten beiden Tagen begleitete ich ihn. Obwohl die Sonne schien, blieb es selbst tagsüber frostig. Für meine „Arbeit", die hauptsächlich darin bestand, ihm etwas Gesellschaft zu leisten und kleinere Handreichungen zu machen, schenkten sie mir täglich herrliche Fische. Auch Ljuska profitierte davon, denn sie erhielt jede Menge Innereien sowie die Köpfe der Fische, die ich briet oder gesalzen einlegte mit Knoblauch, Pfefferkörnern und Lorbeerblättern und dann in den Vorratsraum unter der Küche stellte.

Gerade aß ich von dem köstlichen gebratenen Fisch, als Juri kam und mir den Appetit verdarb. Anfangs entschuldigte er sich, dass er betrunken gewesen war und versprach mir, nicht mehr zu trinken. Ich hatte keine Lust, bei dem zu erwartenden Rückfall die schimpfende oder enttäuschte Mutter oder Partnerin zu spielen und wies sein Versprechen zurück: „Juri, wenn du trinkst, schadest du nur dir, nicht mir. Bei mir brauchst du dich also nicht zu entschuldigen. Und ob du in Zukunft trinkst oder nicht, ist allein deine Sache, nicht meine."

Danach erklärte er mir, wie sehr er eine Frau wie mich für sein Herz brauche und wie trostlos und ohne Sinn sein Leben sei so allein. Ich versuchte, ihm verständlich zu machen, dass ich mich ohne Mann glücklich fühlte und keinen Anlass sah, an diesem angenehmen Zustand etwas zu ändern. Doch wenn jemand in dem verbreiteten Wahn lebt, nur in einer Paarbeziehung glücklich sein zu können, und sein Heil von einer anderen Person und deren Verhalten abhängig machen will, ist ihm eine solche Lebenshaltung nicht nur schwer zu vermitteln, sondern sie muss seiner Ansicht nach sogar falsch sein. Auch Juri stellte sie in Frage, bohrte und drängelte. Es war sehr unangenehm. Manche Männer glauben, wenn sie eine Frau lange genug bearbeiten, wird sie schon nachgeben, sich „herumkriegen" lassen, und sie drängen einen dadurch in eine sture Verweigerungshaltung, bei der man sich die ganze Zeit wie eine gemeine Spielverderberin vorkommt.

Der Vorschlag, den mir am nächsten Tag der ewenkische Jäger Igor machte, war mehr nach meinem Sinn. Er bot mir an, mit ihm einige Tage zu Fuß in der Taiga unterwegs zu sein. Er wolle mir sein Jagdgebiet zeigen, dort sei eine herrliche Natur. Bis zu seiner ersten Jagdhütte würden wir zwei Tage gehen und unterwegs im Wald übernachten müssen. Da es mir schon eine ganze Weile zu gemütlich war und ich wieder einmal eine Herausforderung brauchte, sagte ich zu, wohl wissend, dass meine „Beschützer" im Dorf die Hände über dem Kopf zusammenschlagen würden. Den kommenden Tag würden wir brauchen, um Esswaren und Sachen zu packen, und am übernächsten Tag wollten wir losgehen.

Als ich am Abend sauber, trocken und warm in meinem Bett lag, fragte ich mich nicht zum ersten Mal in meinem Leben, was ich mir denn da wieder eingebrockt hatte, und es grauste mir bei dem Gedanken, bald den ganzen Tag durch die Taiga zu stapfen, das Gepäck auf dem Rücken, mit einem Menschen, den ich nicht kannte und nicht einschätzen konnte und von dem ich unterwegs völlig abhängig sein würde, weil ich den Weg nicht wusste und nicht einmal allein zurück ins Dorf finden würde.

Als Juri hörte, was ich vorhatte, versteinerte er förmlich, und Iwan Georgijewitsch sagte, dass der Weg durch die Taiga eine Qual werden würde, dass die Ewenken eine andere Lebensweise hätten und Entbehrungen und Kälte kein Thema für sie seien. Das gab mir zwar zu denken, machte die Geschichte aber nicht weniger interessant.

Erst als Igor meinte, sein Jagdgebiet läge am anderen Ufer des Tungir und er müsse ein Floß bauen, um den Fluss zu überqueren, entschied ich mich anders. Erstens konnte sich der Fluss mit treibenden Eisschollen oder Eis bedecken, während wir am anderen Ufer weilten, sodass wir mit dem Floß nicht hätten zurückkehren können, und zweitens hatte ich überhaupt Bedenken, mich einem Floß anzuvertrauen, denn ein eventuelles Bad im Fluss bei den herrschenden Temperaturen wollte ich nicht riskieren.

Dass ich mich, wenn auch schweren Herzens, zu der Absage durchgerungen hatte, erwies sich als Glücksfall, denn an dem beabsichtigten Starttag taute es, am Nachmittag begann es zu regnen und es goss die ganze Nacht hindurch. Auf diese Situation wäre ich nicht eingestellt gewesen. Weil seit mehreren Tagen Frost herrschte, hatte ich nicht mehr mit Regen gerechnet und weder Regenkleidung noch Zelt mitnehmen wollen, sondern nur Matratze, Schlafsack und eine Plane gegen Schneefall.

Um mir Bewegung zu verschaffen und zugleich etwas Nützliches zu tun, ging ich nun ein- oder zweimal täglich mit meiner stabilen Klappsäge, die auch bei Stämmen mit einem Durchmesser von 20, 25 Zentimetern nicht versagte, in den Wald zum Brennholzsammeln. Auf meinen Spaziergängen hatte ich bemerkt, dass zahlreiche vom Sturm gefällte oder in Folge von Waldbränden abgestorbene Bäume im Wald lagen, und ich fand es schade, dass das viele trockene Holz so ungenutzt bleiben sollte. Ich sammelte vor allem dürre Äste oder Stämme bis zehn Zentimetern Durchmesser, weil ich sie gut zum Feueranzünden verwenden konnte, ohne dafür die dicken Scheite in meinem Hof zerkleinern und verbrauchen zu müssen. Es machte mir Freude, im Wald zu arbeiten, meistens bei Sonnenschein, manchmal bei leichtem Schneefall und immer begleitet von der fröhlichen Ljuska. Die Leute staunten, amüsierten sich auch ein wenig, wenn sie mich mit der Holzlast in meinem großen Rucksack sahen, aus dem die Äste weit über meinen Kopf hinausragten.

Auch Wasser holte ich inzwischen regelmäßig aus dem Fluss und ärgerte mich, dass ich nicht schon früher auf die Idee gekommen war, sondern glaubte, das Wasser äußerst sparsam verwenden zu müssen, wenn lange kein Regen gefallen war. Ich musste zwar auf einem kleinen Pfad den Steilhang hinterm Haus überwinden, aber da ich die Kanister im Rucksack trug, war das nicht weiter schwierig.

Juri wollte die Winterausrüstung in seine Jagdhütten bringen sowie einige notwendige Reparaturarbeiten ausführen und fragte mich, ob ich Lust hätte, für einige Tage mitzukommen.

Ich buk zehn Brotfladen, die etliche Tage reichen sollten, hatte die Rechnung indes wieder einmal ohne Ljuska gemacht, die in einem unbeobachteten Augenblick vor unserer Abfahrt die Hälfte davon verschlang, obwohl sie am Morgen eine reichliche Futterportion erhalten hatte. Juri wurde darüber so wütend, dass er die Hunde davonjagte und sie während unserer Abwesenheit ihrem Schicksal überließ.

Juris erste Jagdhütte lag rund 15 Kilometer flussabwärts an einem toten Seitenarm der Oljokma. Kolja brachte uns mit seinem Boot dorthin, da Juri kein eigenes Boot besaß. Als ich ihn danach fragte, erklärte er, dass es bei Hochwasser abgetrieben sei, und ich dachte mir meinen Teil dazu. Da sich der Wasserstand des Flusses manchmal rasch ändert, gehen verantwortungsvolle, nicht betrunkene Bootsbesitzer bei steigendem oder fallendem Wasserstand oft alle zwei oder drei Stunden zum Ufer, um die Boote höher zum Land oder weiter in den Fluss zu ziehen, letzteres, damit die schweren Holzboote bei fallendem Wasser nicht zu weit auf dem Trockenen liegen.

Nach einigen Kilometern Fahrt erblickten wir Koljas Sohn, der mit einem erlegten, bereits zerteilten Kabarga am Ufer saß und rauchte. Kolja sprang aus dem Boot, nahm ihm eine Keule weg und gab sie uns. Das Kabarga bzw. Moschustier ist ein dunkelbrauner Paarhufer unter Rehgröße. Der Bock hat kein Geweih oder Gehörn, sondern im Oberkiefer zwei lange, spitz zulaufende Zähne, mit denen er die Kämpfe austrägt. Für die in China begehrten Hoden bezahlten die Aufkäufer in diesem Jahr rund 200 Rubel pro Gramm.

Die Hütte war recht sauber und ordentlich, enthielt wie üblich zwei Holzpritschen, dazwischen ein Tischchen unter dem Fenster und einen kleinen Blechofen, in dem Juri sofort ein Feuer anzündete, das die Hütte rasch erwärmte und uns heißes Teewasser spendete. Ich legte meine Matratze und den Schlafsack auf eine der Pritschen und fühlte mich gleich heimisch.

In der Nähe der Unterkunft befanden sich zu Füßen einer hohen Hügelkette zwei flache Seen. Juri zerschlug die noch nicht allzu dicke Eisdecke mit einem rasch gefällten, langen, dünnen Stamm und versenkte darin Reusen, in denen sich Brot als Köder befand. Er hoffte, Karauschen zu fangen sowie eine bestimmte Art kleiner Fische für die Hunde, und wunderte sich am nächsten Tag sehr, dass die Reusen leer geblieben waren, denn im Vorjahr hatte er täglich Fische herausgeholt.

Am Abend gegen 22 Uhr hörten wir einen sich nähernden, danach aussetzenden Bootsmotor und mehrere vergebliche Versuche, ihn zu starten. Juri meinte, dass die Insassen wegen des defekten Motors vermutlich bei uns übernachten würden. Ich konnte mir nicht vorstellen, wie das in der kleinen Hütte gehen sollte, aber er versicherte, dass sie darin schon mit sechs Leuten genächtigt hätten. Da ich nicht erpicht darauf war, ähnliches auszuprobieren, war ich erleichtert, als der Motor wieder arbeitete und das Boot weiterfuhr.

In den Hütten ist es selbstverständlich, dass jeder Ankommende Tee und Essen erhält und bei Bedarf auch Unterkunft, egal wie. Nachdem die Jäger im Herbst mit dem Boot oder im Winter mit Schneemobil und Schlitten Gerätschaften und Lebensmittel in ihre Isbuschkas gebracht haben, begeben sie sich im Laufe des Winters einige Male ins Dorf, manchmal zu Fuß und bis zu 100 Kilometer weit. Sie übernachten in den Hütten am Wege, die auch bei Abwesenheit des Besitzers immer zugänglich sind.

Ich trat aus der Hütte in einen nebligen, dunstigen Morgen. Es hatte in den letzten Tagen mehrfach geschneit. Die Taiga bot in ihrem weißen Kleid und den dunklen, nadellosen Lärchen einen ernsten, in sich ruhenden Anblick und hatte zudem etwas Gleichgültiges und Erbarmungsloses an sich, das Leben und Tod, Vergehen und Entstehen einschloss – nichts ist natürlicher, aber uns der Natur entfremdete Zivilisationswesen erschreckt es.

Langsam hob sich der Nebel, bildete von der Sonne beschienene goldene Schwaden über dem Flussarm, wich dann gänzlich der Sonne, die ihr Licht auf die Umgebung ergoss und Schnee und Eis in blendender Weiße schimmern ließ.

Das sonnige Frostwetter ermunterte mich zu einem ausgedehnten Spaziergang durch den Wald und weiter längs des toten Armes zum beinahe schneelosen, steinigen Flussufer, über dem sich ein felsiger Hang entlangzog. Um von oben die Landschaft und den Blick auf den Fluss, der an dieser Stelle eine große Insel umschloss, filmen zu können, kraxelte ich den Felshang hinauf und ging in der Höhe parallel des Ufers auf Tierpfaden weiter. Auf den Pfaden entdeckte ich Spuren von Schneehasen, Zobeln, Eichhörnchen, Mäusen und Kabargas. Immer wieder blieb ich stehen, um mich an dem Ausblick zu erfreuen, zu filmen und zu fotografieren. Ich hoffte, danach eine geeignete Abstiegsstelle zu finden, um dann schnell am Ufer entlang den Rückweg antreten zu können, doch das Gelände wurde immer felsiger, steiler und ungangbarer, und der Schnee verdeckte viele Löcher und Spalten, in die ich ungern gestolpert wäre. Es blieb mir nichts anderes übrig, als auf dem gleichen beschwerlichen Weg zurückzugehen bis zu der Stelle meines Aufstiegs. Erst mit einbrechender Dämmerung fand ich mich in der Hütte ein, wo mich Juri schon mit Unruhe erwartete.

Talaufwärts im Abstand von fünf bis sechs Kilometern befanden sich drei weitere Jagdhütten Juris. Er erklärte mir, dass jeder Jäger sein eigenes Jagdgebiet habe, das ihm zugeteilt werde vom Jagdinspektor in Tupik. Dieser Jagdspezialist sei zuständig für den Rayon Tungir-Oljokma.

Mit unseren Rucksäcken voll Gerät gingen wir den Tag darauf zu Juris zweiter Isbuschka, wobei es sich als ungünstig erwies, dass ich keine Gummistiefel trug, sondern festes Lederschuhwerk. Dadurch konnte ich einen breiten Bach nicht durchwaten wie Juri, sondern musste in einer Zitterpartie über einen schneebedeckten Baumstamm balancieren, dessen Äste zusätzliche Hindernisse darstellten.

In der Hütte dort hatte sich eine Maus häuslich niedergelassen, aus der wattierten Matratze die Füllung gepult und unter der Sitzbank ein fußballgroßes Nest gebaut, was ich sehr eklig fand. Juri warf das Mäusenest und das alte Bettzeug hinaus, machte den Raum mit einem Reisigbesen sauber und heizte den Ofen. Danach tranken wir Tee und aßen etwas. Anschließend fällten wir einen abgestorbenen Baum, dessen Stamm ich kaum umfassen konnte. Mir war nicht ganz wohl dabei, weil ich fürchtete, dass er auf mich fallen würde. Juri beruhigte mich mit Hinweisen auf Neigung des Stammes, Astwuchs und Windrichtung. Gemeinsam sägten wir den Stamm fast durch, nachdem Juri mit der Axt eine Kerbe in der berechneten Fallrichtung geschlagen hatte, wohin der Baum dann auch fiel. Ich schleppte die abgebrochenen Äste zur Hütte und schichtete sie daneben auf, was mir Sammlernatur großen Spaß machte. Den Stamm würde Juri im Winter verarbeiten.

Zurückgekommen in die Blockhütte am Fluss, schleifte Juri mehrere Baumstämme herbei, die ich mit seiner großen Säge in ofenlange Stücke zersägte, und die Juri dann mit der Axt zerteilte. Die Scheite stapelten wir in der Hütte auf. Ein Jäger verlässt niemals seine Isbuschka, ohne dort einen Vorrat trockenen Holzes zu hinterlassen, denn es ist vor allem bei tiefen Temperaturen wichtig, sehr schnell ein Feuer entfachen zu können. Juri erzählte mir, dass er einmal bei starkem Frost ins Wasser eingebrochen sei. Auf dem kurzen Weg zur Unterkunft froren Hose und Unterhose so steif, dass er darin kaum noch gehen konnte.

In der Nacht strahlte ein klarer Vollmond durch die kahlen Zweige und der Schnee leuchtete. Morgens war es kalt, schätzungsweise minus 15 Grad. Wir schnitten am Ufer einen Sack voll hoher, trockener Halme, die wir zur zweiten Isbuschka brachten, wo sie die von den Mäusen zerfressene Matratze ersetzen sollten. Sechs Kilometer weiter das Tal hinauf befand sich neben einem lebhaften, nur an den Rändern zugefrorenen Bach die dritte Hütte, sehr klein mit nur einer Holzpritsche, in der wir eine Essenspause einlegten. Unterwegs zeigte mir Juri seine Zobelfallen, die noch nicht aktiviert waren, Kratzspuren der Bären an den Bäumen sowie Haare aus deren Pelz. Wir legten an diesem Tag etwa 20 Kilometer zurück.

Die vierte Isbuschka oben am Talabschluss hatte im Frühjahr ein Bär zerlegt, und Juri wollte sie nicht wieder aufbauen.

Goldnebel über der Oljokma

Nach fünf Tagen begaben wir uns zu Fuß auf den Rückweg nach Srednjaja Oljokma. Unterwegs machten wir Rast in der Isbuschka von Pawel Nikolajewitsch, der so aussah, wie ich mir immer einen russischen Bauern vorgestellt hatte. Er hatte ein markantes Gesicht, volles, etwas lockiges, leicht angegrautes dunkles Haar, einen dichten, relativ kurzen Vollbart, war groß und schlank. Ich hatte ihn schon einige Male im Dorf gesehen, wo er im Wechsel mit Anatoli Semjonowitsch Schule und Kindergarten heizte und sich damit sowie mit Reparaturarbeiten etwas Geld

Pawel Nikolajewitsch,
der „russische Bauer"

97

verdiente. Juri hatte mir erzählt, dass er zwar schon im Pensionsalter sei (in Sibirien liegt es für Männer bei 55 Jahren), aber nur eine winzige Pension erhalte, weil er mal da und mal dort gearbeitet habe und keine Nachweise erbringen könne. Frau und Sohn waren gestorben, er lebte allein. Das schien ihm aber zumindest nicht langweilig zu sein, denn seinen Fernseher hatte er weggegeben, weil er ihn störte bei dem, was er gerade machte. Juri hielt ihn für einen Kauz, einen Sonderling. Das war er in dieser Umgebung wohl auch, denn die Leute dachten anders als er. Für mich hörten sich seine Ansichten nicht befremdlich an.

Pawel Nikolajewitsch lehnte Wodka ab, aß keine Konservenkost und keine Süßigkeiten. Er äußerte, er brauche nur ganz wenig Geld zum Leben, fische und jage nur so viel, wie er für sich und seinen Hund benötige. Auf seine zerrissene Kleidung angesprochen antwortete er, das sei nicht von Belang. Wichtig seien nur Sonne, Luft und Wasser. Ihm gefalle es in seiner Isbuschka, da habe er alles, was er brauche. Auch die beiden Bücher auf dem Bord über seiner Holzpritsche, eines über den Arktisforscher John Franklin und eines über die Natur Sibiriens, sagten etwas aus über ihn.

Juris Klagen im Ohr über dessen eigene Einsamkeit, Langeweile und die unzureichende Pension, fragte ich ihn: „Und Sie sind zufrieden mit Ihrem Leben?"

„Ja, ich bin zufrieden. Ich habe Gemüse aus meinem Garten, Kräuter, Beeren, Pilze, Fische, Fleisch aus der Natur, und für Tee, Mehl, Reis und Öl reicht mein geringer Verdienst. Mehr brauche ich nicht."

Wir tranken bei ihm im Abstand von einer halben Stunde zweimal Tee. Er machte daraus eine kleine Zeremonie: Für jede Tasse einen Teelöffel Tee und einen für die Kanne, genau fünf Minuten ziehen lassen. In den Haushalten im Dorf steht meistens eine kleine Kanne mit konzentriertem, kalt gewordenem Tee bereit, von dem ein wenig in die Tasse gegossen und mit heißem Wasser aufgefüllt wird. Er jedoch bereitete den Tee immer frisch zu, wie er betonte.

Nachdem wir vorsichtig über den schon breiten Eisrand am Flussufer gegangen waren, paddelte er uns in seinem kleinen Metallboot ans andere Ufer, von wo aus wir den Rückweg ins Dorf fortsetzten. Ljuska empfing mich voller Freude und sah wohlgenährt aus. Dora Michailowna hatte sie mit den Abfällen aus der Küche gefüttert, die sonst ihre eigenen vier Hunde fraßen, aber diese hielten sich momentan mit ihrem Mann in der Jagdhütte auf. Iwan Georgijewitsch war vor einigen Tagen zu Fuß dorthin aufgebrochen, sein Pferd trug die Last. Mit seinen 77 Jahren marschierte er bei Winteranbruch 30 Kilometer allein durch die Taiga, obwohl er schon seit längerer Zeit Herzprobleme hatte, wie seine Frau mir sagte. Wenn ihm unterwegs oder in der Hütte etwas passierte, würde es längere Zeit niemand merken, da er keinen Rückkehrtag genannt hatte. Ich fand das erstaunlich, doch für die Leute hier war immer alles „normalno", normal.

Tatsächlich stürzte er nahe der Hütte schwer auf Hinterkopf und Steiß, als er über eine durch den Bach überschwemmte und später zu Eis gefrorene Fläche ging, hielt sich tagelang mit Schmerzen fast nur im Haus auf und konnte nicht jagen. Außerdem bemerkte er an den Spuren, dass ein „Schatun" (Herumtreiber) die Gegend unsicher machte und wollte sich darum nicht weit von der Hütte entfernen. Diese Bären werden gefürchtet, denn sie sind sehr gefährlich. Sie haben nicht genug Fett angesetzt, um in die Winterruhe gehen zu können, vielleicht weil sie krank waren oder sind. Schlaflos, unruhig, böse und hungrig kennen sie keine Scheu vor Menschen, Hunden, Schüssen und Feuer.

Juri bot mir an, seine Banja zu benutzen, die sich in einer schönen Blockhütte neben dem Haus befand. Die halbierte Wassertonne auf dem eisernen Ofen lieferte kochend heißes Wasser, die andere Tonne kaltes. Juri hatte so eingeheizt, dass mir fast die Augenbrauen wegschmolzen und ich es nicht allzu lange aushielt. Normalerweise setzt man sich auf eine der Holzbänke, bis man vor Schweiß trieft. Das öffnet die Poren, Schmutz und alte Hautpartikel werden aufgeweicht. Dann schrubbt man den Körper gründlich mit Seife und spült sich mit sauberem Wasser ab, indem man es sich über Kopf und Körper gießt. Durch die Fußbodenbretter fließt das Wasser in eine darunterliegende große Grube. Eine solche Banja steht neben jedem Haus und wird regelmäßig benutzt. Sehr gesund soll es sein, sich mit frischen Birkenruten zu schlagen oder mit Stlanik, einem Nadelgewächs. Es trägt duftende Büschel aus weichen, langen Nadeln; der strauchartige Wuchs ähnelt etwas dem der Eiben, und wie man mir sagte, können die Stämme einen Durchmesser von 20 Zentimetern oder mehr annehmen. Die Samen der Zapfen werden als Nüsse bezeichnet und sind von Menschen sowie Tieren sehr begehrt; die Bären fressen sich vor dem Winter fett an ihnen. Mit Frosteinbruch legen sich die aufrecht wachsenden, über mannshohen Äste flach auf den Boden und sind dann unter dem Schnee nur noch als flache Hügel auszumachen. Etwa zwei Stunden Fußmarsch von Dorf entfernt hatten sich ganze Wälder davon befunden. Im Herbst war man mit Schiebkarren, Handwagen und Säcken dorthin gezogen, um die Nüsse zu gewinnen. Ein durch Blitzschlag entstandener, großflächiger Waldbrand hatte vor wenigen Jahren diese Wälder und weitere Waldgebiete östlich Srednjaja Oljokmas bis relativ nahe an den Ort heran vernichtet.

Bei meinen Ausflügen bemerkte ich auch anderswo sehr häufig große abgebrannte Waldflächen, meistens mit bereits nachwachsendem Gehölz; wirklich alte Waldbestände schien es kaum zu geben. Ich sah selbst, wie aus einem Gebiet tagelang dicker Qualm aufstieg, der sich kilometerweit ausbreitete und die Sicht stark einschränkte. Ein anderes Mal lag ich unweit des Dorfes am Ufer, sonnte mich, badete und beobachtete eine Qualmentwicklung, die sich immer näher an meine Lagerstelle und das Dorf heranschob. Ich überlegte mir, dass mein Standort sicherer sei als das Dorf, da ich mich zur Not mit einem nassen Handtuch um den Kopf ins Wasser bzw. auf die kleine Kiesfläche in der Flussmitte flüchten konnte. Das blieb mir erspart; das Feuer erreichte uns nicht.

Vom Lieben und vom Glück

Nun weilte ich schon über ein Vierteljahr in Srednjaja Oljokma. Oft überkam mich ein tiefes Glücksempfinden. Ich hatte mich noch nie gelangweilt oder einsam gefühlt und mir bisher noch nicht gewünscht: „Wäre ich doch zu Hause in Hamburg." Doch immer, wenn ich an Deutschland dachte, hatte ich ein gutes, warmes Gefühl.

Es gibt dort viele Menschen, mit denen ich gerne zusammen bin, allen voran der treue Henning, meine Tochter Claudia und die Enkelkinder. Ich dachte oft an meine Tochter und die noch sehr kleinen Enkelkinder, an letztere mit schlechtem Gewissen, weil ich wusste, dass sie mich liebten und es genossen, wenn ich Zeit mit ihnen verbrachte, mit ihnen im Freien spielte, ihnen vorlas oder mich mit ihnen unterhielt.

Wie es meinen Lieben, meinen Freunden, Bekannten, ehemaligen Kollegen wohl ging? Was erlebten sie, dachten sie?

Ich liebe Hamburg mit den toleranten, freundlichen, aber unaufdringlichen Menschen, dem vielen Grün, dem Wasser, den kulturellen und anderen zivilisatorischen Möglichkeiten. Ich liebe es, in den Alpen zu wandern, Mecklenburg mit seinen Seen, Wäldern und Ortschaften zu Fuß, zu Rad oder mit dem Boot zu durchstreifen, am Mecklenburger Ostseestrand zu liegen und den Wellen zu lauschen.

Und trotzdem dachte ich darüber nach, auf lange Zeit in Srednjaja Oljokma zu bleiben, vielleicht eine Touristenbasis aufzubauen. Ich konnte mir gut vorstellen, dieses einfache Leben inmitten einer großartigen Natur fortzuführen und die faszinierende Landschaft auch anderen Menschen zugänglich zu machen, denn sie bot vielfältige Möglichkeiten:

Mehrtägige Flussfahrten wahlweise in Kajaks oder Motorbooten auf Tungir oder Oljokma mit Übernachtungen in Zelten, Angeln und Eisangeln, Wanderungen in der Taiga unter einheimischer Führung einschließlich des Sammelns von Beeren oder Pilzen, Teilnahme an Jagdausflügen einheimischer Jäger und dergleichen. Unter dem Motto „Mal aussteigen" ließen sich auch mehrwöchige oder mehrmonatige Aufenthalte organisieren mit Aspekten wie „Herbst in der Taiga", „Winter in Sibirien", „Leben im sibirischen Dorf".

Ich stellte mir vor, einige der schönen, in Blockbauweise errichteten, nicht mehr bewohnten Bauernhäuser zu erwerben und mit den hier üblichen Mitteln von Einheimischen sanieren zu lassen, einen Tischler herzuholen, der schlichte Inneneinrichtungen aus Holz anfertigt, und die Häuser für ein bis drei Personen mit Wäsche, Geschirr und Bettzeug auszustatten. Vollverpflegung mit russischer Küche, eine Transportmöglichkeit per Helikopter müsste organisiert werden, falls diese bei An- oder Abreise erforderlich werden würde, und die Anschaffung eines Satellitentelefon wäre notwendig.

Allerdings traute ich mir die Vermarktung und Geschäftsführung wegen mangelnder Kenntnisse und Verbindungen auf diesem Gebiet nicht zu und fragte bei meinem Reisebüro an, ob sie Interesse an dem Projekt hätten.

Ich hatte aus Srednjaja Oljokma ausführliche Briefe nach Deutschland an Henning geschickt, der sie per Email an meine Verwandten, Freunde und Bekannten weiterleitete, auch an den Inhaber des Reisebüros, den ich zwar nicht persönlich kannte, zu dem ich aber inzwischen einen über das Geschäftliche hinausgehenden menschlichen Bezug hatte. Der Inhaber antwortete mir mit einem sehr netten, privat gehaltenen Brief. Er schrieb zu meinem Erstaunen, dass er einige Tage zuvor einen Traum gehabt hatte, in dem ich ihn genau das gefragt hatte, worauf er mit seiner Frau bereits über eine solche Möglichkeit gesprochen hatte. Leider müsse er mir aber absagen, da er das Reisebüro zum 31.12.2006 verkauft habe und in ein Projekt in Thailand eingestiegen sei. Über die Absage war ich fast erleichtert, denn genauso gern, wie ich in Sibirien bleiben wollte, genauso gern wollte ich wieder nach Deutschland heimkehren, mit meinen Lieben zusammen sein und all den geschätzten Beschäftigungen nachgehen, die mir hier versagt waren. Nun stand für mich fest, dass ich wie geplant im März 2006 meinen Aufenthalt hier beenden würde.

Als Juri mich das nächste Mal besuchte, startete er wieder eine Grundsatzdiskussion, weil er glaubte, dass ich mich ebenso einsam fühlen müsse wie er, sich einbildete, mich zu lieben und zu seinem Glück zu brauchen. In der Isbuschka hatte ich mich solchen Gesprächen immer erfolgreich entzogen, indem ich mich abends im Schlafsack verkroch und behauptete, sehr müde zu sein, aber nun konnte ich nicht ausweichen.

„Juri, ich fühle mich nicht einsam ohne einen Mann", erklärte ich ihm zum wiederholten Male. „Ich habe meine Tochter, Enkelkinder, liebe Freunde und Bekannte, meine Patenkinder in Indien, bekannte und unbekannte Menschen, Bäume, Flüsse, Berge, Wälder, fühle mich als ein Teil dieser Welt und nicht abgespalten von ihr und kann schon deshalb gar nicht einsam sein. In dir sehe ich einen Freund, aber keinen Grund, mein ruhiges, glückliches Dasein aufzugeben und mich deinen Bedürfnissen anzupassen. Du willst die Verantwortung für dein Glück einem anderen Menschen übertragen. Damit machst du dich abhängig von einem einzigen Menschen, denn wenn dieser nicht so funktioniert, wie du es dir wünschst, bist du unglücklich. Wer möchte diese Bürde tragen? Lerne, dich über das zu freuen, was du hast, wünsche nichts Unerreichbares. Die Art und Weise unseres Denkens macht uns glücklich oder unglücklich, nicht die äußeren Umstände."

Er antwortete mir mit einem fünf Seiten langen Brief. Beim Lesen schnürte sich mir manchmal das Herz zusammen, und mir kamen die Tränen, doch ich konnte ihm nicht helfen.

Mir fiel auf, wie weit ich mich entfernt hatte von der verbreiteten Denkweise, man könne nur in einer Zweierbeziehung glücklich sein. Ich fand es viel befriedigender, und es gelang mir auch schon besser, den Menschen mit liebevollem Herzen, freundlich und hilfsbereit zu begegnen, ohne eine Gegenleistung zu verlangen, aber auch ohne mich selbst aufzuopfern. Und ich lernte ebenso, liebevoll zu mir selbst zu sein.

In einer eher unbewussten Sucht danach, geliebt und begehrt zu werden, hatte ich mich jahrelang in eine Reihe sexueller Abenteuer gestürzt, bis ich sehen lernte, dass ein dauerhaftes Glück nur von innen kommen kann. All das führte dazu, dass es mich nicht mehr nach der Liebe verlangte. Ich schloss jedoch nicht aus, zufällig einmal einem Mann zu begegnen, mit dem mich Liebe verbinden würde, hielt es allerdings für sehr unwahrscheinlich und suchte auch nicht danach.

Dora Michailowna lud mich für den Abend zum Borschtsch-Essen und zu einer Sendung im Fernsehen ein, die sie als „Sportwettbewerb mit Teilnehmern aus verschiedenen Ländern" beschrieb. Ich hatte weder zu dem einen noch dem anderen Lust, aber da sie sich ohne ihren Mann langweilte und froh über Gesellschaft war, ging ich doch hinüber. Das Abendessen war dieses Mal wahrhaft fürchterlich. Die Suppe aus Fleisch, Kartoffeln, Kohl und Roter Bete schmeckte nach nichts, das Brot war alt und hatte einen Schimmelgeschmack, die Piroggen waren von vorvorgestern und mit Lunge gefüllt, was mir geradezu Brechreiz verursachte. Sie ließ mich ein Glas wie süßsauren Kürbis eingelegte Zucchini öffnen, aus dem mir eine Schimmelschicht entgegenblickte.

Das Fernsehprogramm stand dem Essen an schlechtem Geschmack in nichts nach, denn der „Sportwettbewerb" war ein Spiel, bei dem die vier Mannschaften peinlich übertrieben Eifer, Freude und Enttäuschung zur Schau stellten, dazwischen viel Wunder versprechende Werbung.

Die schönsten Tage waren für mich die, an denen ich mein Programm absolvieren konnte, das vormittags aus Russisch lernen und abends aus Sport, Körperpflege sowie Meditation bestand, und an denen ich Holz aus dem Wald, Wasser aus dem Fluss holen oder weite Spaziergänge machen konnte. Von den Spaziergängen brachte ich die Zweige eines stark duftenden, niedrigen Strauches mit, der „Tschuschatnik" genannt wurde, und parfümierte damit mein Waschwasser für die Körperpflege. Er trägt nadelige Blätter und im Juni kleine weiße Blütenrosetten. Dass er duftet, entdeckte ich zufällig, als ich eine von ihm bewachsene Fläche überquerte und plötzlich ein kräftiger, aromatischer Wohlgeruch die Luft erfüllte. Wenn mir wieder einmal der trockene Husten zu schaffen machte, der bei starkem Frost auftrat, machte ich einen Aufguss aus seinen Zweigen und Blättern und inhalierte den heilsamen Dampf, wobei sich das Sprichwort „Der Norden hilft dem Norden" bewahrheitete. Genauso gut soll ein Aufguss aus „Bogulnik" helfen, einem ebenso angenehm duftenden Rhododendronstrauch mit kleinen Blättchen und pinkfarbenen Blütchen. Sammeln und verwenden kann man die Pflanzen das ganze Jahr über.

Im Sommer suchten manche Leute Heilpflanzen, zum Beispiel Schafgarbe, wilden Thymian, Birkenblätter, Baldrianwurzel, die Blätter einer wildwachsenden Johannisbeerart, der Himbeere und Preiselbeere, trockneten sie und bereiteten Tee daraus. Man schenkte mir auch einen Baumpilz von der Birke, der als Tee zubereitet sogar vorbeugend gegen Krebs wirken soll.

Häufig war mein Tagesablauf eher fremdbestimmt, denn nach wie vor erhielt ich oft Besuch. Irina 2, eine Ewenkin und Mutter dreier Kinder, bot mir einen großen Nalim, eine Aalraute, zum Tausch gegen Speiseöl an, da es im Laden fast nichts mehr zu kaufen gab. Ich konnte ihrem Wunsch nicht nachkommen, weil ich selbst nur noch einen kleinen Rest hatte, worauf sie fragte, ob ich ihr für den Fisch zwei Gläser Warenje geben könne, was ich auch tat. Genau diese Frau hatte mir im September einen großen Eimer Preiselbeeren verkauft, statt sie selbst zu verarbeiten. Ich war erstaunt darüber, dass sie keine Warenje gemacht hatte, obwohl der Wald vor der Haustür voller Beeren gewesen war. Sie hätte keinen Zucker gehabt, antwortete sie. Sie kam bald wieder und wollte wissen, ob sie mir Fisch bringen und ihn gegen Lebensmittel eintauschen könne.

„Leider habe ich selbst relativ wenige Lebensmittel, ich könnte Ihnen nur Geld für den Fisch geben."

Wenn die Familie jetzt Ende Oktober kaum noch Lebensmittel hatte, würde Schmalhans Küchenmeister sein, im ungünstigsten Fall noch zwei Monate lang bis zum Eintreffen der nächsten Lieferung. Sie würden dann vorwiegend Kartoffeln essen müssen; die Kinder bekamen zum Glück Frühstück und Mittagessen in der Schule. Obwohl diese Menschen wussten, dass es ab Oktober nichts mehr zu kaufen geben würde, bevorrateten sie sich im September ungenügend, gaben aber Geld für Wodka aus. Die Russen sagten, das sei die ewenkische Lebensweise, eine andere Kultur. Ob russische Alkoholiker anders lebten, war die Frage, denn auch Juri hatte kaum noch Lebensmittel, kein Öl und keinen Tee mehr, sodass ich meinen mit ihm teilte und ihm einige Lebensmittel gab.

Irina 2 brachte mir noch einen großen gefrorenen Lenok und ließ sich 100 Rubel dafür geben, die Währungseinheit für eine Flasche Wodka. Dora Michailowna erzählte mir, dass sie damit gleich zum Laden ging und Wodka besorgte, anstatt es aufzuheben und später Lebensmittel dafür zu kaufen. Einige Tage darauf wollte sie sich bei mir 200 Rubel leihen, da ihr Fischnetz im Fluss verlorengegangen sei und sie von jemandem ein altes Netz kaufen könnte (später erfuhr ich, dass man ein neues Netz für etwa 150 Rubel bekommen kann). Ich sagte ihr, dass ich kein Geld verleihen würde.

Eines Abends suchte mich ein gut aussehender Mann auf, Slava nannte er sich. Groß und schlank, grüne Russenaugen und leicht asiatische Gesichtszüge; knapp 40 Jahre alt mochte er sein. Er erzählte mir, dass er ein Verwandter Igors sei und ihn suche. Dieser habe getrunken und sei seitdem verschwunden. Weil die Nachttemperaturen schon regelmäßig um die minus 15 Grad lagen, vermutete ich, dass die Gefahr des Erfrierens bestand und Igor deshalb gefunden werden müsse, verstand aber absolut nicht, was meine Rolle dabei sein sollte.

Schließlich begriff ich, dass er die Geschichte als Vorwand benutzt hatte, um mich zu besuchen. Er fragte, ob es mich beleidigt habe, dass er vorbeigekommen sei, und betonte mehrmals, dass er Ewenke sei, was nach russischem Verständnis wohl so eine Art Schandmal zu sein schien. Als ich sagte, ich hätte nun keine Zeit mehr, ging er sofort, küsste mir beim Weggehen mehrmals innig die Hand und meinte, ich sei eine schöne Frau. Er schien mir enthemmt und nicht ganz nüchtern zu sein, und ich hoffte, dass ich ihn mit meiner Freundlichkeit nicht ermutigt hatte, mich nun öfter aufzusuchen.

Harte Männer mit großem Herz

Fast alle Männer des Dorfes sind gezwungen, sich den Lebensunterhalt durch Jagd und Fischfang zu verdienen. Dies ist jedoch nicht nur eine Notwendigkeit, sondern dient auch der Bestätigung ihrer Männlichkeit und Leistungsfähigkeit; ein guter Jäger genießt hohes Ansehen. Besonders die nur im Winter stattfindende Pelztierjagd stellt harte Anforderungen an den Jäger, wenn er bei tiefen Temperaturen täglich auf Skiern durch die Taiga zieht, um Fallen und Fangeisen zu kontrollieren bzw. einzusammeln und sie auf anderen Routen wieder auszulegen. Ebenso beschwerlich ist die Eisfischerei, bei der, selbst in extremer Kälte, die im Netz verhedderten Fische mit bloßen Händen herausgelöst werden müssen. Aber auch im Sommer kann die Jagd auf Elche oder Hirsche sehr anstrengend sein, wenn das verwundete Tier flüchtet und erst nach einigen Kilometern gestellt und erlegt werden kann. Dann muss das Tier dort zerteilt und kilometerweit durch sumpfiges oder unwegsames Gelände zum Boot am Fluss geschleppt werden, oft bei großer Hitze und eingehüllt in eine Wolke Fliegen und stechgieriger Insekten. All dies wird nicht als etwas Besonderes empfunden – es ist „normalno".

Gegenseitige Hilfe ist im Bedarfsfall zwar selbstverständlich, doch Schlägereien und Messerstechereien zwischen den Männern sind, vor allem im betrunkenen Zustand, keine Seltenheit. Frauen aber genießen besondere Rücksichtnahme. Es ist undenkbar, dass eine Frau im Beisein eines Mannes schwere Arbeit verrichtet, dass ein Mann sich auf den bequemeren Platz setzt, dass er sich nicht nach jeder Mahlzeit bei ihr bedankt. Und wenn eine Frau allein in der Taiga einem Mann begegnet, muss sie keine Furcht vor ihm haben.

Die Männer sind sehr gefühlvoll, von Herzen ritterlich, großzügig und haben keine Angst vor großen Gesten, großen Gefühlen und davor, sich öffentlich dazu zu bekennen. Es gibt in ihnen eine Reinheit des Herzens, eine Offenheit, hinter der sich keine Gemeinheit verbergen kann. Dass die große Liebe, die romantischen Gefühle vergehen, dem Alltagsleben weichen, oft in Streit oder Ehebruch enden, und dass die blumigen Worte in Vergessenheit geraten, steht auf einem anderen Blatt, und dass die meisten Männer Wodka trinken wie Pferde Wasser, ebenfalls.

An die pragmatische Nüchternheit der deutschen Männer gewöhnt, verwunderten mich die freimütigen Gefühlsäußerungen der Männer des Dorfes anfangs sehr.

Eines Abends rüttelte jemand an meiner Tür zum Vorraum. Eine betrunkene Stimme erklärte, mich sprechen zu wollen. Ich sagte: „Sie sind betrunken. Gehen Sie weg und kommen Sie am Tage nüchtern wieder." Aber er ging noch eine ganze Weile nicht und rief andauernd nach mir, worauf ich aber nicht reagierte. Am nächsten Vormittag kam er zu mir, fiel in meiner Küche vor mir auf die Knie, Hand auf dem Herzen, und bat mich um Verzeihung für die Belästigung. Er sei sehr betrunken gewesen. Diese Geste war nicht ironisch gemeint oder witzig, sondern kam wirklich aus der Seele.

Wenn Juri mir erneut Gemüse oder etwas anderes brachte und ich äußerte, dass er mir nicht immer so viel schenken solle, antwortete er: „Ich liebe es, für dich zu sorgen", und, nachdem ich ihn gerade wieder einmal abgewiesen hatte: „Alles egal, ich liebe dich und werde alles machen, was du wünschst."

Einmal schenkte er mir sogar einen Fluss: Auf dem Rückweg aus Juris Isbuschka marschierten wir einige Stunden querfeldein, um eine große Flussbiegung abzuschneiden. Am Fluss angekommen, sank Juri vor mir auf die Knie, breitete die Arme aus und sagte: „Karina, hier ist der Fluss. Ich schenke ihn dir."

Slava, der schöne Jäger, besuchte mich wieder – hatte ich es mir doch gedacht.

Er sagte, er wolle sich entschuldigen, dass er beim letzten Besuch nicht ganz nüchtern gewesen sei. Er habe die ganze Zeit in der Isbuschka in seinem Inneren ein schlechtes Gefühl deswegen gehabt. Und dann hörte ich ihn verblüfft in seinem weichen, melodischen Russisch beteuern, er liebe mich. Er könne mich nicht vergessen, sehne sich nach mir, könne schon nicht mehr schlafen. Er werde mich stehlen und mitnehmen in seine Isbuschka. Er fragte mich, ob ich an die Liebe glaube und deutete mein Zögern vor der Antwort sofort richtig: „Du glaubst nicht daran, ich sehe es."

Ich antwortete ihm ausweichend, dass ich zumindest nicht glaube, es sei möglich, bereits von Liebe zu sprechen, nachdem man jemanden ein- oder zweimal gesehen hat.

„Das dachte ich auch bis vor Kurzem, aber jetzt weiß ich, dass es möglich ist. 13 Jahre liebte ich nicht mit dem Herzen, aber jetzt glaube ich wieder an die Liebe. Ich liebe dich."

Ich hatte den Eindruck, dass er wirklich dieser Überzeugung war. Selbst wenn ich dachte, er habe sich in eine fixe Idee verrannt, und deshalb seine Worte nicht ernst nahm, war es doch recht angenehm, seine leidenschaftlichen Erklärungen zu vernehmen. Und dann die gefühlvollen Gesten, das hübsche Gesicht, diese grünen Augen, die Figur – ich bedauerte, dass ich keine Minute schwach werden durfte, mir nicht einmal einen Kuss erlauben konnte, ohne dass mein Status als moralisch unantastbare Frau im Dorf sofort dahin wäre.

Beim Weggehen fragte er mich, ob er mich auf den Mund küssen dürfe, und ich erwiderte: „Nein, nur auf die Wange." Und obwohl er mich ansonsten nicht berührte, tat er es auf eine Weise, dass ich das Gefühl hatte, ein Feuersturm hätte mich erfasst. Mit Erleichterung vernahm ich, dass Slava am nächsten Tag wieder in den Wald fahren würde, denn es schien mir gefährlich, ihn oft in der Nähe zu haben.

Ich kann mir vorstellen, was meine Leser aus dem Westen jetzt vielleicht denken: „Das war die reinste Schmierenkomödie, alles Lug und Trug. Der Junge versuchte einfach nur mit allen Mitteln, die Frau herumzukriegen, damit sie entweder mit ihm ins Bett geht oder er an ihr Geld kommt."

Diese zynische Denkweise ist uns zur Selbstverständlichkeit geworden, vielleicht darum, weil wir selbst lügenhaft und betrügerisch sind oder weil viele Menschen in unserer Umgebung es sind oder weil wir von ihnen glauben, dass sie es sind. Die Leute in der Taiga denken so nicht.

Slavas Frage, ob ich an die Liebe glaube, ging mir nicht aus dem Kopf.

Die Liebe zwischen Mann und Frau – wann hatte ich den Glauben daran verloren? Ich hatte vollkommen vergessen, welche Glücksgefühle es auslösen kann, dem Anderen in die Augen zu sehen, seine Hand zu berühren, an seiner Seite zu gehen.

Ich erinnerte mich, dass ich früher noch an die Liebe glaubte, sie auch einige Male erlebte. Als ich dann nach Hamburg zog, lernte ich nur Männer kennen, häufig verheiratet, die mit mir ins Bett wollten. Irgendwann dachte ich dann: „Okay, wenn ich keine Liebe haben kann, nehme ich eben nur den Sex." Ich gefiel ihnen und sie, meistens intelligent und gut aussehend, gefielen mir, aber sie liebten mich nicht und auch ich liebte keinen von ihnen. Aus einer dieser Beziehungen entwickelte sich aber eine große menschliche Zuneigung, Nähe und Vertrautheit, und ich bin glücklich, dass die liebevolle Freundschaft bis heute andauert.

Bevor ich beschloss, den Affären ein Ende zu setzen, hatten sich intime Beziehungen zu Männern viele Jahre auf den Sex reduziert; in einer solchen Haltung schien ich immer noch befangen zu sein. Ich merkte es daran, dass ich es bedauerte, in diesem Dorf meinem Verlangen nicht nachgeben zu können, was in der Anonymität einer Stadt möglich gewesen wäre. Ich wünschte mir eine oder mehrere Nächte mit Slava und registrierte erstaunt, dass die Vorstellung, eine Weile mit ihm in seiner Isbuschka zu leben, ihm das Essen zu kochen und ihn zu lieben, sehr reizvoll für mich war. Das musste reine Fantasie bleiben; niemand sollte davon erfahren, am allerwenigsten Slava selbst.

Meine angenehmen Träumereien fanden ein jähes Ende, als er mich zwei Tage später noch einmal aufsuchte. Er war nicht in den Wald gefahren, weil er auf Benzin aus Tupik warteten musste, und die Wartezeit hatte er wohl mit Trinken überbrückt, denn er sah aus wie nach einem Alkoholexzess. Ernüchtert und etwas traurig schlug ich mir die Gedanken an ihn aus dem Kopf.

Mein sibirischer Winter

Seit mehreren Tagen war der Fluss entlang des Dorfes zugefroren, weil die Strömung hier langsam war, und konnte gefahrlos betreten werden. Ich beobachtete Nina und ihren Bruder Roman, wie sie die unter dem Eis ausgelegten Fischnetze einholten und neu verlegten. Im Netzabstand waren quer zum Flusslauf zwei Löcher ins Eis gehackt worden, in denen sich täglich wieder eine mehrere Zentimeter dicke Eisschicht bildete. Roman hackte das Eis auf, Nina schöpfte es mit einer durchlöcherten, wasserdurchlässigen Schaufel ab und warf es auf einen Haufen neben dem Eisloch. Die Netzenden waren an sehr langen, im Loch stehenden Stangen befestigt. Ein Ende löste Nina von der Stange und knüpfte eine lange Leine daran, worauf Roman das Netz vom anderen Eisloch her zu sich heranholte, die Fische mit bloßen Händen aus den Maschen befreite, sie aufs Eis warf, das Netz entwirrte und säuberte. Danach zog Nina das Netz mithilfe der Leine zu sich und befestigte es wieder an der Stange.

Viele Leute des Ortes betrieben Eisfischerei und setzten sie den Winter über fort, auch bei sehr tiefen Temperaturen. Iwan Georgijewitsch stellte über dem Eisloch, an dem er das Netz einholte, ein Leinwandzelt mit einem kleinen Blechofen auf, in dem es schnell erstaunlich warm wurde, und andere unterhielten neben dem Loch in Eimern kleine Feuer, an denen sie immer wieder ihre Hände erwärmten.

Ich ging zu Irina und Kolja, der am Tag zuvor von der Jagd zurückgekehrt war. Er war niedergeschlagen, nicht so sehr deshalb, weil die Jagd wegen zu wenig Schnee schlecht gewesen war, sondern weil er seinen Hund eingebüßt hatte. Er berichtete, dass er an der Mokla gewesen sei, wo sich steile Felsen erheben. Sein Hund stürzte von den Felsen auf das Eis des Flusses und brach sich das Genick. Er sei ein sehr guter Jagdhund gewesen, die anderen beiden seien schlechte Hunde, meinte er betrübt.

Juri dagegen hatte seinen Rüden getötet oder von seinem befreundeten Nachbarn und Trinkkumpanen töten lassen. Ich wunderte mich, dass der halbverhungerte Hund verschwunden war, als Juri zu Fuß, einen Schlitten hinter sich herziehend, zu seiner Isbuschka aufbrach, wo er etwa zehn Tage bleiben wollte. Auf meine Frage nach dem Hund antwortete Juri, er wisse nicht, wo er sei. Später schaute ich einige Male vergeblich in die Hütte, bis mir eine Nachbarin zurief, der Hund sei getötet worden.

Arme Ljuska, ich mochte mir gar nicht vorstellen, welches Schicksal sie nach meiner Abreise erwartete, denn Juri konnte keinen Hund mehr gebrauchen, da er ausschließlich Fallen stellte und Schlingen auslegte. Er hatte kein Gewehr mehr, wie ich herausfand, und so nützte es ihm gar nichts, wenn der Hund Zobel oder Eichhörnchen auf Bäume trieb oder anderes Wild stellte.

Als ich eines Morgens aus dem Fenster schaute, blickte ich in dichtes Schneetreiben. Bereits nachts hatte es kräftig geschneit und auch am Tage fiel feiner

Schnee wie Nieselregen. Die Eichelhäher fegten mit ihren Schnäbeln die dicken Hauben von den Zaunpfählen, weil sie wussten, dass darunter der Hafer liegen musste, den ich immer ausstreute, um sie oder andere Vögel vom Fenster aus beobachten zu können. Ljuska lag gemütlich in ihrer Hütte, denn es war ihr unangenehm, vollgeschneit zu werden. Nur wenn ich wegging, begleitete sie mich, und wenn sie meinte, jetzt müsse ich ihr Futter geben, saß sie beharrlich vor der Tür. Sie war inzwischen gut genährt, selbstbewusst und immer fröhlich, nicht mehr die elende, zittrige, demütige Kreatur von früher.

Um ihre Hütte gegen die Kälte etwas zu isolieren, häufte ich Schnee gegen die Wände und hing dicken, gefütterten Stoff vor den Eingang. Iwan Georgijewitsch hatte mir einen großen Schneeschieber aus Birkenrinde gemacht, mit dem ich einige Male den Weg zur Toilette und zur Straße frei räumte. Im Garten füllte ich mehrere Wannen mit Schnee und kippte ihn in die weiß gestrichene Wassertonne, die ich Anfang Oktober in die Küche geholt hatte. Eine Wanne ergab nach dem Tauen nur wenig Wasser, sodass ich im Laufe des Tages immer wieder Schnee nachfüllen musste. Jetzt sah ich, wie viel Luft im Schnee eingeschlossen ist und weshalb er so gut isoliert.

Mit dem Wasser musste ich sparsam umgehen, verwendete es möglichst mehrmals für verschiedene Zwecke, shamponierte aber zweimal wöchentlich meine Haare, wusch mich täglich von Kopf bis Fuß und gönnte mir den Luxus, die Wäsche zweimal zu spülen. Das letzte Spülwasser verwendete ich zum Säubern des Fußbodens, Vorspülen des Geschirrs oder Vorwaschen von Gemüse und Kartoffeln.

Dora Michailowna war noch sparsamer mit dem Wasser als ich, denn ich sah, dass sie ein ganzes Betttuch in einer kleinen Schüssel „spülte" und dann auf die Leine hängte, obwohl das bisschen Wasser nach dem Spülen wie sehr schmutziges Waschwasser aussah. Erstaunlicherweise wirkte die Wäsche trotzdem sauber. Geschirr und Besteck waren meistens klebrig vom Fett, weil sie es in wenig Wasser ohne Spülmittel abwusch; das Wasser bekamen dann die Hunde. Ich hatte mich schon eine ganze Weile gefragt, wie sie es schaffte, mit dem Wasser auszukommen, denn sie waren zu zweit, hatten im Sommer den Gemüsegarten zu bewässern, vier Hunde und ein Pferd, das jetzt im Winter in einem Pferch beim Haus stand und täglich zwei Eimer Wasser bekam. Allerdings lieferte der Brunnen im Garten außerhalb des Winters Wasser, und sie hatten vier Regentonnen.

Kolja hatte versprochen, mir künftig mit dem Schneemobil Flusseis zu bringen. Die Plastikkanister benötigte ich nun nicht mehr zum Wasserholen und kam auf die Idee, in einem von ihnen „Champagner" nach Iwan Georgijewitschs Rezeptur zuzubereiten. Gemeinsam mit ihm und Dora Michailowna setzten wir das Gebräu in sechs Litern Wasser unter Zugabe von drei Gläsern Zucker, zwei Gläsern Warenje und einer speziellen Hefe an. Dann sollte ich den Kanister warm stellen. Wahrscheinlich war es bei mir nicht warm genug, denn die Mischung gärte nicht. Das stachelte Dora Michailownas Ehrgeiz an, und nun versuchte sie es mit Gewalt, indem sie ein halbes Glas Brotteig in die Brühe rührte. Nachdem ich den Kanister an den Ofen gestellt hatte, gärte das Gebräu halbherzig ein wenig, um sich später wieder auszuruhen, woraufhin Dora Michailowna befand, es sei jetzt fertig und mich anwies, es in Flaschen abzufüllen. Widerstand zwecklos, also tat ich es. Das Zeug schmeckte genauso scheußlich wie es aussah, und irgendwann entsorgte ich den Inhalt stillschweigend im Garten.

Es war kühl bei mir im Haus. Morgens zeigte das Thermometer im Zimmer meistens um die 12 Grad an, manchmal auch darunter. Früher hätte ich nicht gedacht, dass ich Temperaturen ab 14 Grad als angenehm und 19 Grad als zu warm empfinden könnte. Ich sah es als normal an, bis mittags in dicken Socken, Filzstiefeln, Thermounterhose, Fleecehose, Thermo-Shirt, Pullover und Fleecejacke zu sitzen, um Russisch zu lernen, Tagebuch oder Briefe zu schreiben. Später trug ich statt Fleecehose und -jacke den bis über die Knie reichenden, gefütterten Deel, den ich in der Mongolei gekauft hatte und der besser wärmte. Mittags heizte ich und kochte auf dem Herd, manchmal auch erst dann, wenn ich von einer Wanderung oder vom Holzholen heimkam.

Kolja hatte mir im Sommer nur die Hälfte der benötigten Holzmenge gebracht und gesagt, er würde erst im Winter noch welches heranschaffen können, weil er mit dem schweren Lastauto nur auf gefrorenem Boden in die Taiga fahren könne. Da ich nicht einschätzen konnte, wie lange ich mit dem vorhandenen Brennholz auskommen und wann er mir neues liefern würde, ging ich eher sparsam damit um, hatte aber doch das Vertrauen, dass die Leute im Dorf mich schon nicht erfrieren lassen würden.

Mit Iwan Georgijewitsch fuhr ich auf die andere Flussseite in den Wald, um dort das im Herbst geschlagene Holz einzusammeln. Er saß vorne auf dem Schneemobil, ich kniete hinten auf der Narte, und ab ging die Fahrt über den verschneiten Fluss. Die in der Taiga verwendeten Schneemobile aus russischer Produktion heißen „Buran" (Schneesturm) und sind kleine Raupenfahrzeuge, die auf unebenem, mit Strauchwerk und Ästen durchsetztem Gelände fahren und bei Bedarf selbst repariert werden können.

Wir beluden die Narte im Wald mit den Holzblöcken, fuhren an das hohe Ufer und warfen die Blöcke mit Schwung hinunter auf das Flusseis. Dort würde sie Iwan Georgijewitsch später mit dem Pferdeschlitten abholen. Ich war froh über die Möglichkeit, meine Muskeln etwas zu betätigen, und legte so los, dass ich trotz des Frostes beim Arbeiten schwitzte wie in der Sauna, da ich den Rat befolgt hatte, mich warm anzuziehen.

Es war mir nicht recht, dass Iwan Georgijewitsch danach in meiner Abwesenheit Holz in meinen Hof brachte, denn ich hatte ihm nur helfen und nicht gegen Bezahlung arbeiten wollen. Während mich das Ehepaar bei jeder Gelegenheit unterstützte und einlud, fiel es ihm wohl schwer, selbst etwas anzunehmen.

Das Geschenkekarussell drehte sich weiter. Juri kam aus der Isbuschka zurück und brachte mir einige prächtige Karauschen, die er im See gefangen hatte, und drei schöne Lenoks als Geschenk von Pawel Nikolajewitsch, dem „russischen Bauern". Als ich mich einige Zeit darauf bei Pawel Nikolajewitsch für die Fische bedankte, erwiderte er, die seien nicht von ihm gewesen. Irritiert fragte ich bei Juri nach, doch er bestätigte mir, dass ich ihn richtig verstanden hatte.

Ich gab Juri die Hälfte des Speiseöls aus der Flasche, die mir Dora Michailowna geliehen hatte. Sie wiederum erfreute ich am Abend mit den Karauschen, als ich mein Brot in ihrer Backröhre backen durfte. Kaum saß ich erneut zu Hause, als der zweite Biologe, Anatoli Semjonowitsch, hereinschneite. Wir unterhielten uns ein wenig und tranken Kaffee, und er versprach, am nächsten Tag Möhren, Rettich und kleine Hundekartoffeln zu bringen. Währenddessen kam Juri und holte meine Stiefel, um die Schlaufen der Skier anzupassen, die er für mich instand gesetzt hatte.

Die Skier, die Juri mir dann brachte, waren „normalno" für hiesige Verhältnisse: Aus zwei defekten Paaren hatte er eins gemacht. Eine Spitze und eine Bruchstelle waren mit Metallstreifen ersetzt bzw. geflickt, und statt Bindungen gab es Schlaufen, in die man die Schuhe schob. Auf einem Teil der Lauffläche befand sich Rentierfell. Im feinen, tiefen Pulverschnee ging man damit, indem man sie gerade aufsetzte wie einen Fuß, und auf einer vorhandenen Spur konnte man etwas gleiten und schneller vorankommen.

Nachdem ich mir als Stöcke zwei dünne Lärchenstämmchen abgesägt und entrindet hatte, machte ich weite Skiwanderungen auf Strecken, die ich früher schon zu Boot oder zu Fuß kennengelernt hatte, die aber jetzt im Winter einen unbekannten Anblick boten.

Auf meiner ersten Wanderung ging ich die Oljokma aufwärts zum „Geht-doch-Camp" und ließ die Augen weiden auf den kahlen, rotfarbenen Weidenbüschen im weißen Schnee, auf den Inseln, die ich als sonnenbeschienene Eilande erlebt hatte und die sich jetzt als sanfte, kalte Hügel in der Landschaft darstellten, auf dem Fluss, der sich als weißes, unberührtes Band in den dunklen Hügelketten verlor. Bereits nach zweieinhalb Stunden erreichte ich das ehemalige Camp, konnte mich dort jedoch nicht lange aufhalten, da ich vor Einsetzen der Dunkelheit wieder im Dorf sein wollte; langes Stehenbleiben verbot die Kälte ohnehin. Am Tage war es bei Sonneneinstrahlung zwar etwas wärmer, aber nachts sanken die Temperaturen jetzt Mitte November schon auf unter minus 30 Grad.

Ausgerechnet vor Einsetzen der größten Kälte warf Ljuska ihre Jungen, hatte sich dazu aber die einzige Nacht ausgesucht, in der das Thermometer auf milde minus 15 Grad gestiegen war. Ich wunderte mich am Morgen, dass meine Fressmaschine nicht wie immer kerzengrade vor der Tür saß und auf ihr Futter wartete, hörte dann jedoch die Jungen laut wie Babys quäken. Obwohl sie zum ersten Mal Junge großzog, war sie eine gute Mutter, bemühte sich, sie warm zu halten und verließ die Welpen nur kurz, um ihre Notdurft zu verrichten. Den Futternapf musste ich ihr in der Hütte vor den Kopf halten.

Juri war einige Tage zuvor wieder zur Jagdhütte aufgebrochen und hatte mir gesagt, ich solle seinem Nachbarn Genadin Bescheid geben, wenn Ljuska geworfen hätte. Genadin nahm die Welpen heraus und sah sie sich an, wobei das arme rote Mütterchen vor Sorge ganz außer sich geriet. Es waren drei weibliche und zwei männliche, kräftige Hündchen von verschiedenen Vätern mit völlig unterschiedlichen Fellfarben. Die Welpen sollten alle „weggeworfen" werden, eröffnete mir der ältere Ewenke.

Völlig entsetzt lief ich zu Kolja, um ihn zu fragen, ob er nicht ein Junges nehmen wolle, nachdem einer seiner Hunde umgekommen war. Er war auf der Jagd; Irina empfing mich, und bevor ich noch einige Worte herausbringen konnte, brach ich in Schluchzen aus. Sie dachte, einer meiner nahen Angehörigen sei gestorben und nahm mich in die Arme.

Ich wusste nicht, dass überflüssige Welpen immer getötet wurden und es auch keine Alternative dazu gab, aber wenn ich es gewusst hätte, wäre ich wohl genauso traurig gewesen. Ich unternahm noch einen Rettungsversuch, indem ich die Hündin beschrieb, die Jungen anpries und die Anzeige neben die Tür der Bibliothek/Poststelle hing; niemand meldete sich.

November und Dezember waren für mich in Deutschland immer die düstersten Monate mit fast depressiven Auswirkungen gewesen, aber hier empfand ich es anders, denn der Winter war nicht trübe und dunkel. Meistens schien tagsüber die Sonne an einem strahlend blauen Himmel, und der Schnee leuchtete hell. Und obwohl ich nichts Spektakuläres, Großartiges erlebte, war jeder Tag interessant und schön für mich. Ich freute mich über Kleinigkeiten, zum Beispiel wenn das Pferd zu mir sprach.

Es wieherte in einer ganz tiefen Tonlage, sodass es fast wie ein Grunzen klang, wenn ich mit dem Wassereimer nahte, hatte dickes, braunes, am Morgen weiß bereiftes Fell, war relativ klein und sehr stämmig. Weil Iwan Georgijewitsch in einer seiner Hütten am Fluss weilte und Dora Michailowna unter starken Hüft- und Beinschmerzen litt, ging ich täglich zweimal ihr Pferd tränken und füttern, das sich im Winter in einem kleinen, eingezäunten Areal aufhielt und die Aufgabe erfüllte, Pferdeäpfel für die Frühjahrsdüngung des Gartens zu fabrizieren. Es kam seiner Pflicht vorbildlich nach, und das Gehege war bald übersät mit den gefrorenen Erzeugnissen. Darum begann ich eines Nachmittags, die fertigen Produkte wegzuräumen und auf einem Haufen im Garten für die spätere Verwendung zu lagern. Die eine Hälfte des Areals war fast porentief rein, und das gefiel dem Pferd. Es wieherte, diesmal in einer anderen Tonlage, und warf sich auf den Rücken, um sich genüsslich zu wälzen. Vielleicht hatte es später beim Anblick der leeren Fläche das Gefühl, es müsse etwas nachholen und legte darum eine Nachtschicht ein, jedenfalls war am nächsten Morgen von meiner Arbeit kaum noch etwas zu sehen. Dass ein Pferd in so kurzer Zeit so viel produziert, fand ich recht interessant und Letzteres wiederum drängte mir den Verdacht auf, dass meine geistigen Interessen augenscheinlich leicht zu befriedigen waren.

Auch einige andere Überlegungen zeugten nicht von gedanklichen Höhenflügen, eher von Bodenständigkeit. Auf dem Klo zerbrach ich mir beispielsweise den Kopf darüber, wie die Dinger heißen, die vom Boden aus emporwachsen – Stalagmiten oder Stalaktiten? Dann fiel mir die Eselsbrücke ein, die sich mein Kollege Bernhard gebaut hatte: „...titen sind die, die hängen." Ich war ihm dankbar, dass mich das Rätsel nun nicht länger verfolgte. Von der nächsten Frage wusste ich, dass ich sie nicht würde beantworten können, da ich noch in der Frostperiode abreiste: Riecht es nicht furchtbar im Dorf, wenn im Frühjahr in den Toiletten alles gleichzeitig taut? Und dann auch noch die über Monate angesammelten, konservierten Hundehaufen auf allen Wegen des Dorfes! Ich bat Dora Michailowna um Auskunft, die erwiderte: „Oh nein, da riecht nichts schlecht, sondern im Frühjahr duftet es, weil der Bogulnik dann blüht."

Das stimmte so zwar nicht, denn in diesem Jahr habe ich festgestellt, dass der Bogulnik erst lange nach der Tauperiode zu blühen beginnt, aber unangenehm riecht es tatsächlich nicht.

Schon in Deutschland hatte ich darüber gegrübelt, wie es sein würde, sich bei minus 40 Grad auf dem Plumpsklo zu entblößen, und weil ich im Laufe des Winters solche und tiefere Temperaturen erlebte, kann ich anderen Wissbegierigen als Expertin antworten: Es geht problemlos, auch wenn man möglichst schnell wieder weg möchte und den Ort eher schon einmal unverrichteter Dinge verlässt. Übrigens sitzt man nicht auf dem Klo, sondern steht bzw. hockt auf einem Podest über einem Loch, das in die Bodenbretter gesägt ist, was viel hygienischer ist.

Im Ort gab es fünf Pferde, die selbst im Winter ohne Behausung und Zufütterung blieben. Sie zogen umher und scharrten mit den Hufen das trockene Gras unter dem Schnee frei, hatten dichtes, buschiges Winterfell und sahen jetzt zu Winterbeginn noch gut genährt aus. Bei starkem Frost umkränzten sich die langen Wimpern ihrer großen, dunklen Augen weiß mit Reif, und wenn es schneite, sammelte sich auf ihrem Rücken eine Schneedecke an.

Eines Morgens hörte ich schwere Tritte, und beim Blick aus dem Fenster sah ich sie hintereinander in meinen Garten marschieren, denn ich hatte vergessen, das Hoftor zu schließen. Ich ließ die Gäste gewähren, auch wenn sie auf der Futtersuche den Trampelpfad zur Toilette mit ihren Hufen zerstörten und ich mir einen neuen freischaufeln musste.

Meine anderen Gäste, die Kinder, besuchten mich täglich, waren nach stundenlangem Spielen im Freien mit primitiven, selbst gebastelten Spielzeugen durchgefroren, die Filzstiefel vereist. Das passiert nur, wenn man mit schneebedeckten Stiefeln ins Warme kommt, der Schnee dann taut, und man mit den feuchten Stiefeln wieder nach draußen geht. Deshalb klopft man normalerweise im Vorraum den Schnee ab, bevor man ins Warme tritt. Die Eltern schienen nicht darauf zu achten. Die Bekleidung der Kinder erschien mir immer unzureichend, aber da sie sich draußen viel bewegten, genügte sie wohl.

Bei mir malten sie, spielten mit Luftballons, machten Seifenblasen oder versteckten einen Gegenstand, den die anderen suchen mussten. Mehr Spielzeug konnte ich ihnen nicht bieten. Das änderte sich, als Anfang Dezember, früher als erwartet, das Auto aus Tupik mit Post, Geldern und Lebensmitteln eintraf, denn von meinem Freund Kurt aus München erhielt ich Pakete, in denen sich viele Spiele befanden. Leider kannte ich nur wenige von ihnen. Deshalb studierte ich alle paar Tage die Anleitung eines neuen Spiels und spielte es mit den Kindern, bis sie es konnten. Jetzt waren die Besuche bei mir noch reizvoller, und die Kinder versuchten beharrlich, mehrmals am Tage bei mir einzudringen.

Mit dem Auto war endlich die heißersehnte Post für mich eingetroffen. Beglückt ging ich mit 16 Briefen und drei Paketen nach Hause und hatte nur einen einzigen Wunsch: Bitte, lasst mich alle in Ruhe, damit ich die Briefe lesen und die Pakete auspacken kann. Aber in einem russischen Dorf ist dieser Wunsch so unrealistisch wie ein Wochenendhaus auf dem Mond…

Die neugierige Dora Michailowna erschien und war enttäuscht, weil ich die Pakete noch nicht ausgepackt hatte. Sie überredete mich, mit zum Laden zu gehen. Dort konnte man nach der Lebensmittellieferung Käse und Äpfel kaufen, löslichen Kaffee, Öl, Eier, Bockwürstchen, andere Würste, Speck – das reinste Schlaraffenland!

Dann besuchte mich ein Mann und stellte sich als Fischereiinspektor aus Tupik vor. Er erzählte von seiner Zeit als Major der Sowjetische Armee in der DDR, von den Städten, in denen er dort gelebt hatte, davon, wie schön die Zeit für ihn gewesen war. „Leepzig (Leipzig)! Galle (Halle)! Dresden!", rief er immer wieder verzückt aus. Am Nachmittag suchte er mich noch einmal auf, dieses Mal bewaffnet mit einer Flasche Wodka, die er bei mir oder mit mir zu leeren gedachte.

„In diesem Hause wird kein Alkohol getrunken", verwehrte ich es ihm und bot stattdessen Tee an. So etwas hatte er noch nie gehört und war sichtlich erstaunt, akzeptierte es dann aber ohne Übelnehmen. Vor dem Abschied bot er mir an, auf meiner Rückreise nach Deutschland in Tupik Gast seiner Familie zu sein und mich anschließend mit dem Auto zur Bahnstation Mogotscha zu bringen.

Die Kinder wollten nicht glauben, dass sie heute gar nicht bei mir spielen konnten und probierten viermal, ob ich es mir nicht inzwischen anders überlegt hätte.

Irgendwann hatte ich es doch geschafft, alle Briefe zu lesen und die Pakete zu öffnen und war glücklich und gerührt über die liebevollen Briefe und die umsichtig zusammengestellten Pakete. Meine Freundin Margot schickte mir ausgesucht schöne kleine Dinge für die Weihnachtszeit, doch die Krönung war eine Packung

„Leckerli" für meinen Hund. Die wollte ich dem armen roten Mütterchen zum Trost geben, wenn man ihr die Jungen wegnehmen würde. Ich war überaus dankbar für die große Gunst, solch ein Netzwerk von Menschen zu haben, die an mich dachten.

Die Auszahlung der Gelder für die Monate Oktober und November führte wieder einmal dazu, dass viele Leute im Dorf tagelang betrunken waren. Nina torkelte mit ihrer bedauernswerten kleinen Tochter die Dorfstraße entlang und fiel dauernd hin. Meine unmittelbaren Nachbarn stritten sich nach einem bestimmten Ritual, wenn sie betrunken waren. Sie kreischte und schimpfte laut, während er den bösen Buben gab und lässig etwas antwortete, von dem er wusste, dass es sie zu erneutem Schimpfen veranlasste. Das Wechselspiel dauerte oft bis in die späte Nacht und wurde wohl von beiden unbewusst benötigt. Im nüchternen Zustand schienen sie kaum miteinander zu sprechen. Es erstaunte mich, dass die Frau trotz der Trinkerei in der Lage war, morgens um 8 Uhr im Kindergarten zu sein, um das Frühstück zu machen und anschließend Mittagessen zu kochen.

Die Frau des Dorfvorstehers war ebenfalls alkoholabhängig. Sie trank vor allem dann, wenn ihr Mann auf der Jagd war. Als er sie volltrunken bei Juri antraf, schlug er ihr zwei veilchenblaue Augen und eine grün-blaue Wange; es war nicht kleidsam. Danach ließ sie sich in Tschita eine Injektion geben, nach der es ihr bei Alkoholgenuss sehr schlecht werden würde. Diese Art der Behandlung wird oft angewandt und wirkt ein Jahr, kann allerdings zu starken Leber- und anderen Schäden führen, manchmal zum Tode, wenn derjenige doch wieder Alkohol trinkt, was häufig der Fall ist.

Juris Frau, eine Tschuktschin, die seit über zwölf Jahren mit einem anderen Mann zusammenlebte und die ich bei einem überraschenden Besuch betrunken auf Juris Bett schlafen gesehen hatte, kam zu mir und bat mich, ihr 100 Rubel zu leihen. Ich fragte sie, wozu. Sie sagte: „Weil ich es brauche." Offensichtlich für Wodka. Ich antwortete, dass ich keine Bank sei und kein Geld verleihen würde.

Ich hatte den Eindruck, dass den Leuten eine geistige Orientierung fehlte. Sie lebten meiner Wahrnehmung nach unreflektiert, Genuss und Unterhaltung waren ihre Ziele. Der Lehrer sagte, sie würden aus dem Vollen leben nach dem Motto: „Heute rot und morgen tot."

Juri war von der Jagdhütte zurückgekommen, hatte für Ljuska einen Sack kleiner Fische und mir wieder Fische von Pawel Nikolajewitsch mitgebracht; ich vermutete, dass er es später wieder nicht gewesen sein wollte. Zu meiner Erleichterung sagte Juri, dass er die Welpen erst mal alle am Leben lassen würde, weil sie sich so besser gegenseitig wärmen könnten, als wenn nur ein Junges übrig bliebe.

Weil es sehr kalt war – das Thermometer zeigte morgens minus 40 Grad an –, hatte ich mich schon mit dem Gedanken geplagt, ob es notwendig sei, die Hunde mit ins Zimmer zu nehmen. Der Schmutz – was würde dort mit dem Urin und

Kot der Welpen? Und dann die verfressene Ljuska, vor der jeder Bissen nur in einem Safe sicher war. Ich litt bereits heftig unter der Vorstellung und war deshalb erleichtert, dass die Hunde in der Hütte bleiben konnten.

Anatoli Semjonowitsch wollte ein Junges nehmen, wenn es sehr helles Fell hatte, weil er es in der Nacht so besser sehen könnte. Wir nahmen alle fünf Hündchen heraus und brachten sie und Ljuska ins Haus, um sie in Ruhe zu betrachten, ohne dass sie froren. Ich staunte, wie groß und kräftig die zwei Wochen alten Welpen waren; die Augen waren schon geöffnet. Das hellbeige Junge war ein Weibchen, und ich freute mich sehr, dass Anatoli Semjonowitsch es nehmen wollte.

Juri war schon wieder in seiner Isbuschka, als es eines Abends gegen 18 Uhr klopfte. In der Tür stand zusammen mit einem mir unbekannten Mann eine jüngere Frau, die zu Besuch im Dorf war. Sie sagten, sie wollten Ljuska und die Welpen abholen und in ihr 400 Kilometer entferntes Heimatdorf mitnehmen; es sei so abgesprochen mit Juri. Sie ergriffen die Hunde, packten sie in den mit laufendem Motor wartenden Minibus und fuhren davon. Ich war wie gelähmt.

Als ich am Morgen in den Hof trat, fühlte ich mich einsam und verwaist. Mir fehlte meine freche, fröhliche Ljuska. Kaum dass sie meinen Schritt hörte, war sie mir entgegen gesprungen, möglichst gleich in meine Arme, beim Spazierengehen vor mir her gelaufen, begeistert mit dem Hinterteil wackelnd, war oft auch lange verschwunden, aber wenn ich ihren Namen rief, kam sie aus weiter Entfernung sofort voller Freude herbeigepascht. Nun blieb der Hof ganz tot ohne sie, ohne ihre Liebe und Fröhlichkeit.

Ich war einige Tage richtig deprimiert, hatte keine Lust zum Aufstehen, zum Kochen, Essen, Sport machen oder zu irgendetwas anderem. Mich tröstete nur die Hoffnung, dass es ihr dort bei den Jägern besser gehen würde als bei Juri nach meiner Abreise im März.

Ich fühlte aber auch Ablehnung gegen ihn, weil er mich nicht auf die Trennung vorbereitet hatte. Es war ihm wohl nicht in den Sinn gekommen, dass es mir etwas ausmachen würde, Ljuska zu verlieren. Obwohl ich wirklich dankbar war für alles, was er für mich tat, konnte ich ihn nicht wirklich gern haben, wenn ich sah, wie Juri die Hunde, die Kinder und andere Menschen behandelte und wie sein Gesichtsausdruck dabei war – so völlig lieblos und freudlos. Um ihn für einen gütigen Menschen zu halten, reichte es nicht, wenn er nur mir Gutes tat, und das vermutlich nur, solange ich für ihn eine Rolle spielte.

Es hatte wieder begonnen, ganz fein zu schneien, und die Temperaturen stiegen bis minus 20 Grad an. Beim Holzsammeln hatte ich einen Weg durch den Wald gesehen, dem ich auf Skiern folgte. Er führte über zugefrorene Bäche, hügelauf, hügelab, bot immer wieder Ausblicke auf die Umgebung. Was erwartet mich hinter jenem Hügel? Wohin wird der Weg sich wenden? Führt er zu einer Jagdhütte und werde ich dort jemanden antreffen, vielleicht Tee trinken können?

Die Wissbegier trieb mich immer weiter, aber schließlich musste ich doch umkehren, weil es nicht zu spät werden durfte. Auf meiner eigenen Spur laufend, benötigte ich für den Rückweg weit weniger Zeit. Zu Hause war die Raumtemperatur auf 8 Grad gefallen, höchste Zeit, ein ordentliches Feuer im Ofen zu entfachen. Kaum hatte ich Bohnen für mich aufgesetzt, kam die liebe Dora Michailowna und wollte mich zu sich mitnehmen, sofort. Ich lehnte ab mit dem Hinweis, dass ich das Feuer und das Essen bewachen müsse und nicht weg könne. Sie ließ wie üblich nicht locker, sodass ich mich kategorisch und massiv wehren musste. Selten gelang mir solch ein Sieg über ihren Willen.

Am folgenden Tag wanderte ich bei klarem, sonnigem Wetter auf dem Tungir. Die Hände in den Fausthandschuhen wurden nach einiger Zeit sehr kalt. Ich blieb ab und zu stehen, um sie zu wärmen, indem ich die Skistöcke beiseite legte und die Hände mitsamt den Fausthandschuhen unter meine Daunenjacke schob. Auf dem Heimweg freute ich mich schon auf die frischen Piroggen, die mir Dora Michailowna versprochen hatte, aber leider waren sie wieder mit Lunge gefüllt – eklig. Aus Höflichkeit würgte ich die bereits angebissene Pirogge hinunter und versicherte dann, ich sei satt.

Juri brachte mir zwei Hasen und eine Keule vom Kabarga, außerdem einen großen Hecht als Geschenk des „russischen Bauern". Dora Michailowna fragte sogleich, was Juri mir gebracht hatte und erbot sich, mir noch am selben Tag zu zeigen, wie man den Hasen zubereitet. Ich hatte dazu weder Lust noch Bedarf, konnte die Vorführung aber wenigstens auf den nächsten Tag verschieben. Dieser vermaledeite Hase sollte mich dann noch den ganzen folgenden Tag beschäftigen.

Am nächsten Tag nämlich saß Polina bei Dora Michailowna, eine etwa vierzigjährige, schlanke Ewenkin, die hübsch gewesen wäre, wenn ihr nicht vier obere Vorderzähne gefehlt hätten. Ich kannte sie bisher kaum, aber da sie alkoholisiert war, fiel sie mir um den Hals und küsste mich. Das Schlimmste dabei war, dass ich sie nicht davon abhalten konnte, mich nach Hause zu begleiten, um mir zu zeigen, wie man aus dem Hasenfleisch „Plow" zubereitet. Das machte sie wirklich gut, und als das Gericht fertig war, aßen wir gemeinsam davon. Wie ich befürchtet hatte, hielt sie sich lange bei mir auf. Sie kam um 11 Uhr und ging kurz vor 15 Uhr, aber auch nur deswegen, weil ich gesagt hatte, dass ich jetzt zu Juri gehen wolle, um ihm einen Teil des Gerichts zu bringen. Zwischendurch musste ich sie immer wieder davon abhalten, von dem Hauswein zu trinken, den sie in einer Bierflasche mit sich führte, denn ich wollte nicht, dass ihre alkoholbedingte Liebe zu mir anhielt oder sich noch steigerte.

Juri war nicht daheim, und ich nahm den Essenstopf wieder mit. Nach dem langen Besuch fühlte ich mich müde und kaputt und legte mich etwas hin, war aber immer auf dem Sprung, weil ich jederzeit mit weiteren Besuchern rechnen musste. Tatsächlich erschien Anatoli Semjonowitsch, brachte mir eine stärkere Glühlampe und lud mich für den nächsten Abend zum Essen ein. Da er mich bereits mehrmals eingeladen hatte, fühlte ich mich verpflichtet, ihn stattdessen am nächsten Abend zum Essen zu mir zu bitten, was er freudig annahm. Wir tranken Kaffee und unterhielten uns. Kaum war er aus der Tür, kamen Dora Michailowna und ihr Mann und brachten Piroggen mit Krautfüllung. Ich servierte ihnen den Plow, der ihnen sehr gut schmeckte. Anschließend klopfte Juri bei mir an, mit dem ich mich eine Weile unterhielt und an den ich den Rest des Plow verfütterte.

Ich brachte es nicht übers Herz, einen dieser lieben Menschen kurz abzufertigen, aber ich hatte den Eindruck, dass die ständige Esserei und Kocherei, die vielen Besuche und das Geplauder meine Energie aufzehrten, mich völlig auslaugten. Allzu oft hätte ich mich lieber mit ein paar kalten Nudeln begnügt, als den ganzen Tag dem Essen und alldem damit verbundenen Hin und Her zu widmen.

Mit Anatoli Semjonowitsch hatte ich mittlerweile noch einen ungewollten Verehrer, der fast täglich vorbeikam und meine Zeit über Gebühr beanspruchte. Er lernte eifrig deutsche Wörter, umarmte mich beim Abschied, küsste mich auf die Wange und jubilierte dabei wie ein Vögelchen. Weil es ihm so große Freude bereitete, mit mir zusammen zu sein, fiel es mir schwer, ihm begreiflich zu machen, dass ich nicht so viel Zeit mit ihm verbringen wollte wie er mit mir.

Während ich Tagebuch schrieb, meditierte, Holz hackte oder lange Wanderungen in eisiger Kälte machte, füllte ich mein Energiedepot wieder auf. Eine meiner Wanderungen führte mich die Oljokma abwärts zu Juris Isbuschka, der auf einen Besuch gehofft und mir große Wegweiser in den Schnee gemalt hatte. In der Hütte hatte er die Nachricht hinterlassen, er sei in der zweiten, und ich solle in der ersten übernachten und am nächsten Tag zu ihm weitergehen. Ich hatte keinen Schlafsack bei mir, weil ich nicht beabsichtigt hatte zu bleiben, schrieb ihm deshalb nur auf einen Zettel, dass ich da gewesen sei, und machte mich sofort auf den Rückweg. Nach fast sechs Stunden traf ich bei einbrechender Dunkelheit im Dorf ein und war im Nachhinein froh, mich nicht länger in der Hütte aufgehalten zu haben, denn es wurde stockdunkel. Ich hatte ursprünglich gedacht, ich müsse mich nicht beeilen, weil ich im Schein des Vollmondes ebenso abends zurückgehen könnte, aber der Mond erschien auch in den folgenden Nächten erst spät in der Nacht am Himmel.

Ein anderes Mal ging ich zuerst ein Stück die Oljokma aufwärts, sah am linken Ufer die Spur eines Schneemobils in den Wald abbiegen, die mir eine Abkürzung zum Tungir wies. So konnte ich ziemlich weit den Tungir aufwärts wandern. Ich sah Reste eines Hasenlaufs und mehrere frische Hunde- oder Wolfsspuren im Schnee. In diesem Jahr solle es viele Wölfe am Tungir und in der Umgebung der Mokla geben, und sie seien sehr hungrig, erzählten die Jäger. Kolja berichtete, dass die Tiere die Lederschlaufen seiner Skier, die vor der Jagdhütte gestanden hatten, aufgefressen hatten. Die Rudel wechselten aus Gegenden mit hohem Schnee hierher, weil sie hier wegen der günstigen Schneeverhältnisse besser jagen konnten.

Als ich von Weitem drei hundeähnliche Wesen auf mich zulaufen sah, befürchtete ich deshalb, es könnten Wölfe sein, denn ich hatte weder einen Hundebesitzer noch eine Isbuschka erblickt oder ein Schneemobil gehört. Kolja und andere hatten mir erzählt, dass Wölfe für den Menschen gefährlich werden könnten, der Dorfvorsteher meinte aber, sie würden vor uns flüchten. Ich hoffte, dass Letzterer Recht behielte, falls es sich tatsächlich um Wölfe handelte. Erleichtert stellte ich beim Näherkommen fest, dass ich nicht die Probe aus Exempel machen musste, denn es waren Hunde.

Ich liebte diese Wanderungen, genoss die Bewegung und die Schönheit der winterlichen Natur. Meistens war ich vier bis sechs Stunden unterwegs, auch als die Temperaturen tagsüber weit unter minus 30 Grad fielen. Leider besaß ich keine Thermoskanne, sodass ich unterwegs nichts trinken konnte, denn in jedem anderen Behältnis wäre die Flüssigkeit gefroren. Hungrig war ich nicht.

Solange ich mich bewegte, schützte mich meine Kleidung einigermaßen gegen die Kälte. Eine Schwachstelle waren jedoch die Hosen. Die Haut meiner Beine war immer eiskalt und rot, obwohl ich nicht richtig fror. Ich trug lange Thermounterhosen und darüber zwei Fleecehosen aus Polartec 200 und 300. Gegen den Wind konnte ich noch eine fest gewebte Cordurahose überziehen; es war allerdings fast immer windstill. Notwendig wären eine Wollunterhose und eine derbe, wattierte Baumwollhose gewesen, wie sie von den Jägern hier getragen wird, aber in meiner kleinen Größe konnte ich eine solche nicht kaufen.

Am Oberkörper trug ich ebenfalls mehrere Lagen Thermo- und Fleecekleidung, darüber die Daunenjacke und über dieser zum Schutz gegen sperrige Äste

meinen Goretex-Parker, den ich mit einem dafür vorgesehenen Mittel neu imprägniert hatte. Der Parker war offensichtlich nicht oder nicht mehr atmungsaktiv, denn er vereiste innen völlig, und außen auf der Daunenjacke sammelte sich ebenfalls eine Eisschicht an. Wangen, Nase und Mund schützte ich mit einem hohen Fleecekragen, und auf dem Kopf trug ich eine warme Pelzmütze aus Luchsfell, die ich in der Mongolei gekauft hatte. Durch die Atemluft vereiste der Kragen sehr schnell, und auch an der Mütze und den Wimpern sammelten sich Eiskristalle an.

Die teuren Spezialstiefel bewährten sich bei Bewegung, während die drei Paar übereinander zu tragenden Handschuhe aus Schafsfilz und Leder schon bei minus 15 Grad völlig versagten; nach kürzester Zeit hatte ich erstarrte Hände. Diese 130-Euro-Handschuhe hatte man mir in einem bekannten Ausrüstungshaus für Temperaturen bis minus 40 Grad empfohlen. Die einfachen, leider nur mit Kunst- statt Naturfell gefütterten Baumwollfäustlinge, die ich für umgerechnet 7 Euro in Russland gekauft hatte, hielten die Hände viel besser warm, waren bei großer Kälte aber auch nicht ausreichend.

Sobald ich die Fäustlinge kurz auszog, um wegen eines dringenden Geschäfts die Hose zu öffnen, wurden die Hände schnell steif, sodass es notwendig war, sie während des kurzen Geschäfts wieder anzuziehen, damit sie beweglich genug waren, die Kleidung danach wieder zu ordnen. Solch kleine Ereignisse erinnerten mich daran, wie verletzlich wir sind und wie tödlich diese Kälte ist. Für die Jäger, die im Winter stundenlang durch den Wald laufen, um die Fangeisen zu kontrollieren, sind bewegungsunfähige Hände, die kein Feuer mehr anzünden können, eine große Gefahr.

Dora Michailowna hatte mir angekündigt, dass der Winter für mich langweilig werden würde, weil sie sich vermutlich nicht vorstellen konnte, dass ich freiwillig und ohne Not bei tiefen Temperaturen aus dem Haus gehen würde: „Dann sitzt du zu Hause und sitzt und sitzt."

„Dann sitzen die Leute also im Winter die ganze Zeit im Haus und essen?"

Sie lachte. „Ganz so nicht, es gibt ja auch im Winter immer Arbeit."

„Müssen denn die Hunde sogar bei unter minus 40 Grad draußen in ihrer Hütte bleiben?", wollte ich wissen.

„Natürlich."

„Oh, mein Gott, was machen sie denn da?", äußerte ich unbedarft.

„Na, sie frieren eben wie ein Hund."

Der eigene Eisberg in der Küche, und in der Vase blüht schon der Bogulnik

Die Vorweihnachtszeit ging im Dorf sang- und klanglos vorüber, nichts erinnerte an das kommende Fest. In Russland wird das Neue Jahr ganz groß gefeiert, auch eine Tanne wird dann aufgestellt; Weihnachten scheint dagegen fast bedeutungslos. Es fällt auf den 7. Januar, da der kirchliche Feiertag nach dem alten Kalender datiert wird.

Mir fehlten nicht die aggressiven, verkaufsorientierten weihnachtlichen Aktivitäten in Deutschland, der Rummel, das laute Getöse mit dem einzigen Hintergrund „kauft, kauft, kauft", aber mir fehlten die leisen Töne, die Kerzen, die Düfte, die Orgelmusik in den Kirchen, die Vorbereitungen in der Familie, die Art, wie Weihnachten traditionell zelebriert wird.

Den 24. Dezember wollte ich still allein verbringen und rüstete mich am Vormittag für eine lange Wanderung, um Besuchen zu entfliehen. Da kamen Pawlik und sein Bruder Sascha und wollten mich begleiten. Es war sehr kalt, am Morgen hatte ich minus 44 Grad gemessen. Der elfjährige Pawel hatte bereits weiße Frostflecken auf den Wangen, und ich sagte ihm besorgt, er müsse nach Hause gehen und sich aufwärmen, aber das wollte er nicht und meinte, das sei nicht so schlimm. Also „flüchtete" ich mit ihnen gemeinsam. Wir gingen über den Fluss ans andere Ufer und folgten einer Schneemobilspur, die über zwei Seen führte, durch einen ausgedehnten Birkenwald und weiter hügelauf und hügelab durch Lärchen-Mischwald. Der siebenjährige Sascha stiefelte immer vornweg in einem sehr schnellen Tempo. Ich konnte ihm kaum folgen. Wahrscheinlich wäre ihm zu kalt geworden, wenn er langsamer gegangen wäre. Wegen der Kinder dehnte ich die Wanderung nicht allzu lange aus, sondern ließ sie anschließend noch bei mir spielen und sich aufwärmen und stellte ihre vereisten Filzstiefel währenddessen zum Trocken auf den Ofen.

Nachdem die Kinder nach Hause gegangen waren, holte mich Dora Michailowna ab zum Plow-Essen. Wieder einmal war jeder Widerstand zwecklos.

Am Abend aber blieb ich tatsächlich allein. Ich legte Margots Weihnachtsdecke auf den Tisch, schmückte ihn mit einem großen Stlanikstrauß, auf dem ich Flocken des silbrigen Rentiermooses verteilte, und zündete ihre Duftkerze an. Dann holte ich den feinen Pfirsichlikör hervor, den Kurt für diesen Zweck extra aus Deutschland in die Mongolei mitgebracht und mir dort gegeben hatte. Ich genoss ihn Schlückchen für Schlückchen, dachte an meine Lieben daheim und schrieb ihnen Briefe.

Am nächsten Tag wanderte ich wieder auf dem neu entdeckten Weg, ging aber viel weiter als am Vortag. An einer Stelle mit wahrscheinlich hoher Luftfeuchtigkeit waren Bäume und Sträucher dick mit Reif überzogen, der in der Sonne funkelte und märchenhafte Bilder zauberte. Immer wieder blieb ich kurz stehen, um mich an dem Anblick zu erfreuen. Bei meiner Rückkehr empfingen mich 7 Grad (immerhin plus) im Haus, da ich vor dem Aufbruch nicht geheizt hatte, was ich nun schleunigst nachholte. Ich hackte Holz zum Anfeuern klein und füllte die Eistonne auf. In meiner Abwesenheit hatte Kolja auf dem Holzstapel im Hof, wo die Hunde sie nicht verunreinigen konnten, zum zweiten Mal dicke Eisbrocken aus dem Fluss abgeladen. Jetzt konnte ich mir wieder meinen eigenen Eisberg in die Küche holen.

Am späten Nachmittag besuchte mich Juri, brachte mir wieder einen Schneehasen, eine Keule vom Kabarga und zwei Eichhörnchen, deren Fleisch sehr wohlschmeckend ist, weil sie sich ausschließlich von Samen und Nüssen ernähren. Juri meinte, er sei sehr enttäuscht gewesen, dass ich nicht zur zweiten Isbuschka gekommen war. Ich lud ihn für den nächsten Tag zum Mittagessen ein, und wir machten aus, dass ich mit ihm kurz vor Silvester für einige Tage in seine Hütte gehen würde. Ich wusste, dass Juri dort nicht trank und wollte damit den Besäufnissen im Dorf entgehen. Am nächsten Tag wartete ich mit dem Mittagessen auf ihn, aber statt seiner tauchte sein Nachbar auf und richtete mir aus, dass Juri mit jemandem zum Holzmachen in den Wald gefahren und noch nicht zurück sei. Er kam auch am Abend nicht, und ich vermutete, dass er wieder angefangen hatte zu trinken. Tatsächlich ließ er sich nachher nur noch einmal kurz bei mir sehen und versank danach wochenlang im Alkoholsumpf.

Dora Michailowna und ihr Mann versetzten mich auch wieder einmal, nachdem sie erst gesagt hatten, sie wollten zum Frühstück zu mir kommen, es dann aber nicht taten. Es war ärgerlich für mich, denn ich hatte extra früh geheizt, hatte das Frühstück vorbereitet, wie ich es des Aufwands wegen für mich allein nicht tat, hatte gewartet. Gegen halb elf ging ich zu ihnen hinüber und brachte den fürs Frühstück schon aufgeschnittenen Kuchen hin. Da hatten sich die beiden gerade gemütlich vor ihrer heißen Kohlsuppe niedergesetzt und strahlten mich unschuldig an. Auf meine Frage, warum sie denn nicht zu mir gekommen seien, lächelte Dora Michailowna listig und erwiderte, es sei nicht ausgemacht gewesen, dass sie zum Frühstück kommen wollten, was aber eindeutig nicht stimmte.

Anatoli Semjonowitsch sowie Stanislaw Nikolajewitsch, der Lehrer, luden mich zu Silvester ein, aber ich zog es vor, das neue Jahr bei Dora Michailowna zu beginnen.

Im Wohnzimmer stand die geschmückte Kiefer, die ich am Tag zuvor aus dem Wald geholt hatte. Auf dem gedeckten Tisch warteten verschiedene schmackhafte Speisen, Wein und Tee. Ich steuerte eingelegte Pilze, Sekt und Glühwein bei, der hier unbekannt war. Iwan Georgijewitsch aß und trank wie immer so schnell, dass ich kaum folgen konnte. Während ich den Wein in kleinen Schlückchen genoss und seine Frau ebenfalls langsam trank, goss er das Glas schnell hinunter in der Art, wie der Wodka getrunken wird. Er wusste aber immer, wann es genug war und trank nie zu viel. Ich sah nur ein einziges Mal, dass er dem Wodka zusprach, als zum „Feiertag der Pensionäre" am 1. Oktober im Klubhaus eine kleine Veranstaltung stattfand, zu der viele aber gar nicht erschienen. Mir gefiel, dass dort gemeinsam gesungen wurde, wie es in Russland noch sehr verbreitet ist. Ein Pensionär kannte zahlreiche schöne Lieder, in die fast alle einstimmten. Dann sang eine alte Ewenkin, Ninas Mutter, ein ewenkisches Lied und begann mittendrin zu weinen, übermannt von Erinnerungen. Ich hatte aber den Eindruck, dass einige der Anwesenden nur wegen des Wodkas gekommen waren, unter anderem Juri, der schon betrunken erschien und wie besessen weitertrank; ich sah ihn ein ganzes Wasserglas voll Wodka in einem Zug leeren. Zwischendurch nörgelte er, dass man die alten Lieder singen solle, sang aber selbst nie mit.

Iwan Georgijewitsch war etwas unsicher auf den Beinen, aber ziemlich aufgekratzt, als wir danach zu ihnen nach Hause gingen. Er holte sein Bajan hervor, eine Art Ziehharmonika. Früher war er mit anderen Musikanten im ganzen Kreis unterwegs, spielte auf Festen und Veranstaltungen. Inzwischen waren seine Finger steif und geschwollen. Er meinte, die Ursache sei das Arbeiten im kalten Wasser beim Fischfang. Das hielt ihn jetzt nicht davon ab, zu spielen und dazu die Lieder voller Gefühl und Mimik zu singen. Vielleicht hätte man bei seinem Anblick schmunzeln können, aber ich war ganz ergriffen und hingerissen und bedankte mich zum Schluss bei ihm mit einem Kuss auf die Wange. Es gefiel mir, dass er sich bei allem, was er machte, immer voll ins Zeug legte.

Ein Zauberer

Den russischen Weihnachtsabend verbrachte ich ebenfalls bei Dora Michailowna. Sie hatte sich mit dem Essen viel Mühe gemacht. Auf dem Tisch im Wohnzimmer standen verschiedene Speisen und gekaufter Wein. Iwan Georgijewitsch bat mich erfreut ins Haus, als ich anklopfte. „Kommen Sie herein, kommen Sie", sagte er und sprühte wieder einmal vor guter Laune. Ich fühlte mich wohl bei ihnen, weil sie mich mochten und weil ich sie mochte. Es hätte gemütlich sein können, wenn mich nicht so widersprüchliche Gefühle bewegt hätten. Slavas überraschender Besuch am Nachmittag, seine neuerlichen Liebesworte, sein Anblick und ein leidenschaftlicher Kuss auf die Wange hatten mir wieder die Ruhe geraubt. Niemals hätte ich vermutet, dass ich noch einmal solche Sehnsüchte verspüren würde, nachdem ich jahrelang keinen Mann auch nur im geringsten begehrenswert gefunden hatte. Und ausgerechnet hier in der Taiga begegnete ich einem, der alles auf den Kopf stellte.

In der folgenden Nacht schlief ich kaum, träumte wie damals mit siebzehn Jahren von Liebe, Küssen und Umarmungen und wusste, dass diese Träume nie Wirklichkeit werden durften. Ich genoss die Intensität der Gefühle, vermisste aber gleichzeitig meine vorherige, glückliche Wunschlosigkeit. Ich hoffte auf einen weiteren Besuch und fürchtete ihn zugleich.

Indem ich mich gedanklich verstärkt mit den Vorbereitungen für mein nächstes Projekt beschäftigte, hoffte ich, den Gefühlswirrwarr zu überwinden. Ich hatte vor, Anfang März eine Fußwanderung die Oljokma aufwärts zu machen und zu versuchen, weiter zu kommen als im Sommer mit dem Boot. Die Temperaturen würden im März schon auf minus 20 Grad ansteigen, und ich könnte dort, wo ich keine Isbuschka zum Übernachten finden würde, im Zelt oder am Feuer übernachten. Mein dicker Daunenschlafsack würde wohl ausreichen, aber die selbstaufblasbare Matratze wäre ungeeignet, denn das Ventil würde vereisen; ich benötigte ein Rentierfell. Es gab noch vieles zu überdenken, und ein, zwei Probetage und -nächte müssten der Tour vorausgehen.

Als mich Slava wieder aufsuchte, fragte ich ihn, ob er ein Rentierfell habe, das er mir borgen könne. Er antwortete, dass er es mir am nächsten Tag vorbeibringe. Um ihn zu ernüchtern, machte ich ihn auf den großen Altersunterschied zwischen uns aufmerksam, und sagte ihm, er solle sich doch lieber eine jüngere Frau suchen, eine Russin, die seine Sprache spricht.

Er spuckte aus: „Phhh, das sind doch alles Schlampen, sie trinken und gehen mit jedem Mann ins Bett. Ich will keine von denen, ich will dich. Es ist nicht wichtig, wie alt du bist und was die Leute sagen."

Beim Abschied küsste er mich auf den Mund, ich wollte es ebenso wie er.

In der Nacht hatte ich einen Traum; wie klarsichtig er war, sollte ich erst im Nachhinein erfahren.

Ich träumte, dass Slava bei mir war und mich die ganze Nacht eng umschloss. Es war sehr innig und erregend, auch ohne Intimverkehr. Er flüsterte dabei unaufhörlich leise und melodisch Worte in mein Ohr, von denen ich die meisten nicht verstand, nur: „Entspanne dich" und „Lass dich fallen." Es gelang mir aber nicht ganz.

Als er am Morgen ging, bat ich: „Geh nicht weg", doch er antwortete: „Eine Nacht ist sehr viel."

Bei diesen Worten verwandelte er sich in einen anderen Mann, viel älter und fast hässlich, und ich erkannte, dass nicht Slava, der Jäger, die Nacht mit mir verbracht hatte, sondern ein Zauberer.

Bevor ich etwas tue, frage ich mich immer , ob ich danach mit gutem Gewissen in den Spiegel und anderen ins Gesicht schauen kann, ob es jeder wissen darf. Wenn nicht, lasse ich es bleiben, denn dann ist es etwas Schlechtes, dessen ich mich schäme, vielleicht sogar lügen müsste. Dabei geht es ausschließlich darum, was ich selbst davon halte und ob ich dazu stehen kann, nicht darum, ob andere Leute es für schlecht halten und mich verurteilen würden, denn das ist deren Sache.

Ich wollte ihn, diesen Zauberer, und prüfte meine Gefühle – suchte ich nur Sex, ein kleines Verhältnis, oder war da mehr? Ich war einem Mann mit einer großen Liebesfähigkeit begegnet, mit ihm würde ich noch einmal die Liebe erleben, an die ich schon lange nicht mehr geglaubt hatte. Er bot mir dieses unerhoffte, nun aber begehrte, wunderbare Geschenk an – warum sollte ich es verschmähen? Aus Angst vor dem, was die Leute denken, sagen könnten? Aus Furcht, dass ich mich ganz und gar täuschte in ihm oder dass die Liebe nur eine begrenzte Zeit dauern würde (wie übrigens alles in unserem Leben)?

Nein, vor diesen Dingen fürchtete ich mich nicht. Der einzige Hinderungsgrund wäre meine eigene falsche Motivation gewesen, wenn also für mich nicht die Liebe, sondern der Sex im Vordergrund gestanden hätte. Doch so war es nicht, auch wenn ich in meiner skeptischen Geisteshaltung nicht wagte, das Gefühl für ihn Liebe zu nennen – eher Sehnsucht nach Liebe.

Slava brachte mir am nächsten Abend das Rentierfell. Wir sprachen mit langen Gesprächspausen über nebensächliche Dinge, hatten Hemmungen, das zu sagen, was wir dachten und wollten. Schließlich legte ich ihm den Zettel hin, auf dem ich meinen Traum aufgeschrieben hatte. Er las ihn, legte ihn schweigend zur Seite.

„Schön peinlich für mich", dachte ich. „Ich entblöße mein Innerstes, und er will wohl eigentlich gar nichts von mir."

„Ich kann ohne dich nicht sein", schrieb er auf den Zettel.

Wir küssten uns wie Verhungernde und liebten uns auf dem Rentierfell. Die ganze Nacht hielt er mich fest umschlungen wie in meinem Traum. Wir schliefen kaum, schauten uns an, fühlten einander, sprachen. Der Klang seiner Stimme und seine Worte liebkosten mich. Er war nicht der naive Naturbursche, für den ich ihn anfangs gehalten hatte, sondern er spürte unfehlbar jede intimste Regung meines Körpers und meines Geistes, nichts entging ihm.

Ich erklärte ihm, dass ich keine Heimlichkeiten mochte, sondern offen damit umgehen wolle, dass wir ein Paar sind. Damit es Dora Michailowna und ihr Mann nicht von anderen Leuten hinter vorgehaltener Hand erfahren müssten, ging ich am Vormittag zu ihnen und sagte, ich hätte Neuigkeiten. „Neuigkeiten" hieß die Nachrichtensendung des Moskauer Fernsehsenders, und wir bezeichneten auch den hochwillkommenen Dorfklatsch so. Beide horchten auf und waren sehr interessiert, ließen sich jedoch ihr Erstaunen (bzw. ihre Ablehnung) nicht anmerken. Ich überredete Slava am folgenden Tag, mit mir zusammen zu ihnen zu gehen. Es war, als ob die Tochter den Eltern ihren zukünftigen Schwiegersohn vorstellt. Sie waren freundlich, unterhielten sich mit uns, und Slava beteuerte, er liebe mich. Dass sie unsere Beziehung völlig unpassend fanden, merkte ich nur daran, dass Dora Michailowna, die vorher täglich mehrmals bei mir ein- und ausging, mich nicht mehr aufsuchte oder einlud. Ich ging noch ein-, zweimal zu ihnen, unterließ es dann aber ohne Groll, da ich mich nicht aufdrängen wollte.

Tagsüber arbeitete Slava in der Garage an seinem alten, reparaturbedürftigen Schneemobil und kam anschließend zu mir. Der Lehrer und sein Freund hatten sich bei mir eingefunden. Leicht angetrunken und zu Späßen aufgelegt saßen sie in meiner Küche, als Slava in die Tür trat. Ich begrüßte ihn mit einem Kuss, wohl wissend, dass es jeder im Dorf innerhalb der nächsten beiden Stunden erfahren würde. Dann ging ich kurz zur Toilette. Bei meiner Rückkehr waren meine Besucher gerade beim Aufbruch und verabschiedeten sich überhastet von mir. Slava berichtete, dass sie ihn gefragt hätten, warum ich ihn bei der Begrüßung geküsst hatte, sie beide aber nicht. Die wahrheitsgemäße Antwort hatte sie zum sofortigen Abmarsch veranlasst.

Was Slava an mir so besonders fand, war mir rätselhaft; er musste einen ausgefallenen Geschmack haben. Das Blond meiner Haarfarbe war im Laufe der Monate mehr einem Graublond gewichen. Die Haare hatte ich mir inzwischen zweimal selbst schneiden müssen. Sie waren sehr kurz und zu einer Art Antifrisur geraten. Außerdem trug ich nur Hosen, hatte überhaupt nur praktische Kleidung dabei.

Ich fragte ihn, was er denn an mir so anziehend fände, und er erwiderte: „Du musst nicht mich fragen, nicht meine Augen, nicht meine Ohren, nicht meinen Kopf, sondern mein Herz. Ich liebe dich vom ersten Anblick an, kann ohne dich nicht leben."

„Slava, im März ist mein Aufenthalt hier beendet und ich kehre nach Deutschland zurück."

„Dann muss ich mir eine Kugel in den Kopf schießen."

Ich schwieg ratlos, denn ich hatte mir über meine Abreise bisher keine Gedanken gemacht.

„Ich ertrage es nicht, dass es für dich nur ein Spiel für zwei Monate ist. Das spiele ich nicht mit. Dann ist es besser, wenn ich morgen in den Wald fahre und wir uns nicht mehr sehen", stieß er heftig hervor.

„Aber wir wissen doch gar nicht, was in zwei Monaten sein wird. Vielleicht willst du mich dann gar nicht mehr. Lass es doch erst mal an uns herankommen."

„Karina, ich weiß genau, was in zwei Monaten sein wird, nämlich, dass ich dich genauso lieben werde wie jetzt", war er sich vollkommen sicher.

„Wenn das so sein wird, wenn wir uns lieben und nach den beiden Monaten denken, dass wir gut zusammenleben können, werde ich zurückkehren zu dir." Das hatte ich eine Minute vorher selbst noch nicht gewusst. Ich hörte meine Worte und dachte: „Oh Gott, wer spricht da?", und setzte fort: „Aber ich werde nur dann mit dir leben, wenn du niemals mehr Alkohol trinkst. Ich bleibe auch jetzt nur mit dir zusammen, wenn du nicht trinkst. Was mit uns wird, liegt ganz in deinen Händen."

„Ich brauche keinen Alkohol, ich brauche nur dich. Es ist wahr, ich habe seit der Trennung von meiner Frau, außer wenn ich im Wald war, dreizehn Jahre fast täglich getrunken, viel getrunken, aber ich bin kein Alkoholiker", versicherte er mir, und ich glaubte es ihm. „Du hast deine Frau geliebt, und danach keine andere mehr? Warum habt ihr euch getrennt?", wollte ich wissen.

„Ach, ich war jung und dumm, bin oft zu anderen Frauen gegangen, weil mir das gefiel. Wir wohnten damals in Kasachstan, wo sie auch jetzt noch mit meinem Sohn lebt. Nach unserer Trennung fuhr ich Hals über Kopf, nur mit einer Plastiktüte in der Hand, hierher zurück."

Auch in dieser Nacht erwachten wir oft, um uns zu versichern, dass der andere da war. „Wo warst du all die Jahre?", fragte er mich. Ich berührte seinen wohlgeformten Mund, die gerade, etwas breite Nase, betrachtete seine kleinen anliegenden Ohren, die grünen Augen unter den Brauen, schmiegte mich an seinen warmen Körper, in seine Arme, die mich hielten. Er war voller Liebe und Zärtlichkeit, immer besorgt darum, dass es mir gut ging. Bisher war es mir stets unmöglich gewesen, mit jemandem auf engem Raum zusammen zu schlafen, weil ich aus Angst, ihn im Schlaf zu stören, nicht wagte, mich zu bewegen. Außerdem war mir die Enge unerträglich, und ich brauchte immer viel Platz oder ein eigenes Bett, aber jetzt war es anders. Ich musste ihn fühlen, seine Hand, seinen Körper, um wieder einschlafen zu können.

Das Eisenbett war schmal, die Matratze noch schmaler, sodass wir sie mit dem Rentierfell ergänzen mussten. Unter dem als Decke ausgebreiteten warmen Daunenschlafsack schwitzte Slava, aber wenn wir ihn von uns warfen, froren wir, denn nachts kühlte das Haus bei Außentemperaturen von inzwischen minus 48 Grad aus. Morgens herrschten häufig nur noch wenige Grad über 0 im Zimmer, wenn wir abends nicht noch einmal geheizt hatten.

Am darauf folgenden Abend sagte Slava beim Eintreten: „Ich habe ein kleines bisschen Wodka getrunken."

Es war, als stäche mir ein Messer direkt ins Herz. Der Schmerz war so stark, dass ich eine Weile brauchte, bis ich mühsam herauspressen konnte: „Geh, geh weg."

Er stürmte davon. Ich schloss die Tür, legte den Riegel davor, setzte mich ins Zimmer und dachte halb betäubt: „Das war es also, mein wunderschönes Märchen."

Nach kurzer Zeit rüttelte er an der Tür: „Karina, mach auf, ich muss mit dir reden, mach auf!"

„Es gibt nichts mehr zu reden. Du weißt, was ich dir gesagt habe. Geh weg, ich möchte dich nicht mehr sehen!" , rief ich.

„Ich habe keinen Wodka getrunken, wirklich nicht, es war nur ein dummer Scherz, mach auf, bitte!"

Zögernd öffnete ich die Tür. Er roch nicht nach Alkohol, wirkte nüchtern, verhielt sich wie sonst. Er presste mich an sich: „Verzeih mir den schlechten Scherz."

Mir war, als erwachte ich aus einem Albtraum. Hatte er testen wollen, wie ernst es mir mit seiner Abstinenz war?

Juri wartete vor dem Haus auf mich, als ich von einer Wanderung zurückkehrte. Nach drei Wochen Dauertrinken sah er sehr mitgenommen aus und hatte blaue Flecken im Gesicht.

„Kannst du mir etwas Aspirin geben?", fragte er.

„Ja, komm herein."

Das Aspirin war nur ein Vorwand gewesen, denn im Haus kam er aufgeregt, zornig und beleidigt sofort auf mein Verhältnis zu Slava zu sprechen. Ich wies ihn zurück. „Weshalb regst du dich auf? Das hat doch nichts mit dir zu tun. Ich habe dir immer gesagt, dass es zwischen uns beiden nur Freundschaft geben könne, und daran hat sich nichts geändert."

Er fragte mich, ob ich mit Slava schliefe, und als ich es bejahte, fluchte er, spuckte symbolisch aus und hätte mich seinem Gesichtsausdruck nach am liebsten geschlagen. Zornig stieß er hervor: „Es war alles Lüge, was du mir erzählt hast. Dass du keinen Mann willst und es vorziehst, allein zu leben. Du wolltest nur lieber mit einem jungen Mann ins Bett. "

Ich blieb ganz ruhig: „Nein, es war keine Lüge, aber plötzlich hat sich alles geändert, ohne dass ich es wollte. Es ist einfach geschehen."

Wütend und schimpfend verließ er das Haus.

Die Dorfbewohner waren weiterhin freundlich, wenn ich ihnen begegnete, jedoch reserviert, begannen kein Gespräch mit mir und besuchten mich nicht mehr. Was Juri geäußert hatte, dachten wohl die meisten Leute, auch Iwan Georgijewitsch, der seiner Frau den Kontakt zu mir verboten hatte. Vor Kurzem noch hatte mir Dora

Michailowna erzählt, dass alle diejenigen, die mich kannten, mich mochten und sagten, ich sei „dobra (gut, gütig)“, doch nun hatte sich das Blatt gewendet.

Es gibt ein zutreffendes Sprichwort: „Was ich selber denk und tu, traue ich auch anderen zu.“ Iwan Georgijewitsch hatte in jüngeren Jahren zahlreiche Verhältnisse, und Sex als reine Unterhaltung war im Dorf alltäglich. Diese Menschen wussten nichts über meine und Slavas Gefühle, konnten sich eine so ungewöhnliche Liebe nicht vorstellen, sondern gingen von ihrem eigenen Verhalten und ihren Erfahrungen aus. Ich nahm es ihnen nicht übel, war wie immer zu allen freundlich und dachte, dass sie wohl mit der Zeit ihre Meinung ändern würden, wenn sie sahen, wie wir lebten. Allerdings konnte ich mir vorstellen, dass man Slava gegenüber offener sprechen würde und schrieb ihm deshalb einen Zettel mit meinen Gedanken, was ich immer tat, wenn ich ihm etwas Wichtiges sagen und mich genau ausdrücken wollte, denn das gelang mir mündlich oft nicht gut:

„Ich denke, dass einige Leute dir unangenehme Dinge sagen werden, weil du mit einer Frau zusammen bist, die viel älter ist als du. Natürlich, der Altersunterschied könnte ein Problem sein oder werden. Aber du bist nicht mein Gefangener. Wir sind frei und können uns trennen, wenn wir uns nicht mehr gut fühlen und uns nicht mehr lieben. Ich klammere mich nicht an einen Mann und erwarte nicht, dass er für immer bei mir bleibt. Wir verändern uns, und unsere Beziehung ändert sich auch. Das ist normal, und manchmal schmerzt das Herz. Wir können nicht erwarten, ohne Schmerzen zu leben – wir müssen sie ertragen und irgendwann vergehen sie.

Ich wünsche nur, dass wir immer ehrlich sind und versuchen, einander zu verstehen.“

Slava gegenüber war man tatsächlich nicht zurückhaltend. Einige meinten nun, ich sei eine Schlampe, der Freund des Lehrers fragte mit dreckigem Lachen und entsprechenden Handbewegungen, wie oft in der Nacht wir es denn machen würden, und mehrere Leute sagten ihm, dass er sich doch besser eine jüngere Frau nehmen sollte.

Slava ließ sich auf keine Diskussion ein und antwortete ihnen immer nur mit der Frage: „Wessen Angelegenheit ist das, deine oder meine?“

Zu mir sagte er, dass ihm egal sei, was die Leute über ihn redeten, dass er es aber nicht ertrüge, wenn sie schlecht von mir sprächen. Das Gerede ärgerte ihn, machte ihn sehr wütend.

„Slava, lass die Leute reden, sie werden damit nach einer Weile aufhören. Sie dürfen denken, was sie wollen – es ist ihr Recht. Mich ärgert es nicht, wenn sie schlecht von mir denken und sprechen, und du brauchst dich auch nicht darüber zu grämen“, versuchte ich ihn zu beruhigen, allerdings ohne merklichen Erfolg.

Ich befürchtete, dass sich der Altersunterschied von über zwanzig Jahren negativ auf unsere sexuelle Beziehung auswirken könnte, dass ich ihn vielleicht nicht zufriedenstellen könnte, und teilte ihm diese Bedenken ebenfalls auf einem Zettel mit.

Er zerknüllte ihn, warf ihn verächtlich beiseite und sagte: „Ich liebe dich und möchte nur eins: dass du zufrieden bist und dass du bei mir bist; alles andere ist nicht wesentlich. Wenn du zufrieden bist, bin ich es auch."

War ich schon jemals zuvor auf eine solche Weise geliebt worden? Ich konnte mich nicht entsinnen. Musste ich erst in die Taiga fahren, um dort die Liebe zu finden, die ich lange gesucht und dann vergessen hatte? Hatte ich sie jetzt bei einem ewenkischen Jäger gefunden, dessen Fingerknöchel von der letzten Schlägerei noch blutverkrustet waren?

Mir war, als hätte ich in ihm einen Edelstein entdeckt, den die anderen Menschen als Schotter ansahen, weil eine Schmutzschicht aus Alkohol und Raufereien auf ihm lag. Gleichwohl wusste ich, dass alle Dinge, auch die Gefühle, nie bleiben, wie sie sind, sondern einem stetigen Wandlungsprozess unterworfen sind. Was aus unserer Liebe werden würde – die Zukunft würde es zeigen, und Spekulationen weder positiver noch negativer Art waren sinnvoll.

Der hässliche Mann

Eines Nachmittags kam Slava mit einem Freund zu mir. Sie hatten zusammen die Schule in Tupik besucht, und Sergej führte jetzt dort ein Geschäft. Nebenbei handelte er mit in China begehrten Tierteilen, die er unter anderem in Srednjaja Oljokma aufkaufte. Er war gepflegt, rauchte und trank nicht, hatte aber als Gastgeschenk eine gute Flasche Wein mitgebracht, die ich höflicherweise öffnete und von der wir einige Schlucke tranken. Er wollte noch am Abend zurückfahren nach Tupik. Slava begleitete ihn zum Auto und blieb ziemlich lange weg. Als er wiederkehrte, war er wie verwandelt, ein anderer Mensch, sprach mit lauter Stimme und wirkte reizbar. Er trank die noch fast volle Flasche Wein aus, erzählte mir dabei, dass die Leute ihn meinetwegen ständig ansprechen würden, welche Dinge sie ihm sagten und dass er schon zwei von ihnen verprügelt hatte. Dann weinte er, meinte, ich käme nicht zurück aus Deutschland und dass er sich dann eine Kugel in den Kopf schießen würde. Sagte, dass er sowieso jung sterben würde, denn er habe einen angeborenen Herzfehler und auch schon drei Herzinfarkte gehabt; den vierten würde er nicht überleben, hätten die Ärzte gesagt. Da er sich zuvor nachts schon einige Male mit schmerzverzerrtem Gesicht ans Herz gefasst und die Herzgegend massiert hatte, erschien mir das glaubhaft.

Obwohl er mir immer wieder versicherte, dass er mich mehr liebe als sein Leben, wirkte er isoliert und aggressiv, war nicht mein Slava, sondern ein mir unbekannter, hässlicher Mann. Zum ersten Mal verstand ich, was mein Traum vom Zauberer bedeutet hatte: In ihm steckte ein anderer, garstiger Mann, der unter Alkoholeinfluss zum Leben erwachte.

Da es sinnlos war, jetzt mit ihm zu reden, und ich fürchtete, dass er noch mehr trinken würde, wenn ich ihn wegschickte, sprach ich wenig und sagte, ich sei müde und wolle schlafen. Er schlief bis zum Mittag und war danach wieder der alte Slava. Er gab lediglich zu, den Wein bei mir getrunken zu haben, und ich kannte ihn nicht gut genug, um des Gegenteils sicher zu sein.

Am folgenden Tag ging er morgens um 9 Uhr aus dem Haus, und ich verbrachte den Tag auf meine übliche Weise, kochte, heizte, wusch Wäsche, spielte mit den Kindern „Mensch, ärgere dich nicht" und machte mit ihnen einen Spaziergang. Am Abend betrieb ich mit dem Latexband Sport, pflegte ausgiebig meinen Körper und meditierte eine Stunde. Es wurde spät, und ich begriff, dass Slava getrunken haben musste und deshalb ausblieb. Erst in der Nacht kam er zusammen mit dem Waldhüter und zwei Freunden aus Mogotscha, die am Tage eingetroffen waren und auf einem großen Lastwagen Benzin und anderes gebracht hatten. Sie waren nach dem Abladen flussabwärts gefahren, um Fisch zu kaufen. Slava erzählte mir, dass auf dem Rückweg der Benzintank undicht geworden sei, sodass er zu Fuß nach Srednjaja Oljokma gehen, Benzin holen und es zum Auto bringen musste. Darum sei es so spät geworden. Er gab zu, „ein wenig" Wodka getrunken zu haben, was offensichtlich auch auf den Waldhüter zutraf, wobei „ein wenig" ein relativer Begriff ist. Die beiden Freunde aus Mogotscha schienen nüchtern zu sein. Auch Slava wirkte nicht angetrunken, sprach klar, bewegte sich normal und roch nicht nach Alkohol. Dass er getrunken hatte, merkte ich nur an seiner Verwandlung zu dem lauten, händelsüchtigen Fremden.

Nachdem die drei anderen gegangen waren, meinte Slava, er bräuchte Zigaretten und wolle sich welche von meinem Nachbarn holen. Aus den angesagten zwei Minuten wurden zwanzig. Bei der Rückkehr hielt er sich die Wange, spukte angeblich Blut und einen Zahn aus und erzählte, auf der Straße hätten ihn drei Männer überfallen und zusammengeschlagen. Er schnappte sich sein großes Messer und wollte losgehen, um „alle umzubringen", auch die, die schlecht über uns sprachen. Um Schlimmes zu verhüten, ließ ich ihn nicht gehen, versuchte ihn zu beruhigen und versteckte alle Messer und Scheren. Es wurde eine angespannte, unangenehme Nacht, in der ich mich nach Alleinsein und Ruhe sehnte und bereute, mich in dieses Verhältnis gestürzt zu haben.

Am Morgen war er wieder ansprechbar. „Slava, ich werde niemals mit einem Mann leben, der trinkt. Falls du noch einmal auch nur einen Schluck Alkohol trinkst, egal ob Wein, Bier oder Wodka, trenne ich mich sofort von dir. Wenn du in Versuchung kommst zu trinken, musst du dir immer die Frage stellen: „Wodka oder Karina?"

Er versicherte, zukünftig immer daran zu denken, nicht mehr zu trinken, keinen Schluck. Ich gab mich vorerst damit zufrieden, denn ich glaubte immer noch, es sei bei ihm nur eine Frage der Einsicht und des Willens.

Dann erzählte er mir, dass ihn der Waldhüter gebeten habe, mit ihm und den beiden Männern aus Mogotscha in der Nähe der Isbuschka des Waldhüters einen Bären im Winterlager aufzustöbern, aber er wolle nur dann mitfahren, wenn ich auch mitkäme.

Das versprach spannend zu werden, und ich wollte mir das Abenteuer nicht entgehen lassen, hoffte, es mit der Videokamera festhalten zu können. Grundsätzlich hätte ich es zwar vorgezogen, den Bären in Frieden schlummern zu lassen, doch das lag nicht in meiner Entscheidungsmacht.

Slava ging los, um seine Sachen für die Jagd und den Aufenthalt in der Isbuschka zusammenzusammeln, und auch ich bereitete mich für den Ausflug vor. Nachdem ich wieder eine ganze Weile auf ihn gewartet hatte, ging ich zu Slavas Garage, um zu erfahren, wann wir denn nun losführen. Dort stand der Laster aus Mogotscha; es wurden noch drei Tonnen Benzin abgefüllt und danach gab es ein langes Hin und Her, dessen Ursache ich nicht durchschaute. Von Slava hatte ich den Eindruck, dass er wieder getrunken hatte. Während wir herumstanden, erzählte er, dass er seinen Bekannten Valerij niedergeschlagen habe, sodass er blutete, weil Valerij Slavas Hündin Katja erschossen habe. Bei diesen Worten schlug er mit der Faust an den Lastwagen und wirkte sehr betroffen. Kurze Zeit darauf sah ich die Hündin jedoch umherlaufen und auch Valerij schien unbeschädigt. Litt Slava alkoholbedingt an Verfolgungswahn? Was war mit ihm?

Am Morgen war er, abgesehen vom Restalkohol, nüchtern aus dem Haus gegangen. Seit einigen Stunden hielt ich mich in seiner Nähe auf, ohne ihn trinken sehen zu haben, und trotzdem verhielt er sich, als habe er den ganzen Tag getrunken. Als ich ihn danach fragte, gab er sich empört und hauchte mich an. Wieder roch er weder nach Alkohol, noch sprach er unklar.

Am Nachmittag fuhren wir dann endlich los. Ich saß zwischen dem Fahrer und Slava im Fahrerhaus, die anderen beiden Männer kauerten auf der Ladefläche. Nach einigen Kilometern begann Slava mit dem Fahrer Wolodja zu diskutieren, bis dieser schließlich anhielt und Slava nach hinten ging. Ich ging hinterher und sah, dass Slava eine fast volle Flasche Wodka gereicht bekam, die er mit ins Fahrerhaus nahm. Angeblich beabsichtigte er, sie einem Freund zu bringen, der sich in einer Isbuschka aufhielt, die am Wege lag, was völlig unglaubhaft und unsinnig war. Schließlich aber öffnete er sie und wollte davon trinken. Ich hielt seine Hand fest und fragte eindringlich: „Wodka oder Karina?" Da setzte er die Flasche an den Mund und trank. Eindeutiger konnte die Antwort nicht sein.

Ich schrie: „Lasst mich raus! Ich gehe nach Hause", und wollte an Slava vorbei aus der Tür klettern, aber er hielt mich fest. Wie von Sinnen schlug ich um mich und schrie in meiner Erregung auf Deutsch immer wieder: „Ich will raus, verschwinde aus meinem Leben, ich will dich nicht mehr sehen. Lass mich los!" Er nahm den Wodka und goss ihn in den Schnee, doch das beeindruckte mich nicht. Nach längerem Gerangel gelang es mir auszusteigen.

Die anderen Männer wollten mich nicht allein zurückgehen lassen, obwohl ich versicherte, es sei kein Problem für mich. Als ich mich bei Wolodja für die Unannehmlichkeiten entschuldigte und erklärte, dass ich geglaubt hatte, Slava würde nicht mehr trinken, äußerte Wolodja: „Slava ist Alkoholiker", was auch mir inzwischen klar geworden war. Wir fuhren den Weg zurück, den Slava schon zu Fuß eingeschlagen hatte, und Wolodja überredete ihn, wieder ins Auto zu steigen.

Die unangenehme Wahrheit war mir fast lieber als die Ungewissheit der vorherigen Tage, denn nun wusste ich, was ich zu tun hatte. Beinahe erleichtert darüber, dass eine eindeutige Entscheidung gefallen war, aber zerschlagen und ruhebedürftig ging ich ins Haus, nachdem man mich bei inzwischen fast vollständiger Dunkelheit dort abgesetzt hatte. Ruhe fand ich aber nicht, denn ich konnte nicht verhindern, dass mir Slava ins Haus folgte. Er weinte, gab zu (oder sah endlich ein), Alkoholiker zu sein und flehte mich an, bei ihm zu bleiben und ihm zu helfen, dem Alkohol zu entsagen. Sobald er durch die Zobeljagd wieder Geld verdient hatte, wollte er nach Tschita fahren, um sich dort vom Facharzt eine Injektion gegen die Alkoholsucht geben zu lassen.

Am liebsten hätte ich gewollt, dass er aus meinem Leben verschwände, brachte es aber nicht fertig, ihm meine Hilfe zu verweigern, sondern erklärte mich zu dem Versuch bereit, ihn bei seinen Bemühungen zu unterstützen. Ich wollte bis dahin keine enge Beziehung zu ihm haben, sondern danach weitersehen. Außer einem begrenzten Mitleid fühlte ich momentan gar nichts für ihn und lehnte es ab, mich küssen oder umarmen zu lassen, was ihn veranlasste, alle Register zu ziehen.

Erst wollte er beleidigt davonstürmen, blieb jedoch, als ich keine Einwände erhob. Dann zeigte er mir eine Schnur und machte die Geste des Erhängens. Kühl wendete ich ein: „Die Schnur ist zu dünn."

„Nein, doppelt gelegt geht es", versuchte er, mich herauszufordern.

Ich zuckte mit den Schultern: „Probier es."

Er würgte sich damit am Bettgestell, ließ es natürlich nach einer Weile sein, als ich ungerührt zusah. Eine große innere Unruhe trieb ihn umher, ließ ihn nicht im Haus bleiben. Er müsse seine Hunde füttern gehen, denn Valerij sei betrunken und täte es nicht. Wir glaubten, es würde ihm helfen, keinen Alkohol zu trinken, wenn ich ihn begleitete und aufpasste. Gemeinsam gingen wir zu Valerij, der zwar tatsächlich betrunken war, die Hunde aber trotzdem gefüttert hatte. Überflüssigerweise tranken wir dort Tee. Danach suchten wir im Nebenhaus Slavas Onkel auf, von dem er sich Fisch geben lassen wollte. Auch dort hielten wir uns eine Weile auf und Slava aß mehrere gebratene Eier, die in einer Pfanne auf dem Tisch standen.

Der kleine, klapprige Onkel und die Tante, beide Anfang 70, waren angetrunken, und auch ein während unserer Anwesenheit eintretender älterer Mann war nicht mehr ganz bei sich. Mir offensichtlich freundlich gesonnen, wollten sie sich mit mir unterhalten, aber ihre Worte waren alkoholbedingt für mich noch weniger verständlich, als wenn sie nüchtern gewesen wären. Ich sagte Slava, dass ich nicht mit betrunkenen Leuten zusammen sein, sondern das Haus verlassen wolle.

Anschließend gingen wir zu Polina, weil Slava mit ihrem Sohn wegen des Schneemobils etwas besprechen wollte. Dieses Herumsitzen bei anderen Leuten und das Geschwätz fand ich äußerst ermüdend und lästig.

Anderentags blieb Slava lange im Bett liegen, obwohl viel Arbeit zu tun war, wie er zuvor selbst gesagt hatte. Wir wollten eigentlich auch zu seiner Schwester gehen und uns mit ihr besprechen bezüglich seiner Heilungsmöglichkeiten. Für einen immer aktiven Menschen wie mich stellte es eine schreckliche Geduldsprobe dar, auf ihn warten zu müssen und nichts planen und unternehmen zu können.

Schließlich stand er auf, das Gesicht gequollen und hässlich. Er wusch sich, holte Brennholz und Eisbrocken vom Hof herein, briet danach Fisch. Die ganze Zeit wirkte er bedrückt, und auf meine Frage, was er tun wolle, antwortete er nicht.

„Möchtest du losgehen und trinken?", fragte ich weiter.

„Nein, aber ich schäme mich", äußerte er, legte sich aufs Bett und schwieg wieder.

Seine Tatenlosigkeit machte mich kribbelig und unzufrieden. „Du bist jetzt einen ganzen Monat im Dorf, müsstest du nicht im Wald auf der Jagd sein? Das ist doch deine Arbeit, mit der du den Lebensunterhalt und das Geld für die Fahrt nach Tschita verdienen musst."

Die Antwort war Schweigen. Er schlief lange, fast bis zum Abend, und verwandelt sich danach allmählich wieder in den Slava, in den ich mich verliebt hatte. Nüchtern war er mir gegenüber immer noch der liebevollste, zärtlichste, aufmerksamste und fürsorglichste Mann, den ich je kennengelernt hatte, und der Gedanke, ihn zu verlieren, tat mir weh. Andererseits stand fest, dass ich meine Zeit nicht mit einem Trinker verbringen würde. Nach der Trennung von ihm würde ich zwar seiner liebenswerten Seite nachtrauern, aber bald erneut mein erfülltes, frohes Leben in Hamburg führen.

Durch das Versprechen, ihn unterstützen zu wollen, war nun wieder alles in der Schwebe, und ich fühlte mich abhängig von seinem Verhalten, was den weiteren Lauf betraf. Meine Lebensfreude schwand zunehmend dahin in der Falle der Verantwortung für einen anderen Menschen. Noch dazu hatte ich den Eindruck, dass meine Mühe vergeblich sein würde. Vermutlich verhielt ich mich auf eine für Angehörige von Trinkern ganz typische Weise.

Wie es aussah und wie er selbst äußerte, gab es für ihn ohne mich nur die Alternativen weiterzutrinken oder sich umzubringen. Ähnlich den anderen Leuten hier fehlte ihm die geistige Orientierung, eine Religion oder eine bewusste, entwicklungsfähige Geisteshaltung, die den Einzelnen in Harmonie mit sich selbst und der Umwelt leben und ihn die vielen Unbilden des Daseins mit Geduld auf sich nehmen lässt. Es war ihm nicht einmal bewusst, dass dies erstrebenswert sein und die Entwicklung einer heilsamen Lebenssicht und Verhaltensweise ein Daseinsziel darstellen könnte.

Seine Haltung anderen gegenüber war geprägt von Sympathie oder Abneigung, die situationsbedingt schnell in Feindseligkeit umschlagen konnte. Güte als grundlegende Eigenschaft war ihm fremd.

Sein Dasein erschien ihm sinnlos, doch er glaubte, die Gründe dafür lägen in den äußeren Umständen und nicht in seiner eigenen Einstellung dazu. Das starke Unbehagen, das folgerichtig immer wieder aufkam, unterdrückte er mit Alkohol, bevor er es noch bewusst als solches wahrnehmen konnte. Doch selbst, wenn er den Leidensdruck erkannt hätte, wäre hier in dieser geistigen Wüste kein Lösungsansatz zu finden gewesen – der einzige Ausweg schien tatsächlich die Kugel in den Kopf zu sein.

Ich sah es wohl, er unterschied sich in seiner Gesinnung nicht von den anderen im Dorf, auch nicht von Juri, den ich noch vor Kurzem belehrt hatte. Ich erkannte aber auch seine Sehnsucht und Fähigkeit zu tiefer, anhaltender Liebe und zweifelte trotz aller Widrigkeiten keinen Augenblick an seiner Hingabe zu mir.

In der winterlichen Taiga

Jedes Mal, wenn Slava sich verspätete, befürchtete ich das neuerliche Auftauchen des laut sprechenden Fremden mit den irrationalen Anwandlungen, reagierte mit Unruhe und konnte mich nicht mehr an den Dingen und Beschäftigungen erfreuen, die mich noch vor einigen Wochen beglückt hatten. Wenn er in die Tür trat, betrachtete ich ihn mit misstrauischen Blicken: Hat er oder hat er nicht getrunken?

Erleichtert begrüßte ich seinen Vorschlag, gemeinsam in die Isbuschka zu fahren, die sich weitab jeder Alkoholversuchung etwa 50 Kilometer entfernt inmitten der Taiga an einem Nebenfluss der Mokla befand.

Da ich niemandem zumuten wollte, täglich bei mir zu heizen, brachte Slava die im Vorratsraum unter der Küche gelagerten Kartoffeln und Einweckgläser zu Valerij, damit sie bei mir nicht zerfrieren würden.

Wir fuhren erst gegen Mittag los und nahmen den jungen Jäger Sergej mit, den Slava bei dessen Isbuschka absetzen sollte. Sergej war sehr schlank, klein und nach meiner Schätzung noch keine 30 Jahre alt, hatte aber kaum noch Haare auf dem Kopf und alle Schneidezähne des Oberkiefers fehlten schon.

Ich saß im offenen Schlitten hinter dem Schneemobil auf dem Rentierfell und einer wattierten Decke, in die Slava mich noch eingehüllt hatte. Für die Fahrt hatte ich mich so warm angezogen, dass ich mich kaum bewegen konnte und mir vorkam wie eine dicke Raupe im Kokon. Unter der Pelzmütze trug ich eine eng anliegende, wärmende Gesichtshaube, die nur die Augen frei ließ und unter der Nase Löcher zum Atmen hatte. Über meine eigenen gefütterten Fäustlinge hatte Slava mir Handschuhe aus Hundefell übergestreift. Die Spezialstiefel sollten nach Herstellerangaben die Füße bis minus 40 Grad vor der Kälte schützen. Weil ich bei den Wanderungen mit ihnen gute Erfahrungen gemacht hatte, verließ ich mich darauf, dass sie zusammen mit zwei Paaren dicker Socken ausreichen würden. Das war ein fataler Irrtum. Meine Zehen erstarrten bald in der Eiseskälte, und ich musste sie während der Fahrt unaufhörlich bewegen, um Schlimmeres zu verhüten. Wesentlich besser bewährten sich auf der Rückfahrt die einfachen Filzstiefel, die ich für den Aufenthalt in der Isbuschka mitgenommen hatte.

Die Einheimischen betrachten Kleidung aus Synthetik mit großem Misstrauen und schwören auf Naturmaterial, womit sie absolut recht haben. Wir Stadtmenschen, die wir mitunter wochenlange, aber insgesamt gesehen doch lediglich kleine Ausflüge in die Natur unternehmen und uns dabei schon vorkommen wie die ganz harten Burschen, haben andere Ansprüche an die Kleidung: Für den Transport soll sie leicht sein, ansonsten schnell auswaschbar und rasch trocknend und je nach Bedarf wasserdicht, wärmend oder luftig. Für das Leben in der Wildnis jedoch sind unsere Kleidung, Zelte, Boote und die meisten übrigen Ausrüstungsgegenstände ungeeignet, da sie viel zu empfindlich gegen Funkenflug, klirrenden Frost und mechanische Beschädigungen sind.

Den ersten Teil der Strecke kannte ich von meinen Spaziergängen: über den Fluss ans gegenüberliegende Ufer, quer über zwei zugefrorene Seen, dann eine Anhöhe hinauf, von der aus der Blick auf ein weites, außerhalb der Frostperiode sumpfiges Gebiet und die Flussbiegung mit hohen Felswänden fiel. Oberhalb der Anhöhe verlief der Weg weiter ansteigend zuerst durch Birkenwald. Slava hielt plötzlich an und schoss zweimal, ging ein kleines Stück in den Wald hinein und kam mit zwei Rebhühnern wieder. Ich hatte sie beim Heranfahren weder auf den Bäumen sitzen gesehen noch bei dem lauten Motorgeräusch ihre Stimmen gehört, während Slava sie sofort wahrgenommen hatte, obwohl das Fahren auf dem hindernisreichen Weg seine Aufmerksamkeit und Geschicklichkeit beanspruchte.

Wenn die Steigungen steil wurden, stieg ich aus und ging möglichst schnell und weit ein Stück zu Fuß. Damit entlastete ich den Schlitten und erwärmte mich durch die Bewegung etwas. Sergej half durch Schieben, den beladenen Schlitten über die Steigungen zu bugsieren, danach war sein Gesicht schweißüberströmt.

Es war bereits halb 4 Uhr, als wir bei seiner Isbuschka ankamen, an der von ihm selbst exakt gearbeitete, aber noch nicht ganz fertiggestellte Skier aus hell leuchtendem Holz lehnten. Slava wollte die Fahrt erst am nächsten Morgen fortsetzen, weil die Dunkelheit um diese Jahreszeit nicht mehr lange auf sich warten lassen würde.

Sergej entfachte sofort ein Feuer im Hüttenöfchen und eines im Freien, über dem er die Rebhühner garte, die Slava abgebalgt hatte. Wir aßen sie in einer Suppe mit gekochtem Buchweizen. Später am Abend fertigte er aus Mehl, Wasser, Salz und einer Löffelspitze Soda einen Teig und buk in einer dickwandigen, gusseisernen Pfanne Lepjoschki – große, dicke, lockere, vor allem noch warm vortrefflich schmeckende Mehlfladen. Um die lange Winternacht etwas zu verkürzen, aßen wir sie zu sehr später Stunde.

Die Hütte war klein und mit zwei schmalen Holzpritschen und einem Tisch in enger Gangbreite unter dem Fensterchen ausgestattet. Slava und ich konnten zu zweit auf der Pritsche nur Platz finden, wenn wir beide zusammengedrängt auf einer Seite lagen. Ich begrüßte es jedes Mal erleichtert, wenn im Ofen Holz nachgelegt werden musste, denn dann wurde Licht angezündet, wir setzten uns auf, tranken Tee und aßen einige Bissen.

Am nächsten Morgen setzten wir die Fahrt durch die winterliche Taiga fort. Slava stand mehr auf dem Schneemobil, als dass er saß, denn er musste sehr beweglich sein, um das Fahrzeug durch das unebene Gelände zu führen. Der Schlitten machte grobe Sprünge, neigte sich mal zu der einen, mal zu der anderen Seite, zwängte sich zwischen Ästen hindurch, holperte Uferböschungen zugefrorener Bäche hinunter und hinauf. Bei jedem Halt wickelte mich Slava wieder fürsorglich in die Decke ein und fragte, ob ich fröre. Ich verneinte es immer, um die Fahrt nicht aufzuhalten, denn vermutlich hätte er dann unterwegs bzw. in einer am Wege liegenden Isbuschka erst einmal ein wärmendes Feuer angezündet. Mir war zwar kalt, es ließ sich aber aushalten.

Die wilde Fahrt durch die abwechslungsreiche, verschneite Landschaft hätte ich gern gefilmt, doch die Videokamera war im Rucksack gut verstaut, um sie vor den harten Stößen und der anhaltenden Kälte einigermaßen zu schützen. Solange der Akteur gleichzeitig den Kameramann abgibt, das Filmen nur das Nebenprodukt einer Aktivität darstellt, können die spektakulärsten Szenen selten festgehalten werden, weil man dafür keine Zeit hat oder sie sich nicht nehmen will. Das habe ich auch beim Paddeln schon oft bedauert. Hier nun hätten wir bei besonders interessanten Motiven einige Male anhalten, sogar ein Stück zurückfahren müssen, sodann hätte ich die Kamera aus ihren Umhüllungen befreit und nach dem Filmen wieder sorgfältig verstauen müssen – Aufenthalte, die ich weder Slava noch mir zumuten wollte, da die Fahrt ohnehin lang und anstrengend war.

Ohne unterwegs gegessen oder getrunken zu haben, kamen wir erst am Nachmittag an Slavas Isbuschka an, obwohl das Fahren leichter wurde, nachdem wir den Wald verlassen hatten und uns auf dem Usmun weiterbewegten, einem Nebenfluss der Mokla. Interessiert und mit prüfenden Augen betrachtete ich das Flüsschen, um herauszufinden, ob man darauf würde paddeln können. Es war mit um die fünfzehn, zwanzig Meter wohl breit genug, aber Wassertiefe und Strömungsverhältnisse blieben verborgen. Baumleichen und überhängende Bäume würden auf der von mir eingesehenen Strecke überwindbar sein. Was mich jedoch sehr irritierte, waren bis zu dreißig, vierzig Meter lange Steigungen über die gesamte Breite, die den Anschein erweckten, dass der Fluss bergauf fließen müsse, um sie zu überwinden. Das Rätsel beschäftigte mich einige Tage, bis Slava mir erklärte, dass es sich um Eisstauungen handelte, die sich an im Fluss liegenden Hindernissen angesammelt hatten, dann durch fließendes Wasser und Schneefall zu einer glatt und kompakt aussehenden Fläche verschmolzen waren. Er erzählte mir auch, dass er schon häufig ein Floß gebaut und damit nach der Eisschmelze von seiner Isbuschka aus auf dem Usmun, der Mokla und der Oljokma bis zum Dorf gefahren sei. Einige Male aber sei das Floß an Hindernissen gekentert und die Ladung – Ausrüstung, Gewehr, Fleisch – im Wasser gelandet.

Seine Isbuschka war sauber und aufgeräumt, der Boden wie üblich mit Holzrindenstückchen, die Lauffläche in der Mitte mit Brettern ausgelegt. Relativ geräumig, enthielt sie eine schmalere Holzliege, auf der wir unsere Sachen griffbereit deponieren und sitzen konnten, und eine breite, auf der ich Rentierfell, meine Matratze, Decke und Schlafsack ausbreitete. Der Blechofen verströmte nach kurzer Zeit Wärme, und die Eisbrocken, die Slava mit der Axt aus dem Fluss gehackt hatte, versprachen bald zu Teewasser zu werden.

Durchgefroren, müde von der vorherigen unbequemen, fast schlaflosen Nacht und der anstrengenden Fahrt, fiel mir das Russisch noch schwerer als sonst, und als ich wieder einmal gar nichts verstand, brach ich entmutigt in Tränen aus. Slava war überrascht und fragte mich, was denn los sei.

„Ich verstehe nicht, was du sagst, und ich kann dir meine Gedanken und Gefühle auf russisch nicht mitteilen", sagte ich niedergeschlagen.

Kurze Zeit darauf weinte ich deshalb noch einmal und dachte, Slava wüsste nun den Grund. Er aber hatte den Eindruck, ich hätte ihm die Antwort für den abermaligen Tränenausbruch verweigert, und zog sich beleidigt auf die andere Liege zurück. Da ich den Anlass dafür nicht kannte, fühlte ich mich wegen meiner unbeholfenen Ausdrucksweise abgewiesen. Es gab ein Hin und Her, und im Streit sagte Slava, er brächte mich morgen ins Dorf zurück.

Nun war ich völlig verstört. „Warum?"

„Ich ertrage es nicht, wenn du weinst, noch dazu, wenn ich nicht weiß, weshalb. Ich fühle mich dann elend, bin demoralisiert und kann nicht arbeiten", erfuhr ich.

Nach der Aussprache ging es uns beiden besser, doch die Sprachschwierigkeiten führten noch oft zu Missverständnissen und Problemen.

Am nächsten Morgen zog Slava einen dünnen, weißen Anzug über die dicke Kleidung, legte die Skier an und entschwand im Wald auf der anderen Flussseite allmählich meinen Blicken.

Den ganzen Tag war er im Jagdgebiet unterwegs, und ich hatte Muße, mich mit der Umgebung vertraut zu machen.

Auf einer seiner alten Schneemobilspuren ging ich flussaufwärts, kehrte aber bereits nach einer Stunde um, da ich mich ohne Skier trotz der Spur nur mühsam fortbewegen konnte. Zudem wirkte die Landschaft trostlos, weil der Wald verbrannt war soweit das Auge reichte; angekohlte Baumstümpfe ragten schwarz in den Himmel, lagen zuhauf kreuz und quer auf dem Boden. Einen anmutigen Anblick bot nur der Flussverlauf mit seinen Ufergestaltungen und einmündenden Bächen.

Slava hatte mir erzählt, dass das Gebiet vor über drei Jahren von einem durch Blitzschlag verursachten großflächigen Waldbrand heimgesucht worden war. Dabei war die stattliche Jagdhütte, die er gemeinsam mit seinen Brüdern gebaut hatte und in der reichhaltige Ausrüstung und ein großes Lebensmitteldepot lagerten, völlig vernichtet worden. Übrig blieb nur die Banja, die jetzt als Isbuschka diente. Er war im Herbst zu Fuß dorthin gegangen, um wie üblich zu jagen, und hatte die wenigen, verkohlten Überreste des Haupthauses vorgefunden – ein niederschmetternder Anblick, bei dem ihm die Tränen gekommen waren. Da alle Lebensmittel vernichtet waren, hatte er wochenlang nur von seiner ohne Salz zubereiteten Jagdbeute gelebt.

Er erzählte weiter, dass inzwischen junges Holz und Beerensträucher nachgewachsen seien und es dadurch viel Futter für die Tiere gebe. Auch der Fluss sei außerhalb der Frostperiode fischreich, da Lenok und Charus im Frühjahr zum Laichen die Nebenflüsse der Oljokma aufwärts wanderten. Früher habe er sich auch manchmal im Sommer hier aufgehalten, geangelt oder Netze gestellt.

Ich träumte ein wenig vor mich hin. Wäre es möglich, hier mit ihm zu leben? Land für den Gemüseanbau urbar zu machen, ein in allen Jahreszeiten bewohnbares Blockhaus zu bauen, Vorratslager anzulegen? Falls der Usmun in der frostfreien Zeit mit dem Motorboote befahrbar wäre, gäbe es wohl die

Möglichkeit. Trotzdem wäre man den größten Teil des Jahres von der übrigen Welt abgeschnitten, da bei niedrigem Wasserstand sowie in den Übergangsperioden die Flüsse weder befahrbar noch betretbar wären, eine risikoreiche Situation vor allem bei Unfällen, Krankheiten oder Waldbrand.

Trotz der Kälte völlig durchgeschwitzt, kehrte Slava bei Anbruch der Dunkelheit zurück. Er hatte Fangeisen aufgestellt und eine Auerhenne für das Abendessen geschossen, die er abbalgte und auch selbst zubereitete. Das Fleisch war dunkel und fest, dabei aber zart und von kräftigem Geschmack.

Am Abend und in der Nacht hustete Slava oft und fühlte sich am nächsten Tag nicht fit. Er blieb bei der Hütte, brachte Baumstämme heran und machte daraus Feuerholz, arbeitete am Schneemobil und sägte ein großes Stück Nacken von dem gefrorenen Elchkopf ab, der außerhalb der Hütte auf einer hohen Holzablage deponiert war und der von einem im Herbst am See erlegten Tier stammte.

Ich erfuhr, dass sich die Elche tagsüber meistens ruhend im Wald aufhalten und nachts zu einem der zahlreichen Seen wandern, um dort ganz bestimmte Wasserpflanzen zu fressen. Die Pflanzen haben kleine, auf dem Wasser schwimmende Blättchen und lange, ziemlich dünne, verwurzelte Stängel. Beim Fressen beugen die Elche den Kopf immer wieder unter die Wasseroberfläche, und der Jäger nutzt diese Momente, um sich in seinem flinken, leichten Kanu auf sichere Schussweite zu nähern. Fast jeder Jäger besitzt ein solches Boot aus dünnen, aneinander gefügten Holzlatten, die mit einem ganz dicht gewebten Segeltuch überspannt sind, das mit einer Imprägnierung und danach von außen mit gewöhnlicher Fußbodenfarbe überstrichen ist. Früher wurde zum Bau der Kanus Birkenrinde verwendet. Die Paddel bestehen aus einem langen Holz und haben, ähnlich den Eskimopaddeln, nur eine ganz schmale Paddelfläche. Oft befindet sich an den Seen auch eine Art Hochsitz, von dem aus der Jäger Überblick und gutes Schussfeld hat.

Am folgenden Tag begleitete ich Slava auf Skiern ein Stück auf seiner Tour durch den Wald, ging aber nach einer Weile zurück, um ihn mit meinem langsameren Tempo nicht aufzuhalten. Dem Flusslauf folgend, lief ich anschließend eine Strecke stromauf und erfreute mich an der Unberührtheit der weißen, in der Sonne glitzernden Schneedecke. Unterwegs hörte ich seltsame, sehr laute Vogelschreie, konnte sie Slava aber später nicht recht beschreiben. Es blieb ein Rätsel, welcher Vogel sie ausgestoßen hatte, und ich vernahm sie nachher nie wieder.

An der Hütte beobachtete ich einen Schwarm Gimpel, die auf der Suche nach Futter auf dem Boden und in den Sträuchern herumturnten und mit ihrer roten Brust Farbe in die schwarz-weiße Winterwelt brachten. Der Wald bestand vorwiegend aus Lärchen, die nadellos und dunkel das Bild prägten. Er hatte keine Ähnlichkeit mit den Nadelwäldern aus breitästigen, immergrünen Tannen und Fichten, die mir aus Deutschland vertraut waren.

Ich versuchte, mich ein wenig nützlich zu machen, bevor Slava zurückkehrte, wusste aber nicht, wie mit den beschränkten Möglichkeiten Essen zubereitet werden konnte. So sägte und hackte ich nur etwas Holz und füllte den Holzstapel in der Hütte auf, unterhielt das Feuer, holte Flusseis und kochte Tee. Slava bereitete nach seiner Rückkehr einen weichen Hefeteig zu und schmorte dann das im Fleischwolf zerkleinerte Elchfleisch mit Salz in einer großen, tiefen Pfanne, in die er nach einiger Zeit Wasser und Reis gab. Gewohnt, mit verschiedenen Gewürzen und Gemüse zu kochen, konnte ich mir nicht vorstellen, dass das Gericht munden würde. Ich wurde aber eines Besseren belehrt, denn das Elchfleisch hat einen so kräftigen, würzigen Geschmack, dass alle Gerichte damit auch ohne besondere Kunstgriffe und Zutaten wohlschmeckend sind.

Aus einem Teil des Hefeteigs buk er lockere Brotfladen, aus dem anderen Teil formten wir Piroggen und füllten sie mit durch den Wolf gedrehtem, angebratenem Elchfleisch und etwas gekochtem Reis. Dann buken wir sie in Öl auf dem Ofen.

Trotzdem im Dorf die Arbeitsaufgaben ausgesprochen traditionell verteilt sind, können die Jäger sehr gut backen, kochen und nähen, da sie sich oft wochenlang allein in den Jagdhütten aufhalten und dort alles selbst machen, obschon sie für die erste Zeit von der Ehefrau zubereitete, gefrorene Esswaren mitnehmen.

Holz hacken, Eis- oder Wassertragen ist Männerarbeit, und Slava sah es nicht gern, wenn ich es tat. Im Dorf hatte er mir erklärt, dass ich ihn als Faulpelz bloßstellen würde, wenn ich diese Arbeiten machen würde. Ich verzichtete ungern darauf, denn es gefiel mir, die dicken Holzscheite zerspringen zu lassen, nachdem ich es einmal gelernt hatte.

Die Winternächte waren lang, und sechzehn Stunden zu schlafen hätte selbst die größte Schlafmütze überfordert. Immer, wenn es in der Hütte kalt wurde und der kleine Blechofen neue Nahrung erhalten musste, machten wir eine Schlafpause, tranken Tee, aßen und unterhielten uns.

Slava sorgte sich, dass ich mich erkälten könnte, legte Kleidungsstücke hinter mein Kopfende und an die Wand, deckte mich sorgfältig zu und wärmte mich mit seinem Körper. Wenn ich auch nur kurz die Hütte verließ, achtete er darauf, dass ich eine Mütze aufsetzte, was ich gern vernachlässigte, und beim Hereinkommen zog er mir die Filzstiefel von den Füßen und klopfte den Schnee ab, damit sie nicht nass wurden. Sacht streichelte er meine Stirn, als ich Kopfschmerzen verspürte. Genauso hatte es meine Großmutter in meiner Kindheit getan, wenn ich nicht einschlafen konnte. Seit ihrem Tod nach dem frühen Ende meiner Mutter hatte ich nie wieder Fürsorge erlebt. Stets war ich es gewesen, die sich um alles und alle gekümmert hatte.

Es behagte ihm gar nicht, wenn ich auf Skiern allein in der Gegend umherstreifte. Er bestand deshalb darauf, dass ich wenigstens immer seinen Hund mitnahm. Am liebsten wäre es ihm jedoch gewesen, wenn ich mich nur in der Nähe der Hütte aufgehalten hätte, denn er befürchtete, ich könne mich unterwegs verletzen, einem Schatun begegnen oder von Wölfen überfallen werden. Ich nahm seine Bedenken nicht sehr ernst und hielt mich auch nicht daran, was ihn einige Male fast böse werden ließ. Ich fühlte mich bei ihm wohl, geborgen und geliebt. Dass dieser unangenehme Fremdling in ihm steckte, war kaum vorstellbar und weit, weit weg.

Schon am folgenden Tag zogen wir 15 Kilometer weiter in die nächste, ebenfalls am Fluss liegende Hütte. Auf dem Weg dorthin stellte Slava Fangeisen auf und schoss zwei Eichhörnchen, deren Felle verkauft werden können. Im Sommer sind sie fast durchgehend schwarz, aber im Winter wunderschön anthrazitfarben mit weißem Bauch.

Die Hütte war klein und schmutzig, hatte kaum das Nötigste an Geschirr, wobei es auch in den anderen nie Teller gab, sondern aus dem Topf gegessen wurde, und man froh sein konnte, wenn ein Topf, ein Teekessel, einige verbogene Aluminiumlöffel, emaillierte Blechtassen, eine Schüssel sowie Eimer oder Kanne für die Eisbrocken vorhanden waren.

Slava schaffte sofort Ordnung, hackte Holz, brachte Eis herbei, zündete das Feuer an und setzte Essen auf, während ich unbeholfen herumstand. Anschließend ging er auf Skiern los, um den Weg zur talaufwärts gelegenen Hütte zu spuren, zu der wir anderentags gehen wollten, ebenfalls auf Skiern und mit unserem Gepäck auf dem Rücken. Kurze Zeit nach seinem Aufbruch hörte ich das Geräusch eines sich nähernden Schneemobils, das vor der Hütte hielt. In die Tür trat Boris, dessen Mutter entfernt mit Slava verwandt war, und erklärte mir, dass er Slava fragen wolle, ob er einige Tage mit ihm jagen und sich bei uns aufhalten dürfe.

So hatte ich mir unsere "Flitterwochen" nicht vorgestellt, und ich dachte, dass auch Slava nicht erfreut sein würde, wenn auch natürlich eine Abweisung undenkbar war. Slava freute sich aber offensichtlich über den Besucher und sagte, dass wir am Folgetag gemeinsam weitergehen würden.

Boris war sehr lebhaft und aufgekratzt, und die beiden unterhielten sich angeregt bis spät in die Nacht. Er war um die 50 Jahre alt, wohnte eigentlich in Ust-Njuksha und war mit seiner Frau zu Besuch in unserem Dorf gewesen. Nach deren Abfahrt vor sieben Tagen hatte er täglich getrunken, bis es seiner Mutter zu viel wurde und sie ihm sagte, er solle zu Slava in die Isbuschka fahren, um auszunüchtern. Wie allen Leuten hier war ihm die Trinkerei kein bisschen peinlich, sondern er schien es lustig zu finden und war fast ein wenig stolz darauf. Auf der harten Holzpritsche schlief er zugedeckt mit seinem Schafpelz die ganze Nacht, ohne sich zu rühren. Am Morgen war er wesentlich weniger gesprächig und litt offenbar unter Entzugserscheinungen, denn seine Hände zitterten wie Espenlaub und konnten kaum die Tasse halten.

Da nun zwei Schneemobile vorhanden waren und sich die beiden bei einer Panne gegenseitig helfen konnten, fuhren wir trotz der schwierigen Wegverhältnisse auf den Fahrzeugen in die nächste Jagdhütte, teilweise auf einem Flüsschen, das in den Usmun mündete. Sie befand sich auf einer großen Lichtung mitten im Wald, aber als ich sie näher in Augenschein nahm, sank mir der Mut, denn die beiden kleinen Fenster waren zerbrochen und der Boden war mit Unrat übersät. Überall lagen Zigarettenstummel und -schachteln, Bonbonpapier, Plastikverpackungen, auch unter den beiden Pritschen. Es gab nur zwei Löffel, zwei Essschüsseln und einen Topf, alles dreckig. Abwaschlappen und -schüssel waren auch nicht vorhanden. Wie ich erfuhr, hatte zuletzt Boris einige Wochen hier gehaust.

Ich ekelte mich, irgendetwas anzufassen und wusste auch nicht, wie der Unrat zu entfernen wäre, da der Boden zur Isolation mit Rindenstückchen ausgelegt war, die man beim Fegen mit beseitigt hätte. Für die Männer schien das alles aber kein Problem zu sein. Sie ersetzten die Fensterscheiben schnell durch Teile eines hellen Plastiksackes und zündeten ein Feuer an. Im Handumdrehen hatte Slava Eis vom Bachlauf geholt, Holz gehackt und Essen auf den Tisch gestellt. Den Fußboden reinigte er am nächsten Tag, da ich erwähnt hatte, dass ich ihn widerlich fände. Auch die folgenden Tage kümmerte er sich um alles, mit Ausnahme dessen, was ich ihm abnahm, da ich es mir inzwischen selbst zutraute. Wie es aussah, war es immer allein Sache des Hausherren, niemals die des Gastes, sich um diese Dinge zu kümmern.

Nach dem Essen ging Slava auf Spurensuche, um an geeigneten Stellen Fangeisen aufstellen und Schlingen legen zu können. Ich bewegte mich unterdessen auf Skiern in die Richtung, in der laut seiner Aussage ein Flüsschen liegen sollte. Es verlief ein ganzes Stück weiter entfernt, als ich vermutet hatte. Ich befürchtete schon, es gar nicht zu finden, als ich doch noch darauf stieß. Unerklärlicherweise traf ich auf Skispuren, obwohl Slava versichert hatte, dass niemand anderes hier jagen bzw. sich aufhalten würde. Er und Boris erklärten mir später, dass es sich um die Spuren eines Hirsches gehandelt habe, denn diese schleifen ihre Hufe durch den Schnee.

An den nächsten drei Tagen unternahm ich lange Wanderungen stromauf- und stromabwärts auf dem bis zu zehn Meter breiten Flüsschen. Es wand sich durch ein Tal mit hohen Hügeln und felsigen Abschnitten. Der dichte Lärchenwald wies keine Brandspuren auf. Mäuse, Eichhörnchen, Zobel, Kabargas, Hirsche, Elche und Hasen hatten zahlreiche Spuren hinterlassen, doch die Tiere selbst blieben mir verborgen bis auf einen schneeweißen Hasen, den Slavas Hund aufgestöbert hatte. Stundenlang erfreute ich mich an der Bewegung im Freien, am Sonnenschein und den wechselnden Bildern der Landschaft. An einer Stelle war der Flusslauf komplett versperrt durch einen hoch angespülten Verhau aus kreuz und quer liegenden Baumstämmen mit zum Teil großen Wurzelballen, zu denen im Frühjahr oder nach starken Regenfällen sicher weitere hinzukommen würden. Indem ich seitlich einen Umweg durch den Wald machte, konnte ich die Stelle umgehen, doch einige Kilometer weiter gelangte ich wieder an eine Baumsperre, an der ich es vorzog umzukehren. Sie war vermutlich zu ihrer jetzigen Länge von etwa 20 Metern über einen längeren Zeitraum gewachsen, und auch an beiden Seiten im Wald hatte das Wasser jede Menge Baumhindernisse zurückgelassen. Die Unfallgefahr beim Überklettern wäre groß gewesen und das Eingehen eines solchen Risikos sehr unklug. Ich verweilte nur so lange, um mir vorzustellen, wie spannend es dort aussehen mochte, wenn viel Wasser sich gurgelnd seinen Weg bahnen, sich stauen und weitere Stämme herantragen würde. Doch abgesehen von den Tieren würde es niemand sehen, denn nur während der Winterjagd auf Pelztiere drangen die Jäger in die unwegsamen Tiefen der Taiga ein. In der übrigen Zeit bewegten sie sich auf der Jagd nach Huftieren und Flugwild nur wenige Kilometer von den Flüssen entfernt, meistens an einem der zahlreichen Seen.

Hier im Wald war Slava in seinem Element, war betriebsam, umsichtig, vergaß nichts. Ich bewunderte seine vielen Fertigkeiten und Fähigkeiten und sah ihm gern zu.

Zum ersten Mal sah ich ein noch vollständiges Kabarga. Es hatte sich in einer der ausgelegten Schlingen gefangen. Slava zog das Fell ab und weidete es aus. Zum Abendbrot gab es Fleisch satt, was vor allem die Männer mit Befriedigung erfüllte, mich aber ebenfalls erfreute, denn bei monatelangem Mangel an Frischgemüse und Frischobst war es nicht angebracht, auf vegetarischen Mahlzeiten zu bestehen.

Slava und Boris liefen in der Regel nach dem Frühstück los und kehrten erst am Nachmittag zurück. Sobald sie weg waren, genoss ich ein wenig Privatsphäre und wusch mich in meiner Faltschüssel, die ich glücklicherweise mitgenommen hatte. Danach versah ich die nötigen Arbeiten im Haus, schlüpfte in die Skier und ging ebenfalls los. Meistens waren die Männer schon da, wenn ich wiederkam.

Obwohl Boris nett war, ich nichts an ihm auszusetzen hatte, fand ich seine Anwesenheit beschwerlich, da Slava und ich keine persönlichen Gespräche mehr führen konnten, sondern nebeneinanderher lebten, was auch Anlass zu Missdeutungen des Verhaltens gab. Am Abend konnte ich den Unterhaltungen der beiden nicht folgen und langweilte mich, nachdem ich die Eintragungen in das Tagebuch abgeschlossen hatte.

Nach fünf Tagen fuhr Boris zurück nach Srednjaja Oljokma, während Slava und ich noch einen Tag blieben. Es war eine große Erleichterung, sich endlich aussprechen und einige Missverständnisse aufklären zu können. Dass er beim kleinsten Wort der Kritik sofort dachte, ich wolle ihn nicht mehr und dann beleidigt, extrem abweisend und mit völligem Rückzug reagierte, führte zu einem Hoch und Tief der Gefühle, auf das ich gern verzichtet hätte.

Einträchtig fuhren wir ins Dorf zurück. Unterwegs sahen wir viele Wolfsspuren, die auf dem Hinweg noch nicht da gewesen waren. Slava meinte, dass zwei Rudel in die Gegend gewechselt seien.

In meinem Haus war die Temperatur inzwischen auf minus 10 Grad gefallen und das Wasser in der Tonne zu einem kompakten Block gefroren, sodass wir erst einmal einige Stunden durchheizen und Schnee auf dem Herd auftauen mussten.

Die meisten Jäger waren ebenfalls ins Dorf zurückgekehrt, weil die Zobeljagd schlecht lief. Es schneite ab und zu, und unter dem Schnee wurden die Fangeisen wirkungslos. Für Kolja gestaltete sich die Heimkehr zum unangenehmen Erlebnis, denn er fand im Hause seine betrunkene Frau und mehrere andere Leute vor nebst einer Batterie geleerter Wodkaflaschen. Mit Irinas Einverständnis hatte sein achtzehnjähriger Sohn einen Sack gefrorener Fische verkauft und das Geld in Wodka umgesetzt.

Tiefschläge

Nach der Fahrt durch die Taiga musste das Schneemobil überholt werden, und Slava kündigte an, dass er erst spät in der Nacht kommen werde. So war es auch. Er war stark angetrunken. Der junge Jäger Sergej begleitete ihn und trug einen Sack, in dem sich die Warenje-Gläser befanden, die während meiner Abwesenheit bei Valerij aufbewahrt gewesen waren. Einige waren unterwegs zerbrochen, die Warenje war in den Sack gelaufen und floss nun auf den Küchenfußboden, doch das war das kleinere Übel. Slava knirschte vor Wut immer wieder mit den Zähnen, behauptete, die Dorfbewohner sprächen schlecht über mich und sagten, ich sei eine Nutte, weil ich auch ein Verhältnis mit Juri gehabt und mir von Anatoli den Hof hätte machen lassen. Das mache ihn rasend, und er müsse sie schlagen, was er aber im nüchternen Zustand nicht könne. Deshalb trinke er. Auch Valerij habe gesagt, ich sei eine Nutte, und darum habe er ihn heute niedergeschlagen.

Was die Leute über mich dachten und äußerten, sagte nur etwas über sie selbst aus und kümmerte mich wenig. Schlimm war nur die Tatsache, dass Slava das Trinken nicht lassen konnte. Nach den gemeinsamen Tagen und Nächten in der Hütte hatte ich mich entspannt und meine Liebe war gewachsen, gleichzeitig auch die nicht ganz unberechtigte Hoffnung, dass er sein Alkoholproblem überwinden könnte, denn es gab einige Männer im Dorf, die es auch geschafft hatten. Kolja zum Beispiel hatte früher sehr viel getrunken, ebenso einer seiner Brüder, und beide waren davon geheilt. Nun traf es mich besonders hart.

Als Slava meine Erstarrung sah, weinte er, umarmte mich und bat: „Heute sei gut zu mir, morgen kannst du mich schlagen."

In diesem Zustand mit ihm zu reden, war zwecklos, und er tat mir in seinem trotzigen Zorn, seiner Verzweiflung und Liebe auch leid. Ich nahm ihn in die Arme und tröstete ihn, fühlte mich aber innerlich wie abgestorben. Am nächsten Morgen ging er ohne zu frühstücken aus dem Haus, kam mittags kurz vorbei und schickte am Nachmittag jemanden, der mir mit dem Schneemobil die drei Säcke Kartoffeln brachte, die vorübergehend bei Valerij eingelagert gewesen waren. Ein Sack war gefroren und für mich nicht mehr verwendbar, weil man ihn dort nicht frostsicher untergebracht hatte. Was Slava den ganzen Tag getrieben hatte, wusste ich nicht, doch hatte ich den Eindruck, dass er wieder Alkohol konsumiert hatte, obwohl er das Gegenteil schwor. Wie ich durch Zufall entdeckte, trug er eine 1,5-Liter Flasche Starkbier mit sich herum. Angeblich war sie nicht sein Eigentum, aber ich bestand darauf, dass er sie im Hof auskippte, wobei er sich aufführte wie die verfolgte Unschuld.

Ich wollte diesen Slava nicht, wurde ihn aber auch nicht los, solange ich im Dorf weilte. Immer, wenn er sich in den hässlichen Mann verwandelte, fragte ich mich, ob ich verrückt geworden sei, für zärtliche Worte, Streicheln, umsorgt sein und Sex meine vorherige Ruhe und Zufriedenheit aufgegeben zu haben. Ich wünschte mich weg von ihm, wollte nach Hamburg in mein schönes Zimmer in dem ruhigen Haus, zu meinen Verwandten, Freunden und den angenehmen Beschäftigungen. Gleichzeitig überfielen mich heftige Trennungsschmerzen, denn damit verlor ich auch den anderen, den so liebevollen, zärtlichen, rücksichtsvollen, fröhlichen Slava. Dass ich auf keinen Fall zu einem Trinker zurückkehren würde, stand fest und geriet auch bei der trüben Vorstellung, was aus ihm werden würde, nicht ins Wanken. Doch weinte ich bei dem Gedanken, dass durch die Trinkerei der liebenswerte Mensch immer mehr verschwinden würde, bis nur noch ein hässlicher, aggressiver Säufer übrig bliebe, mit dem es ein schlimmes Ende nehmen würde.

Wieder folgten schöne Tage ohne Alkohol, an denen ich mir nicht vorstellen konnte, ohne ihn zu sein. Der Gedanke an eine Rückkehr aus Deutschland zu ihm ins Dorf verursachte mir jedoch Bauchschmerzen, da das Alkoholproblem unverändert im Raum stand.

Slava zeigte mir ein leerstehendes Haus, in dem er mit mir leben wollte. Zu ihm gehörten Garage, Banja, Sommerküche, Schuppen, ein massiver kleiner Stall und ein großer Garten für den Anbau von Kartoffeln und Gemüse. Das Haus war recht geräumig, aber nicht einladend. Der Putz fiel von den Wänden und vom Ofen, alles war dreckig, überall lag altes Gerümpel vom vorherigen Bewohner herum. Es bewohnbar zu machen, würde viel Arbeit erfordern. In sein eigenes Haus wollte er nicht mit mir ziehen, da es seiner Ansicht nach zu klein war und keine Garage besaß.

Inzwischen hatte Slava seine beiden Hündinnen zu mir gebracht. Katja hatte sich in der Hundehütte eingerichtet, während Rita sich zum Schlafen im Schnee zusammenrollte. Wir bemerkten, dass die Toilettentür andauernd offen war und dachten voneinander, der andere würde sie nicht richtig schließen. Doch nach einem Toilettengang ertappte ich den Übeltäter auf frischer Tat: Katja richtete sich an der Tür auf, schob mit der Pfote den Riegel herunter und öffnete die Tür, um sich eine kleine Zwischenmahlzeit zu holen. Sie war schlau und hatte ihren eigenen Kopf. Slava wollte sie eigentlich als unnützen Fresser töten, weil sie im Wald oft ihrer eigenen Wege ging, statt ihm bei der Jagd zu helfen, brachte es dann aber nicht übers Herz. Auch im Dorf lief sie häufig davon und streunte in der Gegend herum. Doch seitdem die Hunde bei mir wohnten, blieb sie in der Nähe und begleitete mich zusammen mit Rita auf meinen Wanderungen. Die Hunde liebten diese Ausflüge, liefen oft weit voraus, kamen jedoch immer zu mir zurück, um sich streicheln zu lassen, wenn ich sie rief. Slava legte großen Wert darauf, dass ich die Hunde „zu meinem Schutz" mitnahm, aber mir wurde nie ganz klar, wovor sie mich schützen sollten.

Noch besser gefiel ihm freilich, wenn ich überhaupt nicht wegging. Tatsächlich blieb ich wegen meines Hustens mehrere Tage im Haus, weil trotz der Ende

Februar schon längeren Sonnenscheindauer tagsüber immer noch um die 30 Grad Frost herrschten, und ich befürchtete, dass meine durch den Frost geschädigten Bronchien noch weiter angegriffen werden könnten.

Die Leute in Sibirien schützen sich sorgfältig vor der Kälte, tragen bei kühleren Temperaturen immer Mützen und warme Kleidung aus Besorgnis, sich zu erkälten. Ich erlebte aber zum Beispiel weder bei mir noch bei anderen einen Schnupfen, eine Halsentzündung oder fiebrige Erkrankung, also etwas, was wir in Deutschland als „Erkältung" bezeichnen.

Der Motor des Schneemobils ließ sich mit den vorhandenen Ersatzteilen nicht reparieren. Slava hoffte, dass sein jetzt in Ust-Njuksha lebender Bruder ihm den Motor überlassen würde, der noch in Srednjaja Oljokma eingelagert war. Er stand zeitig auf und ging zur Poststelle, um über Radiofunk Kontakt mit seinem Bruder aufzunehmen. Sehr erleichtert und erfreut kehrte er zurück, um dann sofort in der Garage mit dem Einbau des Ersatzmotors zu beginnen. Dabei stellte sich leider heraus, dass dieser Motor nicht in sein Schneemobil passte und auch nicht passend gemacht werden konnte.

Nach vorherigen tagelangen Reparaturversuchen, neuer Hoffnung und einem weiteren, erfolglosen langen Arbeitstag war Slava vollkommen niedergeschlagen. Er brauchte das Gefährt, um in seinem Jagdgebiet die Fangeisen zu kontrollieren und wieder einzusammeln, da laut Gesetz Ende Februar die Jagd eingestellt werden musste.

Nach einem kurzen Besuch am Nachmittag kam er erst nachts um eins wieder – als der unangenehme, laute Fremde, schwer betrunken, aber weder schwankend noch lallend. Nach Hause gehen wollte er keinesfalls, so versuchte ich, ihn zu beruhigen und zum Schlafen zu bewegen, machte aber selbst kein Auge zu. Morgens um 5 Uhr stand er plötzlich auf und meinte, er müsse in die Garage, um die Sachen für die Fahrt in die Isbuschka zu sammeln, da ihm jemand sein Schneemobil dafür leihen werde. Ich wandte ein, es sei noch zu früh, denn der Generator würde erst in drei Stunden Licht spenden, aber er ließ sich nicht aufhalten. Nach anderthalb Stunden wurde ich plötzlich wach mit der Gewissheit, dass er nur gegangen war, um weiterzutrinken. Ich zog mich an und ging in Richtung Garage. Gerade, als ich am Haus des Mannes angelangt war, von dem ich wusste, dass er 95%igen Sprit an die Alkoholiker verkaufte, öffnete sich die Tür, und Slava trat mit einem Trinkkumpanen heraus.

Auf frischer Tat ertappt, herrschte er mich an: „Spionierst du mir nach?"

„Ja", antwortete ich, machte sofort kehrt und ging nach Hause. Dort suchte ich eilig alle seine Sachen zusammen, bündelte sie, stellte sie in den Schuppen im Hof und legte ihm einen kurzen Brief dazu, in dem ich ihm sagte, dass ich nichts mehr mit ihm zu tun haben wolle und er mich künftig in Ruhe lassen solle. Dann legte ich den Riegel vor die Außentür und setzte mich ins Haus. Am liebsten wäre ich sofort geflüchtet, weit weg von ihm, oder hätte einige Schlaftabletten genommen, um zu schlafen und von alldem nichts mehr zu wissen. Ich wollte mich wie ein wundes Tier in eine Höhle verkriechen, in der mich niemand finden konnte. Wieder einmal haderte ich mit mir, mich überhaupt auf dieses Verhältnis eingelassen zu haben, vermisste aber auch den anderen Slava, seine Liebe, seine Stimme, seine Wärme, und war traurig darüber, ihn verloren zu haben. Anderthalb Monate nur dauerte unser Zusammensein, und in dieser Zeit hatte ich alle Höhen und Tiefen erlebt.

Wie ich geargwöhnt hatte, kam Slava zurück und ließ sich nicht abweisen. Er riss fast den Riegel aus der Tür, und als es ihm nicht gelang, sie zu öffnen, schlug er an die Fenster. Weil ich befürchtete, dass er die unersetzbaren Fenster einschlagen würde, öffnete ich die Tür.

Er beschimpfte mich als Nutte, die ihn getäuscht habe und gar nicht lieben würde, sondern nur mit einem jungen Mann habe vögeln wollen, und beschuldigte mich, ein Verhältnis mit Juri gehabt zu haben. Dann wieder sagte er, er liebe mich, könne nicht ohne mich leben, weinte, presste mich an sich. Er bedrohte mich mit dem Messer und sagte, er werde uns beide umbringen. Er kündigte an, dass er sich die Pulsadern aufschneiden werde. Wenn ich weinte vor Hilflosigkeit und Trauer, verbot er es mir, weil er es nicht ertragen konnte. Plötzlich wollte er essen, aber ich hatte nichts gekocht, nur ein Rest Kartoffelsalat und Brot waren da. Unzufrieden stopfte er es in sich hinein, aß wie ein Schwein. Als ich ihn bat, mich in Ruhe zu lassen und zu gehen, schaute er mich nur ungläubig, fast gehässig an und schüttelte den Kopf. Ihm machtlos ausgeliefert, fühlte ich mich inzwischen völlig gleichgültig dem gegenüber, was er noch anstellen mochte, empfand weder Angst, wenn er mir das Messer an die Kehle hielt, noch Liebe, wenn er meine leblosen Lippen küsste, noch Abneigung. Ich war wie eine Puppe, die man hin- und herschlenkern konnte, und trotzdem war ich innerlich ungebrochen, wusste, dass der jetzige Zustand vorübergehend war und ich ihm entfliehen würde. Ich würde niemandem erlauben, mich unglücklich zu machen.

Am nächsten Tag ging ich zum Dorfvorsteher und erklärte ihm, dass ich so bald wie möglich abreisen müsse, weil Slava mich bedrohe, und fragte, ob in den nächsten Tagen ein Auto nach Tupik führe. Der Lehrer war zufällig anwesend und äußerte: „Die Ewenken sind schlechte Menschen", eine Ansicht, die ich nicht zum ersten Mal hörte. Nach meinem Eindruck neigen die Russen in Sibirien stark dazu, auf die ursprünglich hier einheimischen Nationalitäten verächtlich herabzublicken, seien es Ewenken, Burjaten oder andere. Mit ungerechtfertigtem Hochmut schauen sie auch auf ihre Nachbarn, die Chinesen und Mongolen, herab.

Soweit ich es beobachten konnte, hatten die Ewenken tatsächlich eine andere Lebenshaltung. Sie neigten weniger zur Vorratshaltung, sondern verbrauchten unbedacht, was sie hatten, ohne an das Morgen zu denken. Außer Slava besaß kein Ewenke im Dorf ein Motorboot, ein Schneemobil, mehr als zwei Fischnetze oder ein halbwegs ordentliches Zuhause. Früher lebten die Ewenken nomadisch in Zelten, zogen mit ihren Rentierherden dorthin, wo diese Futter fanden. Mehr als das unbedingt Notwendige zu besitzen, wäre unnötiger Ballast gewesen, und das, was man brauchte, konnte bei Bedarf unmittelbar aus der Natur gewonnen werden. Wenn die Natur es nicht gab, ertrugen sie Hunger und Entbehrungen, denn auch das gehörte zum Alltagsleben. Es erstaunte mich, dass trotz der vor vielen Jahrzehnten durch die Sowjetregierung erzwungenen Angleichung an die russische Lebensweise ihre Grundhaltung noch immer davon geprägt war.

Zu meiner Erleichterung teilte mir der Dorfvorsteher mit, dass schon am Folgetag ein Auto fahren würde, das mich mitnehmen könne. Der kleine geschlossene Laster hatte Säcke mit Mehl, Zucker und andere Grundlebensmittel gebracht, und im Laderaum würde genügend Platz für meine Packsäcke sein.

Ich sortierte in Windeseile meine Sachen. Alle Lebensmittel und Haushaltsgegenstände sowie einige Kleidungsstücke würde ich verschenken, das Faltboot und alles andere verpackte ich in den Bootssack und die beiden großen Rucksäcke; Wertsachen, Videokameras und Zubehör steckte ich in eine Reisetasche.

Nachmittags kam Slava und schaffte es, hinter jemand anderem ins Haus zu schlüpfen. Es war ein Schock für ihn, mich abfahrbereit zu sehen und zu hören, dass ich am nächsten Tag das Dorf für immer verlassen würde. Irritiert hörte ich, dass er mit dem gleichen Auto nach Tupik fahren werde und dann weiter nach Tschita, um sich dort von der Alkoholsucht heilen zu lassen.

„Aber du hast doch kein Geld?", fragte ich ungläubig.

„Das ist gar kein Problem, ich verkaufe das Schneemobil", antwortete er mir.

Fröhlichkeit und Zuversicht vortäuschend, verbrachte er gegen meinen Willen die Nacht bei mir im Haus, klammerte sich förmlich an mich und bat mich, zu ihm zu halten, doch ich hatte nur noch den Wunsch, dass dies alles schnell zu Ende sein möge. Am Morgen holte ihn die Wirklichkeit zurück. Er gab zu, dass er keine Möglichkeit sah, nach Tschita zu fahren und mit mir zusammenzubleiben, weinte, war verzweifelt. Ich brachte es nicht fertig, ihn seinem Schicksal zu überlassen. Ob er wirklich den festen Willen habe, sich mithilfe der Injektion von der Sucht zu befreien, fragte ich ihn.

„Ja, aber ich habe jetzt doch kein Geld mehr. Alles, was ich durch die Zobeljagd verdient hatte, habe ich noch im Dezember ausgegeben, hauptsächlich vertrunken."

„Also gut, ich werde dir helfen", sagte ich kurz entschlossen, aber wissend, dass ich damit weiter Verantwortung auf mich nehmen und meine eigene Ruhe gefährden würde. Da jedoch mein idealler und wesentlich auch finanzieller Beistand die einzige Chance für ihn war, sich von der Alkoholsucht zu befreien, wollte ich ihm diesen nicht verwehren. Ob er die Chance dann zu nutzen wusste, musste nach meiner Abreise ihm überlassen bleiben, denn die Injektion bot keine Garantie, sondern lediglich eine Unterstützung. Sicher über sein zukünftiges Verhalten war ich mir keineswegs. Wie ich im Dorf hörte, hatten andere trotz der Injektion wieder zu trinken begonnen.

Wir gingen frühmorgens zum Fahrer des Autos und fragten, ob er auch Slava mitnehmen könne. Es war möglich.

Slava brachte die Hunde zu Valerij, packte seine paar Sachen in eine Plastiktüte, und danach warteten wir auf die Abfahrt des Autos, die sich den ganzen Tag über hinauszögerte. Zum Frühstück hatte sich der Fahrer betrunken und konnte nicht starten. Danach war er samt Auto verschwunden, und keiner wusste, wo er war. Am Nachmittag tauchte er schließlich wieder auf, und erst abends gegen 19 Uhr fuhren wir los. Der Chauffeur war immer noch oder schon wieder betrunken, aber man sagte mir, dass er beim Fahren nüchtern werden würde, eine Antwort, von der man wohl erwartete, dass sie mich beruhigen würde, was allerdings ganz und gar nicht zutraf.

Jetzt Anfang März waren die Tage schon länger. Nachdem wir das Dorf verlassen hatten und uns auf dem entlang des Flusses führenden Winterweg entfernten, warf die Dämmerung bläuliche Schatten über den Schnee, und die Häuser zeichneten sich klar gegen den schnell verblassenden Himmel ab. Acht Monate hatte ich hier gelebt, und nun bewegten mich Abschiedsgefühle und Wehmut bei der Trennung von den Menschen im Dorf und der wundervollen Umgebung, denn ob ich dies alles wiedersehen würde, schien mir äußerst fraglich. Durch das kleine, sich immer wieder beschlagende Fensterchen der Lastwagenkabine blickte ich nach draußen, bis die vertraute Landschaft in der Dunkelheit versank.

Außer Slava und mir waren zwei weitere Fahrgäste an Bord, der vierzehnjährige Enkel Dora Michailownas, der seine Großeltern besucht hatte, und ein Jäger mit einem sehr großen, jungen Hund.

Das Auto fuhr streckenweise auf der zugefrorenen Oljokma, holperte aber häufig auf dem steinübersäten Flussufer entlang, wenn die Eisdecke unsicher schien, und schaukelte die letzten 100 Kilometer auf einer buckeligen Piste durch die Taiga. Wir saßen auf einer Art Bank aus Metall, die sich längs der Fahrtrichtung an der Wand befand. Die Füße breitbeinig fest auf den Boden gestemmt, versuchten wir, die groben Stöße und Sprünge abzufangen, um nicht heruntergeschleudert zu werden. Die harten Landungen nach den ungewollten Luftsprüngen ließen mich manches Mal befürchten, dass Gehirn und Magen durch die Schädeldecke geradewegs zur Decke fliegen würden. Ich hätte meinen Platz gern mit dem Hund getauscht, der ruhig in seinem dichten Winterfell auf einer wattierten Decke auf dem Boden lag. Ob mein Hintern am Ende der zehnstündigen, nächtlichen Höllenfahrt tatsächlich so dunkelblau aussah, wie er sich anfühlte, konnte ich mangels Gelegenheit nicht überprüfen.

Im Laderaum befand sich ein kleiner eiserner Ofen ähnlich derer in den Jagdhütten. Jedes Mal, wenn die Ofentür geöffnet wurde, bangte ich, dass die Glut ins Wageninnere geschleudert würde. Trotz ständigen Heizens blieb es in dem blechernen, unisolierten Innenraum eisig kalt. Bereits vor Ende der Fahrt war das Holz verbraucht, aber man schien der Meinung zu sein, es lohne sich nicht mehr, anzuhalten und neues zu schlagen. Slava zog mir die Hightechstiefel aus, massierte meine abgestorbenen Füße und wärmte sie unter seiner Jacke am Körper, bis ich sie wieder fühlte. Erleichtert begrüßten wir die Pause in einer Jagdhütte an den Weißen Felsen, in der wir frischen Tee tranken und etwas aßen. Obwohl dies die einzige Rast blieb bis zur Ankunft in Tupik gegen 5 Uhr morgens, bewältigte der alkoholgewöhnte Fahrer die anstrengende Fahrt ohne sichtbare Probleme.

Slava bat ihn, uns am Haus des inzwischen wieder verheirateten Ehemanns seiner verstorbenen Schwester abzusetzen, und klopfte ihn dann heraus. Es war mir unangenehm, die Hilfe des Schwagers in Anspruch nehmen zu müssen, denn er machte auf mich keinen entgegenkommenden Eindruck. Immerhin wurden wir hineingebeten, bekamen Kaffee, Brot und Speck vorgesetzt und konnten uns in einem Bett etwas ausruhen und aufwärmen, bevor wir zwei Stunden später wieder aufstanden. In der Zwischenzeit war die Frau des Schwagers zur Arbeit gegangen. Statt zu frühstücken, trank er Wodka, angeblich deshalb, weil sie am Abend zuvor Streit gehabt hatten. Ich konnte darin allerdings keinen zwingenden Zusammenhang erkennen. Wir gossen uns einen Kaffee auf, und ich drängte zum Aufbruch, da ich mich in der dortigen Atmosphäre äußerst unwohl fühlte.

Zu unserem Pech fuhr der Autobus nach Mogotscha erst am nächsten Tag. Slava wollte deshalb auf die Rückkehr des Autos warten, dem wir am Abend zuvor unterwegs begegnet waren und das nach seiner Rückkehr aus Srednjaja Oljokma über Tupik nach Mogotscha fahren wollte. Diese Aussicht hielt ich für zu unsicher und das Warten erschien mir unkalkulierbar lange. Darum bat ich Slava herumzufragen, ob uns jemand gegen Bezahlung dorthin bringen könne. Dabei stellte sich heraus, dass Slavas Freund Sergej, den ich in Srednjaja Oljokma kennengelernt hatte, sowieso geschäftlich nach Mogotscha wollte und uns mitnehmen konnte.

Am Bahnhof in Mogotscha kauften wir Zugfahrkarten nach Tschita, mussten jedoch noch mehrere Stunden bis zur Abfahrt überbrücken. Die Gepäckannahme war geschlossen, was Slava ohne Nachfrage schicksalsergeben hinnahm und ihn wohl veranlasst hätte, die Zeit neben dem Gepäck sitzend zu verbringen. Dazu verspürte ich jedoch keine Lust, und meine Nachforschungen ergaben schließlich, dass man an einem Schalter die Gebühren bezahlen musste, und erst danach öffnete die Angestellte die Gepäckannahme und nahm die Sachen entgegen.

Ich hatte gehofft, während der Wartezeit ein Kino besuchen, in einer Buchhandlung stöbern oder in einer Gaststätte eine gute Mahlzeit einnehmen zu können, aber es gab weder ein Kino noch eine Buchhandlung, obwohl im Ort um die 18000 Einwohner lebten. Wenigstens fanden wir ein Restaurant, in dem chinesische Küche serviert wurde und das Rauchen nicht gestattet war. Darum schien es sich trotz des schmackhaften Essens keiner großen Beliebtheit zu erfreuen, denn wir waren um die Mittagszeit die einzigen Gäste. Auch Slava fühlte sich nicht wohl dort und aß nichts, weil das chinesische Essen ihm nicht zusagte.

Ich war froh, als wir die ungastliche Ortschaft mit dem Zug verlassen konnten. Allerdings muss ich hinzusagen, dass ich die wenigen russischen Städte, die ich bisher aufsuchte, allesamt als abweisend und vom Gesamteindruck her als hässlich empfand. Es gab zwar häufig schön hergerichtete, repräsentative Gebäude und Anlagen, aber sie hatten oft eine unansehnliche und schmutzig wirkende Nachbarschaft, die den guten Eindruck wieder zunichte machte. Der Autoverkehr verlief hektisch und rücksichtslos, und als Fußgänger war man entschieden im Nachteil, wenn man nicht schnell genug aus dem Wege sprang. Die Atmosphäre in den Gaststätten erlebte ich mehrfach als wenig zuvorkommend. Die Dienstleister auf Behörden, in Arzteinrichtungen, Geschäften, Notariaten usw. schienen sich nicht als solche zu empfinden, denn sie behandelten ihre Klienten häufig nicht wie Kunden, sondern wie lästige Bettler, die auch ruhig angeblafft werden konnten – ein gern angewandter, rüder Umgangston. Die Zugbegleiter/innen hatten nach meinem Eindruck den Auftrag, die Fahrgäste mit autoritärer Strenge zu behandeln und keinesfalls anzulächeln. Das Lächeln schien allenthalben als Ausdruck unangebrachter Vertraulichkeit betrachtet zu werden.

Die Russen lassen sich das alles ohne Widerstand gefallen, da sie Angst vor noch mehr Schwierigkeiten haben, falls sie sich beschwerten. Eher versuchen sie, sich mit erhöhter Freundlichkeit bzw. mit Geschenken oder Geld eine bessere Behandlung zu erkaufen, was diese Art von Geschäften so recht zur Blüte bringt und die Bestechlichkeit fördert. So wundert es nicht, dass die Korruption auf unterster Ebene beginnt und sich wie ein vielarmiger Krake durch alle Bereiche und Dienstgrade windet.

Da Freundlichkeit oft als Schwäche gedeutet zu werden scheint, bin ich dazu übergegangen, mit entschlossenem Gesichtsausdruck meine Augen in die der widerspenstigen Dienstleister zu bohren, was sie zu zähmen und zu der Überzeugung zu bringen scheint, dass mit mir nicht zu spaßen ist. Auf privater Ebene lernte ich die Russen aber als entgegenkommend und sehr gastfreundlich kennen.

Eine positive Erinnerung bilden auch die beiden russischen Handelsagentinnen einer bekannten westlichen Kosmetikfirma, mit denen wir unser Abteil auf der Reise nach Tschita teilten. Sie zeigten mir einen Katalog der Produkte, die sie vertrieben, und nannten deren astronomische Preise, die mich vom Kauf selbst einer einzigen Minitube abhalten würden. Trotzdem machten sie in Russland vermutlich ganz gute Geschäfte, denn die russischen Frauen legen größten Wert darauf, den Männern zu gefallen und scheuen dabei auch vor beträchtlichen Ausgaben nicht zurück. Da die jungen Mädchen und Frauen auf äußerste Schlankheit achten, können sie die Kosten vermutlich beim Essen wieder einsparen.

Die beiden Vertreterinnen waren eher zurückhaltend geschminkt und gekleidet, zogen uns liebenswürdig und lebhaft ins Gespräch, ohne aufdringlich zu sein. Es interessierte sie natürlich, warum ich mich in Russland aufhielt. Sie wunderten sich sehr über meine Unternehmungen und fanden sie mutig. Ich erfuhr etwas über ihre Arbeit und ihr Leben, und so verging die dreizehnstündige Fahrt unterhaltsam und angenehm. Vor dem Aussteigen gaben sie uns ihre Visitenkarten und boten uns ihre Hilfe an, falls wir die in Tschita benötigen sollten.

Dort auf dem Bahnsteig warteten mehrere Taxifahrer auf Fahrgäste, was recht angenehm war, da sie auch vor dem Tragen umfangreichen Reisegepäcks nicht zurückschreckten. Wir vertrauten uns einem von ihnen an und baten ihn, uns zu einem guten, nicht allzu teuren Hotel zu bringen. Über die gängigen Hotelpreise hatten wir uns von den Vertreterinnen informieren lassen.

Das Hotel befand sich in einem großen, mehrstöckigen, wenig ansprechenden Gebäude, das unter anderem als Wohnheim genutzt wurde. Die zum Hotel gehörenden Räume machten aber einen gepflegten Eindruck, und es war angenehm, dass das Trinken und Rauchen in den Zimmern nicht gestattet war. Durch den fast familiären Umgangston der Geschäftsführerin (oder Besitzerin), einer älteren, üppigen Blondine, fühlten wir uns beinahe heimisch. Zum Preis von etwa 60 € pro Nacht mietete ich ein Appartement mit eigenem Bad, Sitzküche und Zimmer, das neuestem westlichen Standard entsprach, denn nach der langen, anstrengenden Anreise ohne ausreichende Waschmöglichkeiten hatte ich das dringende Verlangen nach einer Dusche und bequemer Ruhemöglichkeit.

Am nächsten Morgen machten wir uns auf die Suche nach dem Büro des Jagdkomitees für die Tschitinskaja Oblast, wo Slava sich bei einem dort arbeitenden Freund nach der Adresse erkundigen wollte, an der er die gewünschte Injektion erhalten konnte. Wir fragten einige Leute nach dem Büro, fanden es aber nicht. Die genaueste Auskunft war, dass es in der Nähe eines bestimmten Ladens läge, am heutigen Sonnabend aber geschlossen habe. Damit wollte sich Slava auf den Heimweg begeben und die Suche erst am Montag fortsetzen, aber ich bestand darauf, es noch zu finden und nach Möglichkeit die Öffnungszeiten zu erfahren, was uns dann auch gelang. Kaum waren wir ins Hotel zurückgekehrt, wollte Slava losgehen, um Schnürsenkel zu kaufen, wie er sagte. Weil ich befürchtete, dass er Alkohol trinken wolle, beabsichtigte ich, ihn zu begleiten, worauf er sehr wütend wurde. Dann legte er sich aufs Bett und sah stundenlang fern, bis ich ihn überreden konnte, mit mir gemeinsam einige Lebensmittel einkaufen zu gehen. Wenn ich ihn fragte, was wir kaufen sollten, brauchte er angeblich gar nichts, weder Tee noch Brot noch sonst etwas. Als wir aber wieder im Hotel waren, fiel ihm ein, dass er nun gehen und Zigaretten kaufen müsse. Ich sagte ihm, dass ich ihn nicht allein gehen ließe, da ich den Verdacht hätte, dass er trinken wolle. Das erboste ihn wieder außerordentlich; er wütete herum und spielte den Beleidigten. Wie konnte ich denn nur so etwas von ihm denken?

Nun wurde ich auch zornig und schrie ihn an: „Habe ich keinen Grund zu solcher Befürchtung? Wer hat denn immer wieder Wodka getrunken? Weshalb sind wir wohl in Tschita? Nur deiner Alkoholsucht wegen sind wir hier! Ich wollte nicht hierher, sondern nach Deutschland."

Aufgebracht stopfte er seine Sachen in eine Plastiktüte und sagte, er ginge zum Bahnhof und führe zurück nach Srednjaja Oljokma. Es wäre mir zwar am liebsten gewesen, ihn ganz und gar loszuwerden, aber seine Reaktion war natürlich nur Bluff, denn er hatte keine Kopeke in der Tasche. Und da ich nun schon die ganzen Umstände und bisherigen Kosten auf mich genommen hatte, schien es mir, trotz meiner Zweifel am letztendlichen Erfolg, besser, die gute Tat zu Ende zu bringen, indem ich ihm die Injektion ermöglichte und danach seine Rückfahrt ins Dorf bezahlte. So sagte ich warnend: „Slava, überlege es dir gut. Du hast kein Geld für die Rückfahrt. Und wenn du jetzt aus dem Raum gehst, brauchst du nicht mehr wiederzukommen, denn dann fahre ich morgen ab."

Verstimmt zog er Jacke und Schuhe wieder aus und legte sich aufs Bett, um sich weiter vom Fernsehprogramm berieseln zu lassen. Ich tröstete mich derweil mit dem Gedanken, dass ich in einigen Tagen befreit sein würde von meiner auf mich genommenen Pflicht.

Am Montag konnten wir endlich das Büro des Jagdkomitees aufsuchen, das von einem früheren Schulkameraden Slavas geleitet wurde. Er fuhr uns in seinem Wagen in die Poliklinik mit der „Narkologie"-Abteilung. In Russland bezeichnet man einen Suchtkranken als „Narkoman", die speziell auf diesem Gebiet ausgebildeten Ärzte nennt man „Narkologen". Nach einer Belehrung durch die Ärztin erhielt Slava die Injektion, für die 2500 Rubel, rund 75 Euro, zu zahlen waren. Für mich ein geringer Betrag, aber für jemanden, der beispielsweise eine Pension von 3000 Rubel im Monat erhält, schwer aufzubringen.

Ich konnte mich endlich etwas entspannen, denn danach wandelte sich Slavas Verhalten zusehends. Er wurde ruhig, ausgeglichen, liebevoll und versicherte mir immer wieder, wie sehr er mich liebe.

Aus vernünftiger Sicht schien es der komplette Wahnsinn zu sein, ihm die Rückkehr zu versprechen, und ich habe auch keine rationale Erklärung dafür, was mich schließlich dazu bewog. Vielleicht war es ein unangebrachtes Verantwortungsgefühl für sein Wohlergehen, vielleicht das angenehme Gefühl, geliebt zu werden, Zärtlichkeit zu empfangen, wichtig zu sein für jemanden, vielleicht der umnebelte Verstand einer verliebten Frau.

Das wahre Abenteuer

In Deutschland kam es mir keinen Augenblick in den Sinn, mein Slava gegebenes Versprechen nicht einzuhalten oder auch nur in Frage zu stellen, obwohl dieser Sprung ins Ungewisse so gar nicht meiner sonstigen Verhaltensweise entsprach. Bisher hatte ich alle meine Unternehmungen sorgfältig erwogen, geplant, vorbereitet und mich hauptsächlich auf mich selbst verlassen. Ich konnte die Risiken immer einigermaßen einschätzen und mich vorher entscheiden, ob ich darauf eingehen wollte oder nicht.

Doch nun war die Situation eine völlig andere. Ich saß in der Transsibirischen Eisenbahn auf dem Weg zu einem Mann, der leidenschaftlich, impulsiv und gefühlsbetont war, der Alkoholiker war, wenn auch „trocken". Letzteres konnte ich nur hoffen, denn durch den vierwöchigen Postweg und dessen durch das Tauwetter bedingte Unterbrechung hatten mich in Deutschland nur zwei Briefe von ihm erreicht. Hatte ihm die Injektion geholfen, mit dem Trinken aufzuhören? Wird er mich weiter so lieben? Würden unangenehme Eigenschaften an ihm zum Vorschein kommen?

Die Zukunft schien mir überaus ungewiss, denn schließlich waren wir vor meiner Abfahrt nur anderthalb Monate zusammen gewesen, eine sehr kurze und mehrheitlich überschattete Zeit. Nun fuhr ich in sein Haus, hatte das Gefühl, mich ihm praktisch auszuliefern. Nach vielen Jahren des Singledaseins in deutschen Großstädten, das mir wegen der großen Freiheit und Unabhängigkeit äußerst gut gefallen hatte, wollte ich nun mit einem Jäger vom Volke der Ewenken in zivilisatorischer Abgeschiedenheit und absolut traditioneller Weise zusammenleben, eine Wendung meines Daseins um 180 Grad nicht nur, was die äußeren Umstände betraf. Die größten Befürchtungen, dass es nicht gut gehen würde, überkamen mich. Warum ließ ich mich trotz meiner Zweifel auf diesen Versuch ein? Denn so betrachtete ich dieses Unternehmen, konnte ich bei einem Fehlschlag doch jederzeit heimkehren nach Deutschland. Trotzdem hatte ich bereits in Irkutsk einiges Geld investiert in Küchengeräte, Wäsche, Stoffe, Bettzeug und dergleichen, denn ich musste uns einen einfachen Haushalt einrichten, da Slava selbst fast nichts besaß. Geschirr, Eimer, Schüsseln, Farben und einiges mehr wollte ich in Mogotscha oder Tupik kaufen.

Mir fielen die Worte meines Kollegen Bernhard ein, eines großen Geschichtenerzählers, der während sich anbahnender Schwierigkeiten ahnungsvoll und erfreut zu sagen pflegte: „Das verspricht, eine gute Geschichte zu werden."

„Na, wenigstens das wird es dann wohl, wenn auch sonst alles schief geht", dachte ich bei mir.

Auf dem Weg von Irkutsk nach Mogotscha zogen die Landschaften an mir vorüber. Noch schwammen Eisschollen auf dem Baikalsee, gerade zeigten die Birken ihr erstes Grün, der blühende Bogulnik schimmerte pinkfarben. Wälder,

Wiesen und Flüsse, dazwischen vereinzelt die typisch sibirischen Dörfer mit ihren stabilen Holzhäuschen, die zu Zeiten Tolstois und Dostojevskis wohl schon ebenso aussahen. Allmählich drang es in mein Bewusstsein: Ich war wieder hier, in meinem Sibirien mit seinen vielen unterschiedlichen Gesichtern. Langsam gewann die Vorfreude Oberhand über die Befürchtungen, und ich gab mich dem Lied des Schienenstrangs und dem Anblick der geliebten Landschaft hin.

Ich war froh, dass ich vor Antritt meiner Abreise aus Deutschland per Internet Schenja vom Irkutsker Reisebüro gebeten hatte, die Weiterfahrt ab Mogotscha bis Srednjaja Oljokma wieder für mich zu organisieren. Schenja war mir inzwischen ein guter Freund geworden, hatte mich in Irkutsk am Flughafen abgeholt, mich wie immer mit Freude herzlich umarmt und mich zu seiner Mutter gebracht, bei der ich jedes Mal eine angenehme Unterkunft und kultivierte Gesellschaft finde. Er bietet mir stets jedwede Hilfe an, eine nicht zu unterschätzende Unterstützung bei einem Aufenthalt im fremden Land.

Wie verabredet, erwartete mich in Mogotscha an der Bahnstation Alexander und verlud mein in Irkutsk angewachsenes Gepäck in den Minibus. Er fuhr mich in verschiedene Geschäfte, in denen ich Einkäufe erledigte, und schließlich nach Tupik, wo wir erst nach 20 Uhr abends ankamen. Da es für die Weiterfahrt mit dem Boot zu spät geworden war, bereitete mir Alexanders Frau in einem Raum neben der Sommerküche das Bett. Sie heizten ihn, gaben mir warmes Wasser und eine Waschschüssel, sodass ich mich waschen und dann in einem schön bezogenen Bett schlafen konnte, was ich auf meinen Reisen als Luxus zu schätzen gelernt hatte. Während der Faltboottouren vermisste ich dies nicht, floss doch unweit meines Zeltes der Fluss und bot ein riesiges Badezimmer, doch als Gast im dörflichen Sibirien übernachtet man meistens im Wohnzimmer der Familie und hat nur dann die Möglichkeit zur Körperwäsche, wenn die Banja geheizt wird. Das wird besonders unangenehm, wenn man tagelang auf eine Gelegenheit zur Weiterfahrt warten muss. Manche Einschränkungen kann ich gut ertragen, aber unter mangelnder Waschgelegenheit leide ich wirklich. Das war in meiner Kindheit ganz anders, denn jedes Mal, wenn meine Eltern abends ausgingen, wuschen wir beiden Schwestern uns nicht. Am nächsten Morgen erkundigte sich mein Vater regelmäßig, ob wir uns am Abend gewaschen hätten, was wir eifrig bejahten. „Aha, dann habt ihr euch wohl ohne Wasser gewaschen? Die Waschlappen waren ja noch ganz trocken", überführte mein Vater uns der Lüge. Nun, wir waren lernfähig und machten das nächste Mal die Waschlappen nass, vergaßen aber die Zahnbürsten, worauf mein Vater wieder listig fragte, ob wir uns denn mit der Klobürste die Zähne geputzt hätten. Seine Spitzfindigkeiten zwangen uns schließlich dazu, den ganzen Waschvorgang durchzuspielen einschließlich des Verspritzens von Wasser auf dem Fußboden und Aufwischen desselben. Es machte fast so viel Mühe, als wenn wir uns wirklich gewaschen hätten.

In dieser Nacht schlief ich trotz der angenehmen Umgebung nur zwei Stunden, weil mir überflüssige, unangenehme Gedanken den Schlaf raubten und ich nicht genug Disziplin aufbrachte, sie loszulassen. Am nächsten Morgen ließ ich mich bei der Miliz in Tupik registrieren, kaufte noch einige Lebensmittel, von denen ich wusste, dass sie in Srednjaja Oljokma nicht zu haben sind, und dann konnte die Fahrt mit dem Boot beginnen. Ich freute mich schon auf den Fluss und den Wald.

Wie bei der ersten Fahrt mit Alexander begleitete uns sein Neffe Sascha, dazu noch ein mir bis dahin unbekannter Mann. Er saß mit dem Gewehr vorn im Boot, schien aber nicht so gute Augen zu haben wie Sascha, der das Wild immer viel früher entdeckte. Der Mann schoss vier Enten. Ich freute mich, dass ihm die anderen entkamen, da er oft daneben zielte oder sie viel zu spät sah. Auch einen Elch am Ufer verfehlte er.

Gegen 8 Uhr abends hielten wir an einer Jagdhütte. Auf der sich über die gesamte Breite erstreckenden Holzfläche fanden wir vier bequem Platz, und im Schlafsack auf meiner Matratze konnte ich gut schlafen. Zum Abendbrot hatte ich aus Kartoffeln, Zwiebeln und chinesischen Tütensuppen eine Mahlzeit gekocht, die wegen der sehr langen Nudeln mit dem Löffel schwierig zu essen war und vielleicht darum nicht viel Anklang fand, vielleicht aber auch deshalb nicht, weil ein Essen ohne Fisch, Fleisch, Wurst oder Speck in Sibirien kein richtiges Essen ist. Den verschmähten Rest der Nudelsuppe verspeiste ich am folgenden Morgen und war davon den ganzen Tag satt, was sich als Glücksfall herausstellte. Sascha bereitete nämlich eine Fischsuppe lediglich aus Karauschen und Kartoffeln ohne Salz oder andere Gewürze. Das störte aber keinen außer mir, denn alle aßen sie schlürfend mit großem Appetit, dazu viel Brot und etwas Salz, das sie im Nachhinein in die Suppe gaben. Den aus der Brühe herausgehobenen Fisch aßen sie gesondert dazu.

Am späten Nachmittag steuerten wir das Ufer vor Srednjaja Oljokma an, an dem einige Männer bei zwei Booten standen, wie wir schon von Weitem sahen. Erst beim Anlanden erkannte ich Slava. Er war gerade zurückgekommen von der Jagd auf einen Bären, dessen Fleisch und Fell noch im Boot lagen. Slava war braun gebrannt, unrasiert und roch eigenartig nach dem Bären, aber das störte mich nicht. Noch etwas schüchtern umarmten wir uns und waren glücklich, beieinander zu sein.

Gegen etwas Benzin und einen Sack Bärenfleisch für die Hunde brachte ein Mann mein Gepäck in seinem Auto zu unserem gemeinsamen Haus. Über die Gartenpforte neigte sich ein in voller Blüte stehender Faulbaum, dessen zarte, weiße Blütenrispen sich leicht im Winde bewegten und einen unverwechselbaren Duft verströmten. Die Strahlen der Nachmittagssonne ruhten auf dem hölzernen Bauernhaus mit seinen ins Hellblaue verblichenen Fenstereinfassungen. Auch das übrige Gelände machte einen angenehmeren Eindruck als in meiner Erinnerung, denn Slava hatte es entrümpelt und die Zäune repariert. Der alte Unrat war leider nicht weg, sondern nur woanders, denn hier hat man keine andere Wahl, als alles nicht Verbrenn- oder Verrottbare an einer Stelle in der Natur abzuladen.

Der Anblick der leeren Schnapsflaschen, Blechdosen und des anderen Zivilisationsgerümpels im Wald schmerzt mich jedes Mal. Es wäre sinnvoll, wenigstens einen einzigen Platz als Schrottplatz anzuweisen, aber auf die Idee ist wohl noch kein Ortsvorsteher gekommen.

Die Küche war größer und gleichzeitig gemütlicher geworden, denn Slava hatte sie umgebaut und eine lange, hölzerne Arbeitsplatte angebracht. Hinter einer Trennwand aus Holz befand sich ein kleiner Schlafraum, in dem ein durchgelegener, abgewetzter Diwan stand. Slava hatte versucht, mit geringen Mitteln alles etwas wohnlich zu machen, aber es blieb noch sehr viel zu tun. Das Haus war vier Jahre lang nicht bewohnt und beheizt worden, und so hatte die auch vor den dicken Holzwänden nicht Halt machende extreme Witterung ihre Spuren hinterlassen. Der abbröckelnde Putz musste von Wänden und vom Ofen abgeklopft, alles neu verputzt und gestrichen werden. Wohin ich auch blickte, sah mir Arbeit entgegen. Die wenigen Möbel wirkten mehr oder minder schrottreif, aber Slava versicherte mir, dass er sie reparieren könne. Eine alte, aufgerissene Autositzbank mit rostigem Metallgestell und ein Sofa, aus dem das hässliche Innere hervorquoll, bildeten die Einrichtung des etwa 30 Quadratmeter großen Zimmers neben Küche und Schlafraum.

Unser Haus in Srednjaja Oljokma

Die Fläche für den Kartoffelanbau war mit dem Traktor umgepflügt worden, und Slava hatte die Hälfte davon bereits mit Kartoffeln belegt. Die andere Hälfte musste unverzüglich eingesetzt werden, aber es regnete die ganze Nacht und den folgenden Tag, sodass wir damit noch warten mussten und ich die Zeit nutzen konnte, Dora Michailowna einen ersten Besuch abzustatten. Sie und ihr Mann freuten sich sehr über meine Rückkehr, tischten gleich Essen auf und erzählten mir, dass Slava während meiner Abwesenheit viel gearbeitet und nicht getrunken habe. Auch die anderen Dorfbewohner hatten ihre schlechte Meinung über mich wohl revidiert und begegneten mir mit Freundlichkeit und Achtung.

Bei uns zu Hause sorgte Slava erst einmal für das Essen, buk Brot und bereitete aus einem großen Hecht Fischbouletten. Er verwöhnte mich und las mir jeden Wunsch von den Augen ab. In der Nacht jedoch schreckte er plötzlich auf, schlug in der Dunkelheit auf mich ein und schrie dabei immer wieder völlig außer sich: „Wer bist du? Wer bist du?" Es tat nicht weh, aber ich war so entsetzt, dass ich nicht antworten konnte, sondern verstört zu weinen anfing. Endlich wurde er richtig wach, erkannte und tröstete mich und sagte, er habe einen Alptraum gehabt.

Vor meiner Ankunft hatte ich mir Sorgen gemacht, dass seine früheren Saufkumpane stundenlang trinkend, dummes Zeug schwafelnd und Zigaretten rauchend bei uns im Haus sitzen würden und Slava sie nicht wegschicken würde, weil sie ihn jahrelang bei sich willkommen geheißen hatten. Da es nicht nur mein Haus war, konnte ich nicht wie im vergangenen Jahr das Trinken und Rauchen untersagen, und die Vorstellung, den Zigarettenrauch einatmen zu müssen und keine Ruhe zu haben, bereitete mir großes Unbehagen. Tatsächlich dauerte es keine 24 Stunden, bis uns der Nachbar Valerij mit seiner Frau, der Freund Igor und sogar gleich zweimal am Tag Slavas über siebzigjährige Tante betrunken aufsuchten. Doch zu meiner Erleichterung schickte Slava sie alle sofort wieder weg mit der Begründung, dass er keine alkoholisierten Leute im Haus haben wolle. Er musste dabei sogar recht massiv vorgehen, weil sie das durchaus nicht verstehen wollten. Zum Rauchen ging selbst Slava nach draußen vor die Tür und erlaubte auch keinem anderen, im Haus zu rauchen, obwohl ich zu diesem Thema nichts gesagt hatte.

Mein anderes Leben

Schon am Vormittag des zweiten Tages nach meiner Ankunft setzten wir die restlichen Kartoffeln ein. Nachmittags fuhren wir mit dem Boot 20 Kilometer den Tungir aufwärts bis zu einer Stelle, wo am Steilhang fast weißer Ton zu finden war, den wir, gemischt mit Sand, zum Verputzen benötigten. Mit den Händen schürften wir das Material aus dem Hang und füllten sechs Eimer damit. Auf dem Rückweg hackte Slava eine Anzahl gerader, dünner Stämmchen einer bestimmten Weidenart ab, da sein Cousin ihn darum gebeten hatte. Währenddessen verschwand Katja, die eigenwillige Hündin, weit draußen im Gelände und hörte unsere Rufe und Pfiffe nicht, sodass wir schließlich ohne sie nach Hause fuhren. Der Tungir führte viel Wasser, und sie musste ihn durchschwimmen und noch weit laufen, um ins Dorf zurückzugelangen.

Am nächsten Tag grub Slava auf mein Drängen hin im verwahrlosten, mit einer dichten Grasnarbe bewachsenen und von Quecken durchsetzten Gemüsegarten zwei lange Beete um, während ich große Mengen von Unkraut herausklaubte und mir dabei wünschte, einige Schweine zur Hilfe zu haben. Danach säte ich Möhren, Dill und Petersilie aus, denn ich wollte wenigstens etwas Gemüse selbst ziehen. Für Weißkohl, Tomaten, Rote Bete und so weiter war es leider schon zu spät, denn diese hätten im Haus vorgezogen werden müssen. Slava meinte zwar, das sei nicht nötig, denn wir würden alles „bekommen", aber ich verlasse mich ungern auf andere, wenn ich es vermeiden kann.

Auch die nächsten Tage arbeiteten wir von früh bis spät, und ich musste oft daran denken, wie ich meine Tochter, die mit ihrer Familie freiwillig von Lübeck aus in ein Mecklenburger Dorf gezogen war, um sich dort mit vielerlei Getier meiner Meinung nach „das Leben schwer zu machen", wegen der reichlichen Handarbeit bemitleidet hatte. Und nun machte ich es mir hier noch viel schwerer, da man nicht eben mal zum Baumarkt fahren konnte, wenn benötigtes Handwerkszeug oder Material fehlte, man keine Waschmaschine kaufen konnte, man keinen Wasserhahn aufdrehen konnte, sondern das Wasser vom Fluss holen musste, wenn die Regentonnen nichts mehr hergaben. Ich vermisste so einfache Dinge wie Besen und Schrubber mit Stiel, wenn ich gebückt die Zimmer ausfegte oder beim Aufwischen auf dem Boden umherkroch. Aber wenigstens konnte ich die Brote in der mitgebrachten elektrischen Backröhre backen, statt den Ofen voll aufzuheizen, die eiserne Ofenplatte mit Ziegelsteinen abzudecken, dann die Glut herauszunehmen und den Teig in den Brotformen zum Backen hineinzustellen, wie es im Dorf noch viele Leute machten. Von der Lehre bei Dora Michailowna profitierend, konnte ich bald meine ersten selbst gebackenen goldfarbenen Brote präsentieren. Leider war außer stark ausgemahlenen Weizenmehls kein anderes Mehl zu bekommen, sodass ich lediglich die hier üblichen Weißbrote herstellen konnte. Doch das war ausschließlich mein Problem, denn anderes Brot begehrte außer mir niemand. Es geht wohl vielen Deutschen so, dass sie im Ausland ihr Brot vermissen. Schon oft wunderte ich mich darüber, dass die hervorragenden deutschen Vollkornbrotarten bisher kaum Einzug in andere Küchen fanden.

Slava hatte einen Bekannten gebeten, den Ofen zu reparieren. Der kleine magere Mann, übrigens einer der besten Pelztierjäger des Ortes, arbeitete flink und konzentriert, wollte dann aber in der hier üblichen Währungseinheit bezahlt werden, nämlich mit Wodkaflaschen. In der Zwischenzeit begannen Slava und ich, die losen Lehmstellen von den Wänden zu klopfen. Leider hatte man die Holzwände mit einem Drahtgeflecht überzogen und dann mit Lehm verputzt, statt das Holz, wie in den älteren Häusern üblich, nur mit hellblauer Kalkfarbe zu überstreichen. Durch das Arbeiten des Holzes in einer Witterung mit großen Temperaturunterschieden war der Lehm häufig abgeplatzt; es musste oft nachverputzt werden und mittlerweile glichen die Wände einer hässlichen hügeligen Landschaft. Meine anfangs noch schwache Hoffnung, daraus eine glatte Wandfläche zu machen, verflüchtigte sich mit fortschreitender Arbeit immer mehr. Da es mir große Qual bereitet, irgendetwas mit schlechtem Ergebnis auszuführen, hatte ich bald keine Lust mehr, auch nur noch einen einzigen Handschlag zu tun. Das durfte ich aber nicht zeigen, weil ich Slava, für den solche Wände „normalno" sind, damit verstimmt und entmutigt hätte. Als uns später Dora Michailowna mit ihrem Mann besuchte und ich einige unbehagliche Worte wegen des Zustands der Wände fallen ließ, meinten auch sie: „Normalno".

Der Ofen hatte vor der Reparatur offensichtlich gerußt, denn vor allem die Decke und die Küchenwände waren geschwärzt. Die Farbe würde darauf nicht halten und wohl auch nicht decken, und deshalb machten wir uns an die unangenehme staubige Arbeit, alles mit Lappen abzureiben. Dabei und auch beim Streichen half uns Tamara, die ihre Hilfe angeboten hatte. Sie war 49 Jahre alt und musste noch fast ein Jahr auf die Pension warten, die Frauen in Sibirien ab 50 Jahren erhalten. Darum verdiente sie sich mit solchen Tätigkeiten gern etwas Geld, hatte dann aber meistens nichts Besseres zu tun, als es für Wodka und Zigaretten auszugeben. Folglich sah sie schon alt aus und war klapperdürr. Vom Essen hielt sie offenbar nicht allzu viel, wie ich bei der gemeinsamen Mittagsmahlzeit feststellte. Dafür stärkte sie sich von Zeit zu Zeit durch einige Schlucke aus einer großen Starkbierflasche, arbeitete dessen ungeachtet jedoch fleißig und umsichtig. Sie war, wie alle Alkoholiker, die ich im Dorf kennenlernte, im halbwegs nüchternen Zustand angenehm im Umgang, sympathisch und von zwar einfacher, aber nicht roher Gemütsart.

Tamara brachte uns auch ein Bündel getrockneter Gräser mit, die zu einem Quast gebunden zum Streichen verwendet werden. Dora Michailowna hatte mir im vergangenen Herbst beim Sammeln von Moosbeeren die in den sumpfigen Gebieten wachsenden Gräser gezeigt und ihre Verwendung erklärt. Damals wäre mir der Gedanke, dass ich schon bald damit ein Heim für mich und meinen Lebenspartner streichen würde, völlig absurd vorgekommen.

Im Haus war es durch die viele frische Kalkfarbe, die trotz Heizens nur langsam trocknete, feucht und ungemütlich. Draußen herrschte eine kühle, nasse Witterung. Seit Tagen regnete es fast ununterbrochen und das Wasser in der Oljokma stieg und stieg. Slava ging auch nachts alle paar Stunden zum Ufer, um das lange, schwere Holzboot an den sich immer wieder neu bildenden Uferrand zu ziehen und weiter oben an Land zu befestigen. Bald standen die in Ufernähe befindlichen Holzschuppen, in denen Fischnetze und andere Gerätschaften aufbewahrt wurden, im durch das mitgeführte Erdreich nun braun und schmutzig aussehenden Wasser. Der Fluss trug die über eine Senke gebaute Brücke aus Baumstämmen in das nahe Birkenwäldchen, wo sie zwischen den Stämmen hängenblieb. In der langgezogenen Senke bildete sich ein rasch wachsender See, in dem die Leute Fischnetze auslegten. Teile des Waldpfades, auf dem ich im letzten Herbst so gern gewandert war, und auch angrenzende Waldstücke waren überschwemmt. Der See auf der anderen Flussseite, sonst hinter der Uferböschung verborgen, verband sich mit dem Fluss zu einer gemeinsamen, hell herüber leuchtenden Wasserfläche. Große Baumstämme mit ihrem emporragenden Wurzelwerk schwammen in der Hauptströmung eilig vorüber. Wenn das Wasser wieder sank, würden sie auf einer der Inseln im Fluss oder auf einer kiesigen Uferbank stranden. Vielleicht würden sie aber auch unterhalb Ust-Njukshas in den vielen Stromschnellen der Oljokma zersplittern oder irgendwann in die Lena getragen werden.

Im Dorf gibt es zwischen Männern und Frauen eine eindeutige traditionelle Arbeitsteilung. Nachdem ich begriffen hatte, dass die hiesige Regelung durchaus sinnvoll ist, hielt ich mich weitgehend daran, übertrieb das Ganze wohl aber, denn nun wollte ich die perfekte Hausfrau werden. Das führte dazu, dass ich außer den übrigen anfallenden Arbeiten jeden Tag für vier Mahlzeiten möglichst abwechslungsreich kochte und buk. Schon für das Frühstück mussten Suppe, gebratene Kartoffeln, Blinis, Lepjoschki oder ähnliches zubereitet werden, denn mal rasch im Laden Käse, Wurst, Eier oder Gemüse zu holen, war wegen der eingeschränkten Auswahl an Lebensmitteln nicht möglich und hätte auch bald unser Budget überschritten, wie ich bei späteren Gelegenheiten bemerkte. Wenn wir dergleichen nämlich im Hause hatten, aß Slava mit Leichtigkeit ein Pfund Wurst in großen Stücken, ohne seinen Verdauungstrakt mit viel Brot zu belasten. Wurst mit Käse darauf oder auch sechs gebratene Eier wurden gern genommen. Eine Mahlzeit, wie ich sie aus Deutschland kannte, bestehend aus einem Frühstücksei und dünn mit Wurst oder Käse belegten Brotscheiben, wäre auf völliges Unverständnis gestoßen, ebenso wie das Ansinnen, diese Lebensmittel etwas sparsamer zu verbrauchen, damit sie längere Zeit vorhielten. Slava erzählte mir, dass er einmal bei seinem Stiefbruder in Irkutsk zu Gast gewesen sei und dass dieser einen

Karton mit 15 Portionen Speiseeis gekauft habe. Der Bruder habe eine davon gegessen, die übrigen ohne Pause Slava. Am folgenden Tag geschah das Gleiche noch einmal. Ich sagte, entsetzt über so viel Unverfrorenheit und unsinnige Völlerei: „Das war doch ziemlich teuer", doch diese Betrachtungsweise schien ihm ganz neu zu sein, denn er konnte meine Bemerkung nicht einordnen und fragte mich erstaunt, was ich denn damit sagen wolle. Er geht einfach immer davon aus, dass alles, was da ist, auch gegessen werden kann und zwar, so schnell man es schafft und solange es einem schmeckt.

Manches Mal kochte oder buk ich eine große Menge in der Hoffnung, es würde für zwei Tage reichen, sodass ich am nächsten Tag von der Kocherei weitgehend befreit wäre, aber diese Hoffnung erwies sich zu meiner heimlichen Verzweiflung fast immer als trügerisch. Eines Abends um 22 Uhr buk ich ein Blech Hefekuchen mit Obstbelag. Slava und der gerade anwesende Igor aßen ungefähr drei Viertel des noch warmen Backwerks. Am Morgen blickte ich entgeistert auf das leere Blech, denn den Rest des Kuchens hatte nachts eine sehr große Maus verspeist, wie Slava mir erklärte. Die 25 Bouletten aus Hirschfleisch hielten genauso wie die 20 Fischbouletten nur einen Tag vor, wobei Kartoffeln oder Brot als vom Eigentlichen ablenkendes, unnötiges Beiwerk angesehen wurden. Ob das Essverhalten typisch ewenkisch oder auf Gewohnheiten aus der Sowjetzeit zurückzuführen ist, vermag ich nicht zu beurteilen. Während jener Periode hatten die Menschen hier im Dorf Arbeit, wurden sehr gut mit Waren versorgt und konnten von dem Verdienst und den Einkünften aus der Pelztierjagd offenbar recht üppig leben, wie ich den Erzählungen entnahm. Damals bezahlte der Jäger ein Zweihundertliterfass Benzin für Schneemobil bzw. Bootsmotor mit etwas weniger als dem Gegenwert eines halben Zobelfells. Heute dagegen bezahlt er etwa zweieinhalb Zobelfelle dafür. Manchmal jedoch ist der Preis der Felle so absurd niedrig, dass der Aufwand für Benzin und Schneemobilersatzteile, Fangeisen, Verschleiß an Kleidung usw. die Einnahmen übersteigt und sich die Jagd nicht mehr lohnt. Im Dezember 2007 beispielsweise erhielt der Jäger durchschnittlich 35 Euro für ein Fell.

Nicht nur wir wollten essen, auch für unsere drei Hunde musste gesorgt werden. Täglich kochte ich einen großen Topf Futter für sie. Die fast zwei Jahre alte Hündin Tschara fraß schnell und gierig. Sobald ihr Napf leer war, rannte sie zu dem Rüden Druschok und fraß aus seinem Topf, wodurch er gezwungen war, nun ebenfalls das Futter hastig hineinzuschlingen, um überhaupt noch etwas abzubekommen. Man konnte sie verjagen und schlagen, von hinterrücks kam sie wieder herangekrochen. Bei Katja, die bedächtig und langsam fraß, hatte Tschara keine Chance. Sobald sie ihre Schnauze in deren Futter senkte, biss Katja sie ruhig, aber nachdrücklich ins Ohr oder in eine andere gut erreichbare Körperstelle, worauf Tschara winselnd den Rückzug antrat. Meistens brauchte Katja aber nur aufzusehen und den Blick ernst auf Tschara zu richten, wenn diese sich mit eindeutigen Absichten näherte, und sie begriff sofort, dass weitere Schritte unangeneh-

166

me Konsequenzen nach sich ziehen würden. Druschok versuchte es gar nicht erst, sondern setzte sich wartend einige Schritte hinter Katja, in der Hoffnung, dass sie etwas übrig lassen würde. Sobald Tschara merkte, dass bei uns nichts mehr zu holen war, lief sie los, um woanders etwas abzustauben. Dabei scheute sie auch nicht davor zurück, in offene Türen zu schlüpfen und zu stehlen, was sie bei uns nicht mehr wagte, nachdem Slava sie einmal erwischt und übel geschlagen hatte.

Die Hunde hatten recht unterschiedliche Charaktere, und wir amüsierten uns oft über sie. Die zierliche, elegant gebaute schwarze Hexe Tschara war sehr lebhaft und anhänglich. Sobald einer von uns erschien, kam sie stürmisch angerannt und wollte beachtet werden. Selbst Slavas oft recht derbe Spiele schreckten sie nicht. Sie jaulte zwar auf, rutschte aber auf eine sehr komische Art um ihn herum, quietschte und forderte ihn zum Weitermachen auf. Beschäftigte man sich mit einem anderen Hund, drängte sie sich sofort dazwischen, Gesichtsausdruck und Körperhaltung schienen zu sagen: „Nicht der! Ich, ich, ich." Wagten sich fremde Hunde in die Nähe unseres Hauses, flitzte sie wie vom Bogen abgeschossen hinaus, gefolgt von Druschok und Katja. Die unheilige Dreieinigkeit bellte und knurrte drohend, bis die anderen das Feld räumten. Damit ließ Tschara es aber nicht bewenden, sondern führte sich genauso auf, wenn die Pferdeherde die Straße passierte oder eine ihr nicht vertraute Person, während Katja nur einen müden Blick auf die Pferde warf und bei den Menschen wusste, dass sie diese nicht belästigen durfte. Katja hatte dickes, hellbeiges Fell und war größer und kräftiger als Tschara. Obwohl erst zwei Jahre alt, wirkte sie immer ein wenig grämlich, sodass ich sie oft „alte Tante" nannte. Sie sondierte genau, ob es für sie lohnend war, sich in Bewegung zu setzen oder nicht. Wenn sie im Hof lag und ich an ihr vorüberging, wedelte sie durchaus freundlich, aber keineswegs überschwänglich ein wenig mit dem Schwanz, ohne ihre bequeme Lage aufzugeben. Unter den anderen Hunden genoss sie Autorität. Gingen wir durchs Dorf, kümmerte sie sich nicht um deren Bellen oder Knurren, sondern lief ruhig weiter und wurde auch nicht angegriffen. Druschok als Rüde hatte es da schwerer, weil die Rüden sich sofort auf ihn stürzten und ihm Bisswunden zufügten, sodass ihm manchmal ganze Stücke seines schwarz-weißen Felles fehlten und große Wunden zu sehen waren. Bevor Slava ihn von jemandem übernommen hatte, hatte er fast ständig im Hof an der Leine gelegen, war es also nicht gewohnt, sich behaupten zu müssen. Am Anfang versuchte er es zwar immer, unterlag jedoch meistens, was vielleicht auch seiner eher kleinen, schlanken Statur zuzuschreiben war. Ebenso ungewohnt war es für ihn, im Boot zu fahren. Während Tschara, sobald wir es beluden, schon erwartungsvoll ihren Platz einnahm und zu sagen schien: „Also, ich wäre jetzt so weit, von mir aus kann es losgehen", und Katja am Ufer umherstreifte, bis man sie rief, stand er in einiger Entfernung und zeigte keinerlei Bereitschaft zur Mitfahrt. Hob Slava ihn ins Boot, sprang er bei nächster Gelegenheit wieder hinaus, wenn man ihn nicht festband. Das änderte sich erst, nachdem wir ihn unterwegs einmal zurückgelassen hatten und ihn viele Kilometer am Ufer hinterherlaufen ließen, bis wir an den Strand fuhren. Wie begeistert er da an Bord sprang! Und noch größer wurde seine Liebe zum Boot, als er eine Nacht allein an einem von Bären frequentierten Ufer verbracht hatte, weil die Hunde in den Wald gelaufen waren und unsere Rufe vor der Abfahrt nicht gehört hatten. Für Katja und Tschara war das kein Problem; sie kannten die Gegend von ihren stundenlangen Ausflügen, an denen Druschok nie teilnahm, durchschwammen den Fluss und liefen nach Hause. Als Druschok am nächsten Mittag noch nicht da war, fuhren wir die 15 Kilometer zurück und sahen ihn an der gleichen Stelle warten wie bestellt und nicht abgeholt. Vor Erleichterung und Freude über unser Erscheinen sprang er ins Wasser und schwamm zum Boot, etwas, was er zuvor strikt vermieden hatte.

Katja und Tschara

Die Arbeit nahm kein Ende, und ich fand fast nie Zeit zu einem Spaziergang. Trotzdem waren wir so glücklich, dass ich oft dachte, es könne unmöglich so bleiben. Slava trank nicht und verwöhnte mich mit verliebten Zärtlichkeiten und vielfältigen Kosenamen. Er war fröhlich, fleißig und umsichtig, intelligent, von rascher Auffassungsgabe und hatte ein ausgezeichnetes Gedächtnis. Ständig entdeckte ich bisher unbekannte liebenswerte Züge an ihm. Nichtsdestoweniger fand ich meine neue Lebensweise anstrengend und wünschte mir manches Mal, für mich allein zu sein, nicht von früh bis spät für den täglichen Bedarf sorgen und meine Aufmerksamkeit nicht ständig auf einen anderen Menschen richten zu müssen.

Ich begrüßte es innerlich als Atempause für mich, als Slava ankündigte, mit Igor zwei Tage auf die Jagd gehen zu wollen. Seine Tante von gegenüber hingegen befürchtete wohl, ich könne mich währenddessen einsam fühlen. Sie besuchte mich und lud mich zum Tee ein. Leider war sie wieder angetrunken und dadurch erheblich enthemmt, küsste mich ab und sprach mit schriller, lauter Stimme. Ich entschuldigte die Ablehnung ihrer Einladung mit der vielen Arbeit, die noch auf mich wartete. Am gleichen Tag erschien sie zum zweiten Mal, aber noch betrunkener als zuvor. Sie lallte herum und begann dann zu weinen. Ich verstand weder, was sie sagte, noch warum sie schluchzte, und versuchte, sie zum Gehen zu bewegen. Schließlich nahm ich einfach ihren Arm und führte sie über die Straße in ihr Haus, wobei ich versprach, sie zu besuchen, wenn sie wieder nüchtern sei. Danach flüchtete ich schnell zu mir und verbarrikadierte die Außentür, um vor weiteren Besuchen sicher zu sein. Es dauerte tatsächlich nur kurze Zeit, bis sie wieder heranstolperte und sich an der Tür versuchte. Nachdem sie sich vergeblich bemüht hatte, diese zu öffnen, setzte sie sich auf die Treppe, weinte und sang ein Weilchen, bevor sie endlich nach Hause ging.

Abgesehen von den ziemlich häufigen alkoholischen Zwischenspielen, war sie eine gute Hausfrau, hatte meistens ein schmackhaftes Essen auf dem Tisch stehen, das sie freigebig Besuchern anbot, bestellte ihren Garten und dergleichen. Ich staunte, wie sie das alles in ihrem Alter durchhielt.

Slava kam ohne Jagdbeute zurück, war aber trotzdem gut gelaunt. Er hatte wohl ebenfalls die Atempause von der Arbeit im Haus genossen. Ich hatte in der

Zwischenzeit alles sauber gemacht, Brote und Kuchen gebacken, aber nun warteten die Holzwände, Regale, Schränkchen, Fenster, Wassertonnen und Fußböden auf einen Anstrich. Zuvor war es jedoch nötig, die Möbel zu reparieren und die Fenster neu zu verkitten. Die Fenster mussten warten, bis wir, wer weiß woher, irgendwann Kitt bekommen würden. Auch die Farbe, die ich aus Tupik mitgebracht hatte, würde nicht reichen.

Die wacklige Küchenkommode hatte nur noch eine Tür, und es kostete mehr als einen halben Tag, im Dorf eine Sperrholzplatte und Scharniere für die fehlende Tür aufzutreiben und diese zu ersetzen. Slava entfernte die zerstörte Federung des schrottreifen Diwans und fertigte stattdessen eine Auflage aus Brettern an, die zu besorgen es ebenfalls stundenlang dauerte. Auf die Bretter legten wir das breite, aufblasbare Gästebett, das ich in Irkutsk gekauft hatte, und hatten damit fast ein richtiges Ehebett. Ich hoffte, beim Schlafen nun etwas mehr Platz zu haben, aber Slava lag immer eng bei mir und robbte im Schlaf unverzüglich nach, wenn ich zur Seite auswich, um eine bequemere Lage einzunehmen.

Häufig hatte ich ungewöhnliche Träume. So träumte ich einmal, ich würde wie früher allein leben, und der Arzt hätte mir plötzlich eröffnet, ich hätte Krebs und würde am nächsten Tag sterben. Ich sprach mit keinem darüber, war auch nicht besonders geschockt oder traurig, sondern entsorgte noch am selben Tag alle meine Sachen, damit sie nach meinem Ableben niemanden stören würden. Am Abend wusste ich dadurch aber nicht, wo ich nun bis zu meinem Ende bleiben sollte. Dann sah ich, dass andere Todeskandidaten in einen Raum gingen und folgte ihnen. Es war der Warteraum für den Tod. Dort erblickte ich eine ehemalige Kollegin. Da sie mit vertraulichen Äußerungen immer sehr zurückhaltend war, wunderte es mich nicht, dass sie mir nichts von ihrem bevorstehenden Tod erzählt hatte. Ich freute mich aber, einen bekannten Menschen zu treffen und setzte mich zu ihr, so wie wir bei dienstlichen Besprechungen fast immer nebeneinander gesessen hatten. Es war ein seltsamer Traum, den ich jedoch nicht als erschreckend empfand.

Inzwischen benötigten wir dringend Fleisch und Fisch, denn ich wusste bald nicht mehr, was ich kochen sollte, da es noch kein Gemüse im Garten gab. Durch die im Wasser treibenden Stämme war es indes ganz undenkbar, Fischnetze zu stellen, und auch eine Bootsfahrt auf dem Fluss zum Jagdgebiet wäre gefährlich gewesen.

Dora Michailowna gab mir Rhabarberstängel und -blätter. Aus den Blättern bereitete ich mit Reis gefüllte „Weinblattrouladen" zu, aus den Stängeln stellte ich eine erfrischende, kalt zu essende Obstsuppe her und buk Rhabarberhefekuchen, von dem ich Dora Michailowna etwas brachte. Ihr Mann machte sich gleich ans Zerteilen, und ich konnte es kaum mit ansehen, wie er den schönen Kuchen mit der Belagseite auf die Wachstuchtischdecke schmiss, ihn mit seinem großen Messer zersäbelte und die ungleichen Stücke dann kreuz und quer auf die alten, schon angenagten Brotteile häufte, die in einer Schüssel auf dem Tisch standen.

Endlich änderte sich das Wetter; die Sonne strahlte vom wolkenlosen Himmel und zog mich mit Macht nach draußen. Da ich aber noch Gardinen für fünf Fenster nähen musste, und zwar mit der Hand insgesamt 45 Meter Nähte, erlaubte ich mir so lange keinen Spaziergang, bis sie nach zwei Tagen endlich fertig waren. Dann jedoch konnte mich nichts mehr abhalten von der Wanderung über die große Wiese zum Fluss, entlang des Ufers zur ersten großen Insel, auf der ich mich voller Wohlbehagen sonnte wie eine Eidechse, die gerade aus ihrem kalten, winterlichen Schlupfwinkel hervorgekrochen ist und sich von den Sonnenstrahlen zu neuem Leben erwecken lässt.

Ende Juli fuhren wir bei heißem, sonnigem Wetter zum Fischen die Oljokma aufwärts und übernachteten in meinem Zelt, doch der Fang war gering. Darüber waren wir beide nicht allzu traurig, denn es war herrlich, sich auf dem Fluss zu bewegen, mehrmals am Tag zu baden, am Feuer zu sitzen, am Spieß gebratenes Elchfleisch zu essen und geruhsam Tee zu trinken. Das Fleisch stammte von einem Elch, den die Hunde am Morgen unserer Abfahrt bei der felsigen Flussbiegung unweit des Dorfes gestellt und verbellt hatten. Da es seine Hunde waren, war Slavas Cousin hingefahren und hatte ihn geschossen, holte dann aber Slava und den Onkel, damit sie ihn zerlegten, weil er das ungern tat oder vielleicht auch nicht so geschickt darin war. Die Hunde bekamen ihren Anteil und fraßen sich rund. Slavas Stolz als Jäger ließ es nicht zu, sich Fleisch geben zu lassen; ich hatte ihn dazu überreden müssen, etwas anzunehmen, da unseres alle war.

Die Elchjagd

Ich freute mich darauf, Slava und Igor bei einem Jagdausflug begleiten, das Haus für einige Tage verlassen und im Wald leben zu können. Bei wechselhaftem Wetter fuhren wir auf der Oljokma flussabwärts. Die Taiga duftete und prangte im sommerlichen Grün. Felsen und Regenwolken spiegelten sich im Fluss, wenn sich die Wasseroberfläche durch den immer wieder auffrischenden Wind nicht gerade kräuselte. Während ich die vorüberziehenden Landschaftsbilder als Ganzes aufnahm, schweiften Slavas Augen wie Suchscheinwerfer unablässig von einem Ufer zum anderen. Plötzlich steuerte er an Land, wies mit dem Kopf auf einen mit jungen Lärchen bewachsenen Höhenzug. „Elch", sagte er kurz. Der flüchtete sofort und verschwand hinter der Anhöhe. Kurz darauf sprangen alle aus dem Boot, aber die Hunde konnten seine Spur nicht aufnehmen.

Nach etwa 60 Kilometern erreichten wir unser Ziel, einen weit ausgedehnten See, der hinter der Flussböschung verborgen lag. Igor und Slava gingen mit dem kleinen, leichten Jagdkanu los, um dort Fischnetze auszulegen. Während Igor noch bei der Arbeit war, kam Slava zurück, um mit mir am gegenüberliegenden Ufer das Lager aufzuschlagen. Dort öffnete sich eine große Lichtung im Wald, auf der früher die Rentierleute aus Srednjaja Oljokma gelagert hatten, wenn die Herde in der Umgebung Futter suchte. Ich baute mein Zeltchen auf, Slava entfachte ein Feuer und kochte Tee und Reissuppe.

Nach dem Abendbrot gegen halb 10 Uhr fuhren die beiden Männer zum See in der Hoffnung, einen Elch erlegen zu können. Das bedeutete für sie, erst einmal einen geeigneten Platz zu finden, stundenlang im sumpfigen Gebiet ruhig zu warten und als Mückenfutter herzuhalten. Dazu regnete es mehrmals stark. Erst morgens gegen 9 Uhr kamen sie durchnässt ohne Jagdbeute wieder, frühstückten und legten sich schlafen. Igor hatte sich schon am Abend zuvor gegenüber dem Feuer ein Schlafstelle gebaut, indem er lange, dünne Baumstämmchen geschlagen, entastet und mit der Axt grob entrindet, sie dann schräg über die Lagerfläche geneigt in den Waldboden gerammt und eine Segeltuchplane darüber gespannt hatte. Den Boden hatte er mit einer dicken Schicht Lärchenzweige ausgelegt und darauf ein Rentierfell ausgebreitet. Slava kroch in mein Zelt.

Es regnete den ganzen Vormittag heftig, sodass ich ebenfalls wieder das Zelt aufsuchte, das auch mit einer Person schon gut ausgelastet war. In der Enge und aus Sorge um den armen Igor fand ich keine Ruhe, aber auf meine spätere Frage antwortete er, er sei nicht nass geworden. Trotzdem zogen wir mittags in eine nahe gelegene Isbuschka um, damit dort über dem Ofen bis zum Abend die nasse Jagdkleidung trocknen konnte. Schnell wurde es unerträglich heiß darin, doch wenn wir die Tür öffneten, drangen die Mücken in Scharen herein. Igor entzündete etwas trockenes Holz in einem alten Eimer, legte Gras darauf und schwenkte das qualmende Produkt in der Hütte umher. Die Mücken flohen entsetzt, und halb erstickt schloss ich mich ihnen an. Immerhin war die Hütte danach mückenfrei, wenn auch noch eine ganze Weile ziemlich verräuchert.

Viel angenehmer war es auf dem Wasser. Nachmittags fuhren wir parallel zum See ein Stück flussabwärts. Die beiden Männer gingen mehrmals an Land, um nach Elchspuren zu suchen. Sie fanden einen Wechsel, an dem ein Elch aus dem Wald ans Flussufer zu kommen, den Fluss zu durchschwimmen und weiter zum See zu wandern pflegte. Am Abend begaben sie sich oberhalb dieser Stelle in Warteposition, doch als der Elch in der Nacht den Fluss überquerte, sprang der betagte Bootsmotor erst nach mehrmaligen Versuchen an, sodass das Tier Zeit hatte, zurück in den Wald zu flüchten. Sie hatten keine Chance mit ihren eher schlechten Gewehren, die nur eine Schussweite von 40 Meter hatten. Immer mussten sie versuchen, bis auf diese Entfernung an ein Tier heranzukommen.

Ein Erfolg war aber der Fischfang, denn in den morgens eingeholten Netzen fanden sich viele Karauschen, darunter beachtlich große, bei denen das Verhältnis Fleisch zu Gräten günstig ausfiel. Mit zufriedenem Stöhnen aßen wir gekochte Karauschen, bis wir uns kaum noch rühren konnten. Der die Bauchhöhle füllende, große orangefarbene Rogen war ein besonderer Leckerbissen. Als Teller dienten sauber abgelöste, rechteckige Stücke Birkenrinde. Auch die Hunde erhielten einen großen Topf Fisch.

Nachdem die Jäger einige Stunden Schlaf nachgeholt hatten und der Regen endlich müde geworden war, brachen wir zu einem anderen, recht unzugänglichen See auf, in dessen Nähe man mit dem Boot über einen toten, verschilften Flussarm gelangen konnte. Dort gab es nur eine kleine, etwas erhöhte ebene Stelle für ein Biwak, die mit Abfällen verschmutzt und von sumpfigem Gelände umgeben war. Die Aussicht, an diesem widerlichen Platz zu bleiben, fand ich derartig abstoßend, dass ich Slava bat, mich irgendwo anders abzusetzen. Weil wir nicht nur für diese Fahrt, sondern auch insgesamt wenig Benzin hatten, brauste er zornig auf, aber schließlich tat er mir doch den Gefallen.

Igor auf seiner „Matratze" aus Lärchenrinde

Etwa drei Kilometer weiter befand sich am Waldrand über einem breiten, angenehm begehbaren Uferstreifen ein ansprechender planer Platz, der den Blick auf den Fluss freigab. Das Wetter besserte sich zusehends, doch der Boden war noch arg nass. Dieses Mal schälte Igor mit seinem scharfen Allroundmesser vom Stamm einer kräftigen Lärche ein langes, etwa drei Zentimeter dickes Stück Rinde ab und legte es als isolierende Schlafunterlage auf den Boden.

Am Abend brachen Slava und Igor auf und kamen erst am nächsten Tag um 14 Uhr zurück. Nach einer erfolglos durchwachten Nacht am See waren sie eingeschlafen, hatten anschließend noch zwei große Metallkannen mit Moor gefüllt und sie mit einigen Verschnaufpausen zwei Kilometer weit zum Boot geschleppt. Ein Mann im Dorf hatte sie darum gebeten, da er Gliederschmerzen hatte und darin baden wollte. Als Gegenleistung würde er Slava Benzin geben.

Ich hatte mich in der Zwischenzeit nicht gelangweilt, sondern das Ufer erkundet, eine Vogelfamilie beobachtet, etwas im Wasser herumgeplanscht und mich gesonnt, ohne von Insekten belästigt zu werden.

Auch die folgende Nacht brachte keine Jagdbeute, doch weder Slava noch Igor waren deswegen missmutig. Ihre Haltung entsprach dem sibirischen Sprichwort: „Hast du etwas erjagt, freue dich nicht. Hast du nichts erjagt, sei nicht verdrossen." Das Sprichwort empfiehlt dem Jäger eine ruhige, gleichmütige Geisteshaltung, die ohne Emotionen den jeweiligen Istzustand akzeptiert.

Mittags fuhren wir zurück in Richtung Dorf. Etwa 15 Kilometer unterhalb des Dorfes befanden sich weitere Seen, und an einem der kleineren entdeckte Slava Elchspuren. Am anderen Ufer des Flusses schlugen wir in einiger Entfernung das Lager auf, um die Nacht abzuwarten. Wieder fiel mir ein Sprichwort ein: „Jäger, vergiss nicht: Die Hoffnung auf Erfolg stirbt zuletzt." Ich weiß nicht, ob dahinter auch eine Warnung steht in dem Sinne, dass in der gefahrenreichen Taiga der Jäger selbst sterben könnte, wenn er aus Hoffnung auf Erfolg seine Grenzen überschreitet und die gebotene Vorsicht außer Acht lässt.

Mein Zelt stand oberhalb der steilen Uferböschung auf einer sandigen Fläche mit spärlichem Baumbewuchs und wurde von einem leichten Luftzug durchweht. Während Slava im Zelt schlief, sammelte und stapelte ich angeschwemmtes Holz für unser Feuer und spazierte danach weit am Ufer entlang. Es bestand aus einem breiten Sandstrand, aus dem ab und zu größere Gesteinsbrocken herausragten. Dahinter führte das Gelände zu einem ausgestreckten See.

Während beim Gehen im Seichten das kühle Flusswasser meine Knöchel umspülte, ergötzten sich meine Augen an den vielfältigen Formen und Färbungen. Tief und bewusst atmete ich die reine, weiche Luft der Taiga. Als ich außer Sichtweite war, legte ich die Kleidung ab und streckte ich mich an einem der sandigen Hügel im lichten Schatten eines Weidenbusches aus, schloss die Augen und vernahm die leisen Geräusche des Wassers und die zarte Bewegung der Blätter. Über mir zog ein Greifvogel seine Kreise, stieg höher und höher, bis ich ihn kaum noch ausmachen konnte in der Weite des Himmels. In meiner Vorstellung sieht so das Paradies aus: Wärme, Reinheit, Stille, Harmonie.

Und doch arbeiten wir Menschen unablässig an der Zerstörung dessen, was wir als Paradies empfinden mögen. Dort, wo sich Menschen ausbreiten, entstehen große, hässliche, giftige Geschwüre. In unserer Gier nach dem Besitz immer kurzlebigerer Dinge, nach Wirtschaftsmacht und Geld, beuten wir die Naturressourcen gewissenlos aus und hinterlassen eine Flut zerstörerischen Abfalls. Die Intelligenz, derer sich der Mensch so gern rühmt, wird von unserer geistigen und seelischen Beschränktheit weit übertroffen. Intelligenz ohne Weisheit wirkt zerstörerischer als eine Armee von Dummköpfen und als jede Naturkatastrophe.

Ich konnte meine Augen nicht davor verschließen, dass auch Slava und ich sowie die anderen Bewohner des Dorfes Naturfrevel begingen. Niemand kümmerte sich um Schonzeiten, sondern alle fischten und jagten nach Bedarf, wobei sich der Schaden allerdings in Grenzen hielt, da es außerhalb der Jagdzeit nur für den Eigenbedarf geschah, die Einwohnerzahl gering und die unbewohnten Gebiete ringsum riesig waren.

Als ich ins Lager zurückkam, lagen im Boot zusammengebündelt zahlreiche große Rollen Birkenrinde, die Igor in der Zwischenzeit abgeschält hatte. In wenigen Jahren würden all diese Bäume oberhalb der ringsum abgeschälten Rinde umbrechen und absterben, wie ich es in dem Birkenwald nahe des Dorfes mit Bedauern beobachtet hatte. Wehmütig sagte ich zu Igor: „Nun werden diese schönen, großen Bäume sterben, denen du die Rinde nahmst", doch er erwiderte nur: „Ach, das macht nichts. Dort wachsen schon wieder so viele junge nach. Die Rinde wird eine Weile ausreichen für mich, euch und die Großmutter."

Die Birkenrinde gab später Anlass zu einem kleinen Streit zwischen Slava und mir, als ich ihn bat, beim Ofenanheizen doch nicht immer so viel davon unter das Holz zu stopfen, sondern nur so viel, wie unbedingt notwendig sei. Wie immer, wenn er Kritik aus meinen Worten zu hören vermeinte, reagierte er abweisend und hitzköpfig: „Sag mir nicht, wie ich heizen soll! Wenn die Rinde alle ist, holen wir eben wieder welche aus dem Wald." Dass es sinnvoll sein könnte, allen Verbrauch auf das Erforderliche zu beschränken, leuchtete ihm lange nicht ein. Ich nahm zum Anheizen immer nur ein schmales Stückchen und förderte das Feuer durch sehr klein gehacktes Holz. Schade war, dass ich für diesen Zweck keine dürren Äste mehr zur Verfügung hatte, wie ich sie mir im vergangenen Jahr mit dem Rucksack aus dem Wald geholt hatte. Doch nun verbot sich mir das, da das Holzbesorgen Männerarbeit war, Slava sich aber ebenso wenig wie irgendein anderer aus dem Dorf dazu herabgelassen hätte, Kleinholz aus dem Wald zu holen.

Igor begleitete Slava an diesem Abend nicht, und auch die Hunde blieben im Lager. Hilfe schien an dem kleinen See entbehrlich. Um Mitternacht hörte ich zwei Schüsse fallen und einige Zeit darauf das Boot den Fluss herüberkommen. Am rasch entfachten Feuer tranken wir Tee, und Slava berichtete von der Jagd.

175

Er hatte eine Elchkuh geschossen, die möglichst bald aufgebrochen werden musste. Bei aufkommender Morgendämmerung packten wir unsere Sachen ins Boot und machten uns auf den Weg.

Die erlegte Elchkuh lag etwa in der Mitte des seichten Sees. Die Jäger fällten zwei junge Bäume und banden sie zu einer langen Stange zusammen, an deren Ende eine Vertiefung angebracht und ein Strick befestigt wurde. Igor, bis auf die Unterhose entkleidet, watete frierend durch das noch immer kalte Wasser und band die Elchkuh am Stangenende fest. Gemeinsam zogen sie das massige Tier ins Flache und begannen mit dem Zerlegen, wobei sie sich, vor allem die Hände, an einem kleinen Feuer immer wieder aufwärmten.

Mich erfasste Bedauern. Vor einigen Stunden noch lief das Tier warm und lebendig durch den Wald, und nun lag der Kopf verdreht im Wasser, wurde das Fell abgetrennt, die Innereien entnommen, der Körper in Stücke zerteilt. Die Hunde bekamen einige Innereien sowie Abfälle und fraßen sich daran satt. Das Gedärm wurde in den See geworfen; angeblich würden es die Fische fressen oder ein Bär würde es sich holen, ebenso wie den Schädel. Auch das Fell blieb zurück, weil es im Sommer nichts taugte. Die verwertbaren Körperteile wurden sauber auf eine Matte aus Lärchenzweigen gelegt, bis Slava und Igor sie schließlich zum Boot schleppten.

Igor erhielt einen Teil des Fleisches, einen großen Teil verschenkte Slava an Verwandte und Bekannte. Wir selbst behielten nur einen relativ geringen Anteil, den Slava in Salzwasser legte und in die mannshohe Grube im Garten stellte, deren Boden bis zum Permafrost reicht. Trotzdem würde das Fleisch bei den sommerlichen Temperaturen nur etwa drei Wochen frisch und schmackhaft bleiben, sagte er mir.

Motorboot mit Jagdkajak im Morgennebel

Was wird hier eigentlich gespielt?

In Anbetracht unserer unterschiedlichen Herkunft, unseres so verschiedenen geistigen Hintergrunds und auch des Altersunterschieds grenzte es für mich schon fast an ein Wunder, dass wir uns liebten und meistens auch gut zusammenlebten. Dennoch traten in Abständen zuweilen Probleme auf, die aus meiner Sicht ihre Ursache in Slavas männlichem Rollenverständnis und seiner aufbrausenden Art hatten.

Er fand es ganz und gar unangebracht, dass ich allein irgendwo hinging. Ich sollte nur mit ihm gehen oder aber im Haus bleiben, wenn er unterwegs war oder sonst keine Zeit hatte. Er begründete es mit angeblichen Gefahren, denen ich mich bei meinen Alleingängen aussetzen würde. Auf die große Wiese sollte ich nicht gehen, denn dort habe jemand einen Bären gesichtet. Bestimmte Uferregionen sollte ich aus demselben Grund meiden und auch sonst sollte ich nicht allein umherstreifen, da ich mich verletzen könnte. Anfangs kam ich nicht auf die Idee, dass er das tatsächlich ernst meinen könnte, diskutierte deshalb auch gar nicht darüber, sondern sagte höchstens scherzhaft, dass russische Bären keine Deutsche fressen würden. Ich ging weiterhin allein auf Fotopirsch, sammelte große Tüten wilden Schnittlauchs, den ich zu Hause mit Salz in Gläser stampfte und so für den Winter konservierte, oder sonnte mich am Flussufer, wenn das Wetter und meine Zeit es zuließen. Daraufhin wurde Slava einige Male ernsthaft böse, schimpfte laut und versuchte, es mir regelrecht zu verbieten.

Er hatte mich als starke, unabhängige Frau kennengelernt. So hatte ich ihm gefallen, doch im Zusammenleben schien er das nicht zu ertragen. Ich gewann den Eindruck, dass er versuchte, mir meine Eigenständigkeit und Selbstbestimmtheit zu nehmen, Macht und Kontrolle über mich auszuüben. Inzwischen habe ich jedoch begriffen, dass er wirklich große Angst hatte, mir könne etwas passieren und er könne ohne mich zurückbleiben. Einmal, als ich den Ofen heizte, blieb ein Scheit übrig, worauf er aufgeregt sagte, dass das nicht sein dürfe, denn dann bliebe einer von uns beiden allein. Erst verstand ich den Sinn seiner Worte überhaupt nicht, bis mir ein Licht aufging und ich ihn fragte, ob es sich um einen Aberglauben handle. Er bejahte es. Das nächste Mal ließ ich wieder ein Scheit übrig, weil es nicht mehr in den Ofen passte und mein Gehirn die abergläubische Regel als unwesentlich in die Abstellkammer befördert hatte. Ganz außer sich schrie er mich an und trug das Scheit schimpfend zu den anderen auf den Holzstapel im Hof zurück. Dass seine Ängste bei meinen Alleingängen nicht unbegründet waren, sollte ich erst später bei einer anderen Gelegenheit erkennen.

Manchmal wurde er wütend, wenn ich eine andere Meinung vertrat als er und schalt mich: „Du bist wie eine russische Babka (Alte) und weißt alles besser!"

Zornig konnte er auch werden, wenn ich wieder einmal nicht verstand, was er sagte, wenn er es mir mit anderen Worten erklären, den Satz aufschreiben oder warten sollte, bis ich im Wörterbuch nachgeschaut hatte.

Ich war es nicht gewohnt und wollte mich auch nicht damit abfinden, dass jemand in grobem Ton laut mit mir schimpfte und fühlte mich dann jedes Mal todtraurig und elend. Weinte ich, küsste er mich ab und tröstete mich, bat, ich solle aufhören, es täte ihm leid.

Gar nicht leiden konnte er es, wenn ich Fragen nach dem stellte, was seiner Ansicht nach „Männersache" war. Dazu gehörte alles, was mit den „Männerarbeiten" in Zusammenhang stand. Wollte ich zum Beispiel wissen, wie viel Benzin wir noch hätten, wie viele Fischnetze wir besäßen und für welche Fischarten sie geeignet seien, auf welche Weise wir noch Brennholz beschaffen würden und wann, reagierte er immer zornig und abweisend. Auch sollte ich nicht fragen, wann wir was zu einem bestimmten Zeitpunkt machen würden, sondern mich bereithalten und seine Ansage abwarten. Zuweilen hatte ich den Eindruck, dass er es darauf anlegte, mich warten zu lassen und von ihm abhängig zu machen. Sein Auftreten war manchmal derartig wechselhaft und seine Worte so widersprüchlich, dass ich völlig verwirrt nicht mehr wusste, was ich von alledem denken sollte und es beinahe als Psychoterror empfand, mit dem Ziel, mich zu zerbrechen. Er konnte nicht verstehen, dass ich nicht zu unterscheiden wusste zwischen dem, was er angeblich nur im Spaß gesagt hatte und dem, was er ernst gemeint hatte. Ein so verwirrendes Verhalten legte er aber nicht nur mir gegenüber an den Tag. Einmal hörte ich entsetzt, wie er Igor anschrie. Ich trat ins Zimmer und fragte, was denn los sei, worauf er lachte und erwiderte, es sei nur ein Scherz gewesen. Hinterher jedoch äußerte er, Igor habe Angst gehabt. Das schien ihn zu amüsieren. Selbst die Hunde wussten nicht, woran sie mit ihm waren. Zum Beispiel rief er sie in recht barschem Ton, worauf sie demütig winselnd halb auf dem Bauch zu ihm krochen, mit dem Schwanz wedelten und gestreichelt werden wollten, gleichzeitig aber wohl einen Fußtritt oder ähnliches befürchteten. Den Anblick fand ich äußerst bedrückend, weil er in meinen Augen ein übles Licht auf Slava warf.

Wehrte ich mich gegen seine Verhaltensweisen, fühlte er sich zu Tode beleidigt. Seine Reaktion bestand dann aus völligem Rückzug; er legte sich auf das Sofa und schlief stundenlang, egal wie viel Arbeit noch wartete. Brüsk wies er mich ab, wenn ich Verbindung zu ihm aufnehmen wollte. Einige Male blieb er morgens ohne Erklärung brummig im Bett liegen, obwohl wir bestimmte Arbeiten auf der Liste hatten. Erst viel später fand ich heraus, dass er in diesen Fällen nicht beleidigt, sondern deprimiert war und sich ungeliebt fühlte, weil ich ihn am Morgen nicht mit einem Kuss und einer Umarmung begrüßt hatte, sondern einfach aufgestanden war.

Sein Herumliegen am helllichten Tag fand ich geradezu unerträglich, und es machte mich unzufrieden und verbissen. Wenn ich die anliegenden Aufgaben allein durchführen konnte, stürzte ich mich schweigend in die Arbeit, wurde dabei aber immer böser. Wenn ich es nicht konnte, verschwand ich von daheim und lief stundenlang durch die Gegend. Häufig beruhigte ich mich dabei und gewann einen einigermaßen ausgeglichenen Zustand zurück, bisweilen wütete ich herum und schwor mir, bei nächster Gelegenheit meine Klamotten zu packen und zu verschwinden, und manchmal versank ich im Selbstmitleid. Einmal rannte ich heulend zwei oder drei Stunden durch unablässig strömenden Regen. Wenn ich nach Stunden nach Hause kam, war seine schlechte Laune immer verschwunden, und ich war nie nachtragend. Trotz der harmonischen Tage oder Wochen, die dann wieder folgten, blieb in mir ein unsicheres Gefühl, da ich wusste, dass sich solche Zerwürfnisse wiederholten.

Eigentlich war es mir gar nicht so unrecht, wenn er mich schlecht behandelte, denn in diesen Momenten sagte ich mir trotzig: „Dann gehe ich eben zurück nach Deutschland; er hat es ja nicht anders verdient."

In Wirklichkeit wollte ich uneingestanden selbst zurück, hatte Sehnsucht nach meinem dortigen Leben. Doch wie konnte ich ihn verlassen? Die einzige Rechtfertigung wäre seine Schlechtigkeit. Wahrscheinlich war das der Grund dafür, dass ich mich nicht nachdrücklich wehrte, sondern das schuldlos leidende Würmchen gab. Irgendwann erkannte ich das und stellte ich mir die klare Frage: „Was will ich eigentlich? Will ich heimkehren oder will ich hier mit ihm leben?" Die Antwort lautete: „Ich will hier mit ihm glücklich sein."

Es fiel und fällt mir schwer, auf alles zu verzichten, was mir in Deutschland zu Gebote steht – so unendlich viel, dessen ich mir früher nicht immer bewusst war. Doch nur durch den Verzicht kann ich haben, was mir hier geschenkt wird. Auch das so reich und wunderbar, wenn ich es zu nutzen verstehe. Dazu aber musste ich mein Verhalten ihm gegenüber ändern und er seines mir gegenüber ebenfalls.

Ich erklärte ihm, was ich von ihm erwartete. „Ich möchte, dass du geduldig bist, wenn ich das Russische nicht gleich verstehe. Ich möchte, dass du mich nicht mehr anschreist, denn das macht mich unglücklich. Und weiter möchte ich, dass du mich und meine Meinung achtest und dass du mich liebst."

Er lachte kurz auf. „So lebt niemand."

„Hier vielleicht nicht. Wenn du glaubst, dich nicht so verhalten zu können, dann sage es mir. In diesem Fall werde ich nach Deutschland zurückkehren. Denke darüber nach und antworte mir später", erwiderte ich.

Es ist möglich, aber nicht einfach, jahrelang geübte Verhaltensweisen abzulegen und durch andere zu ersetzen. Allmählich lernten wir immer besser, miteinander umzugehen und zu sprechen. Im Laufe von Monaten lernten wir zu erklären: „Ich ärgere mich, weil…." Manchmal meinte er: „Es ist schwierig für mich, mit dir zu leben." Aber viel öfter sagten wir: „Ich liebe dich."

Unseren gelegentlichen Verdruss über den anderen dehnten wir nicht mehr schweigend über Stunden aus, sondern legten ihn schnell bei, um die Zeit stattdessen liebevoll miteinander zu verbringen. Ich erkannte sein für mich ungewohnt großes Bedürfnis nach ständiger Nähe und Zärtlichkeit und ging mehr darauf ein. Und schließlich begriff ich, dass mein Zuhause nun bei ihm in diesem kleinen sibirischen Dorf war, etwas, woran er von Anfang an nie gezweifelt hatte, denn immer, wenn ich im Satz erwähnte: „Zu Hause (in Hamburg)…", verbesserte er mich: „Du bist hier zu Hause."

Gelegentlich gab es aber noch Ausrutscher, bei denen die Funken flogen. Einmal brachten wir uns gegenseitig so auf die Palme, dass er ein Küchengerät ins Zimmer schleuderte und ich die Schüssel mit dem Kuchenteig und dem darin befindlichen Mehl hinterher, sodass es danach aussah wie nach einer Schlacht in einer Bäckerei. Vielleicht hatte mein Unterbewusstsein eine Szene wiederholt, die mir ein ehemaliger Kollege mal erzählt hatte und die ich, so aus der Ferne gesehen, sehr lustig gefunden hatte. Sein cholerischer Großvater hatte nämlich beim Mittagessen in einem Wutanfall das Gemüse an die Wand geworfen, worauf die Großmutter schlagfertig reagierte: „Ach, dort willst du essen?", und Fleisch und Soße hinterherschmetterte.

Ein anderes Mal war ich so wütend, dass ich ihn anschrie, ich würde mit dem nächsten Boot abfahren, und anfing, meine Sachen zu packen. Dabei fiel mir ein, dass ich zur Linderung meiner seelischen Schmerzen wenigstens noch das Abenteuer mitnehmen sollte, die Oljokma bis zur Einmündung in die Lena zu befahren. Ich hatte zwar die topografischen Karten in Deutschland gelassen und wusste auch nicht, ob es möglich war, die sich über zig Kilometer hinziehenden, lebensgefährlichen Stromschnellen zu umtragen, aber das war mir in diesem Moment egal. Ich ging einfach davon aus, dass es ging und ich es schon merken würde, wenn ich die Lena erreicht hatte. Nachdem ich mit meiner Überlegung so weit gekommen war, ließ ich alles stehen und liegen und stürmte aus dem Haus, um stundenlang am Fluss entlang und durch den Wald zu stapfen. Währenddessen stellte ich mir vor, wie ich mich nach meiner Rückkehr nach Hamburg fühlen würde. Ich würde mir Vorwürfe machen, auf das – wie mir jetzt klar wurde – banale Problem mit Trotz und einem Wutausbruch reagiert zu haben, statt es durch ein vernünftiges Gespräch zu lösen. Ich würde jahrelang unter dem Gedanken leiden, das Geschenk der Liebe weggeworfen zu haben, leichtfertig verzichtet zu haben auf die Wärme seiner Umarmungen, auf seine Fürsorglichkeit, das Gefühl der Gemeinsamkeit und Geborgenheit.

„Nein, ich darf mich niemals im Zorn von ihm trennen", erkannte ich. „Falls doch, dann aus guten Gründen nach reiflicher Überlegung." In Zukunft wollte ich ruhiger und vernünftiger reagieren, wenn mir Slavas Verhalten missfiel. Das erwartete ich umgekehrt schließlich auch von ihm.

Abgesehen von den zeitweiligen Unstimmigkeiten umgab er mich immer mit liebevoller Aufmerksamkeit. Einmal fragte ich ihn, ob er mich wohl noch lieben würde, wenn ich unheilbar krank wäre. Ohne zu überlegen entgegnete er: „Natürlich, das macht doch keinen Unterschied. Ich würde dir den Po abwischen, dich waschen und füttern."

Ich glaubte ihm, dass er diese Worte vollkommen ernst meinte, konnte mir aber anfangs nicht vorstellen, dass er sie in die Tat umsetzen könnte, bis ich allmählich immer mehr Vertrauen gewann.

Auch wenn es schwerfiel, lernte ich, manche seiner Eigenheiten als Schwächen zu tolerieren und umgekehrt war es ebenso. Doch wo ist die Grenze zu ziehen zwischen wünschenswerter Toleranz und erforderlicher Nichtakzeptanz? Wo beginnt Nachsicht, mir zu schaden? Verursache ich die Störung durch unangebrachtes Gebaren selbst? Was muss sich ändern? Welche Werte im Zusammenleben sind für mich unabdingbar? Tut mir diese Gemeinschaft wohl, hat sie eine positive Wirkung auf mein Lebensgefühl?

Verhaltensweisen, an die ich mich bewusst nicht gewöhnen will, müssen entweder abgelegt oder mit Trennung beantwortet werden – daran zweifelte ich nie. Meine konsequente Haltung bewog Slava, sein Benehmen in einigen Punkten zu ändern, wenn er auch weiterhin versuchte, mir meine Alleingänge auszureden, weil er befürchtete, mir könne etwas passieren. Es dauerte lange, bis ich endlich begriff, welch überragende Rolle ich in seinem Leben spiele: Ich bin das, was sein Leben lebenswert macht. Ohne mich, so befürchtet er, würde er wieder in sein früheres sinnentleertes Dasein stürzen. Damals verbrachte er die meiste Zeit im Wald, und wenn er im Dorf war, vertrank er, was er vorher erwirtschaftet hatte. Sein Haus war ihm kein Zuhause, stattdessen hielt er sich bei seinen Trinkkumpanen auf.

Ich trage nicht leicht an einer solchen Verantwortung für sein Lebensglück, und ich wünsche mir und vor allem ihm, er würde Ruhe, Zufriedenheit und Glück in sich selbst finden.

Lange Zeit bemerkte ich meinen eigenen Anteil an unseren Problemen nicht. Fühlte ich Sorge, Stress, Ärger oder gar Zorn, nannte mir mein Geist „gute" Argumente, die diese Gefühle rechtfertigten, und verschleierte damit geschickt meine innere Tendenz, dem Partner zu misstrauen, was bedeutete, ihm negative Motive unterzuschieben:

„Ich soll nicht allein durch die Taiga streifen? Aha, er will mich von sich abhängig machen", statt: „Er sorgt sich um mich."

„Jetzt liegt er herum, dabei sollte er lieber arbeiten", statt: „Was bedrückt ihn, wie fühlt er sich?"

Und genauso, wie ich dachte, fielen dann manchmal auch Worte oder Taten aus, und ich fühlte mich dabei als Absenderin genauso elend wie der Empfänger.

Welchen Irrtümern und Versäumnissen ich noch immer unterliege, weiß ich nicht, aber ich bemühe mich, es durch Aufmerksamkeit allmählich herauszufinden.

Arztbesuch auf sibirische Art

Eines Abends klagte Slava plötzlich über Schmerzen im rechten Unterbauch und meinte mit tragischem Gesichtsausdruck, es sei der Blinddarm. Ich nahm die Schmerzen nicht ernst, denn inzwischen hatte ich mitbekommen, dass er ein ausgesprochener Hypochonder ist. Es gab fast keinen Körperteil, der ihm noch nicht geschmerzt und nach seinen Aussagen in Todesnähe gebracht hatte.

Angefangen hatte es während meines ersten Aufenthalts mit Krämpfen in der Herzgegend, von denen aber keine Rede mehr war. Seine angeborene Herzkrankheit und die Herzinfarkte, von denen er damals gesprochen hatte, entstammten gänzlich der Fantasie. Nach meiner Rückkehr zu ihm ging es weiter mit verschiedenartigen Gebrechen. Es traten starke Nierenschmerzen auf, die von schrecklichen Qualen in der Leber abgelöst wurden. Ein nicht näher beschreibbares Unbehagen in der Lungengegend diagnostizierte Slava als schwere Krankheit und befürchtete das Schlimmste, obwohl er sie an keinem Symptom festmachen konnte. Ein anderes Mal wies er auf eine Seite seines Halses, ziemlich weit unten, und meinte, dort täte es weh, und es wüchse wohl ein Geschwür. Ich war ratlos, weil ich nicht wusste, was außer den Mandeln an der bezeichneten Stelle krank werden konnte. Das „Geschwür" verflüchtigte sich wieder. Nachdem er sich den Fuß gestoßen hatte, blieb er am Morgen im Bett liegen mit der Erklärung, der Fuß sei gebrochen. Ich warf einen Blick darauf, sah weder eine Schwellung noch einen Bluterguss und meinte: „Das kann nicht sein", was ihn ganz wütend machte. Eine Stunde später trat eine Wunderheilung ein.

Als Slava nun mit dem Blinddarm aufwartete, lachte ich und äußerte, er solle sich keine Gedanken machen, denn morgen schmerzte ihm bestimmt eine andere Stelle. Das war recht unbedacht von mir, denn meine Herzlosigkeit erboste ihn so sehr, dass ich sie durch die Verabreichung einer Tablette, zweistündiges Auflegen kalter Umschläge und Tragen eines mitleidsvollen Gesichtsausdrucks wiedergutmachen musste. Er schlief ein, und tatsächlich hatte er am nächsten Tag eine andere kleine Beschwerde.

All dies erinnerte mich an meine Freundin Ingrid, mit der ich lange Zeit zusammengearbeitet hatte und die uns Arbeitskollegen jeden Morgen mit einem anderen Krankheitssymptom unterhielt, wobei so ungewöhnliche Gebrechen wie Brustbeinbrennen auftraten, von denen ich zuvor noch nie etwas gehört hatte. Das Auftreten der abwechslungsreichen Leiden blieb genauso unerklärlich wie deren sang- und klangloses Verschwinden.

Slavas Schmerzen im Unterbauch kehrten zwei Wochen später jedoch wieder, und dieses Mal waren sie stark und anhaltend, sodass ich mir wirklich Sorgen machte, es könne sich um eine akute Blinddarmentzündung handeln, obwohl er weder erhöhte Temperatur hatte noch über Übelkeit klagte. Er legte sich ins Bett und kühlte die Stelle. Am nächsten Tag war keine Besserung eingetreten und guter Rat nicht zu bekommen, denn der Feldscher hatte Urlaub und hielt sich schon seit Wochen in Tschita bei seiner Tochter auf. Der Arzt aus Tupik konnte nicht kommen, weil der Wasserstand des Tungir derart niedrig war, dass kein Boot fahren konnte. Aber selbst wenn es anders gewesen wäre, hätte der Arzt für die Fahrt mindestens anderthalb Tage gebraucht und eine eventuell erforderliche Operation hier nicht vornehmen können.

Weil Dora Michailowna vierzig Jahre als Feldscher gearbeitet hatte, wenn auch vor langer Zeit, hoffte ich, dass sie feststellen könnte, ob es sich tatsächlich um eine Blinddarmentzündung handelte. Ich holte sie, aber sie untersuchte ihn nicht und hatte ganz offensichtlich nicht mehr Ahnung als ich. Sie half uns aber, indem sie sich morgens um 10 Uhr über Radiofunk mit dem Krankenhaus in Tupik in Verbindung setzte und sich für einen sofortigen Transport dorthin per Helikopter einsetzte. Man sagte ihr, dass man versuchen wolle, es zu organisieren und dass sie am Nachmittag noch mal anrufen solle. Doch dann konnten sie noch immer nichts sagen und vertrösteten uns auf den nächsten Morgen. Nicht jeder Blinddarm würde mit dem Platzen so lange warten.

Nach zwei Tagen Bettruhe waren die Schmerzen ein wenig abgeklungen. Voller Unglauben an eine Hilfe aus Tupik beschloss Slava, im eigenen Boot auf der Oljokma 300 Kilometer flussabwärts nach Juktali in die Poliklinik zu fahren, da die Oljokma genügend Wasser führte. Die dortige Poliklinik war eigentlich nicht zuständig für unsere Region, denn Juktali gehört zur Amurskaja Oblast. Es liegt wenige Kilometer von Ust-Njuksha entfernt an der Njuksha, einem Nebenfluss der Oljokma.

Obwohl ihm alle rieten, sich ins Boot zu legen und jemand anderen ans Steuer zu lassen, fuhren wir am folgenden Morgen allein los. Trotz seiner Schmerzen steuerte er das Boot fast ohne Pause über zwölf Stunden bis kurz vor Einbruch der Dunkelheit. Wir übernachteten in einer Isbuschka und legten am Morgen die restlichen Kilometer bis Ust-Njuksha zurück. Bereits um 10 Uhr kamen wir dort an und fanden bei einem seiner Brüder und dessen Frau Unterkunft. Valerka arbeitete in einem kleinen Elektrowerk in etwa 80 Kilometer Entfernung immer einen ganzen Monat lange Schichten ohne freie Tage und hatte dann einen Monat frei. Dadurch hatte er jetzt Zeit, Slava in die Poliklinik nach Juktali zu begleiten und sich um den Kauf des von uns dringend benötigten Benzins zu kümmern.

Aus dem Dorf Juktali wurde durch den Bau der Eisenbahnlinie Baikal-Amur-Magistrale ein größerer Ort mit mehrstöckigen Wohnblöcken aus Betonplatten für die an der BAM arbeitenden Menschen und deren Familien. Die Wohnblöcke stehen wegen des Permafrostbodens auf Stelzen, weil anderenfalls durch Erwärmung der Boden auftauen und die Häuser einsinken würden.

Die Baikal-Amur-Magistrale ist um die 4000 Kilometer lang und verläuft parallel zur Transsibirischen Eisenbahn, aber weiter nördlich. Sie zweigt in Taischet von der TRANSSIB ab, berührt das Nordende des Baikalsees und führt weiter nach Osten. Tynda ist ein Knotenpunkt, an dem die Verbindung der beiden Bahnstrecken hergestellt ist, sowie eine Verzweigung nach Norden abgeht. Transportiert werden auf endlos langen Zügen große Mengen Holz, im Einzugsgebiet erschlossene Bodenschätze und vieles andere. Natürlich fahren auch Personenzüge. Landschaftlich gesehen ist eine Fahrt mit der BAM ein wesentlich höherer Genuss als die mit der TRANSSIB.

Auch jetzt sind noch zahlreiche Menschen an der BAM beschäftigt, weil Klimaschwankungen um die 100 Grad, Permafrostboden, seismische Bewegungen und die Streckenführung durch mehrere Gebirge und über zahlreiche Sümpfe und Flüsse ständige Überprüfung und Instandhaltung der Strecke notwendig machen.

In Juktali gab es ein Krankenhaus und eine Poliklinik, doch letztendlich keine Diagnose, die Slavas Schmerzen erklärte. Der Chirurg meinte, es handele sich nicht um Blinddarmentzündung und ordnete eine Blutuntersuchung an. Diese ergab eine nur leichte Erhöhung der Anzahl weißer Blutkörperchen, was seine Ansicht stützte. Danach wurde ein weiteres Blutbild gemacht, dessen Ergebnis zwei Tage später vorliegen sollte. Wir fuhren mit unserem Boot nach Juktali und warteten vor dem Arztzimmer, bis Slava eintreten konnte. Nach einer Minute war er wieder draußen und sagte, die Analyse hätte keinen Aufschluss gegeben und die Ärzte wüssten nicht, was und warum es schmerzen würde.

„Und was wird nun?", erkundigte ich mich.

„Wieso, was soll werden? Wir fahren wieder nach Hause", erwiderte Slava schicksalsergeben.

Zornentbrannt stieß ich hervor: „Und deshalb haben wir 300 Kilometer zurückgelegt, den Rückweg nicht gerechnet? Warum lässt du dir das gefallen? Sie sollen gefälligst die Ursache herausfinden und dich behandeln. Dafür sitzen sie schließlich hier herum und werden bezahlt. Wir können doch so nicht nach Srednjaja Oljokma heimreisen. Dort ist keinerlei Hilfe möglich. Was ist, wenn es wieder schlimmer wird?" Am liebsten wäre ich in das Arztzimmer gestürmt und hätte dem Doktor ordentlich meine Meinung gesagt, doch die dafür erforderlichen Worte fehlten leider oder vielleicht zum Glück in meinem russischen Wortschatz.

Slava zuckte nur mit den Schultern und verhielt sich wie alle, die ich bisher hier erlebt hatte, der „Obrigkeit" gegenüber schweigend, duldsam und gefügig.

Erfreulicherweise klangen seine Schmerzen mehr und mehr ab. Nach Hause fahren konnten wir aber nicht, weil es Valerka immer noch nicht gelungen war, Benzin zu kaufen. Obgleich in Juktali relativ viele Autos fuhren, gab es keine Tankstelle. Ich hatte mir vorgestellt, dass wir mit unseren beiden Benzintonnen einfach an die Tankstelle fahren und sie dort füllen lassen könnten, doch alle Dinge, die irgendwie mit Zivilisation zu tun haben, sind in dieser Gegend selten einfach. Die einzige Möglichkeit, Benzin zu kaufen, führte über einen Mann, der ab und zu aus Tynda welches holte und es dann in Juktali verkaufte. Da er tagsüber arbeitete und auch sonst nicht immer anzutreffen war, erwies sich die Besorgung als langwierige und umständliche Angelegenheit, die sich über Tage hinzog.

Obwohl uns Valerka bei seinem letzten Besuch in Srednjaja Oljokma ausdrücklich zu sich eingeladen hatte, hatte ich bereits ab dem zweiten Tag nach unserem Eintreffen das Gefühl, nicht willkommen zu sein und fühlte mich als Gast mehr als unwohl. Am Ankunftstag, einem Sonntag, waren wir sehr herzlich aufgenommen und verköstigt worden. Sie hatten die Banja geheizt und uns für die Dauer unseres Aufenthaltes sogar das Ehebett zur Verfügung gestellt. Wir waren nicht mit leeren Händen gekommen, sondern hatten einen Eimer voller Elchfleisch und geräucherte Fische mitgebracht, erwarteten aber natürlich nicht, rund um die Uhr bewirtet zu werden, noch dazu, da Natascha arbeiten ging und offenbar dort aß. Es war aber doch befremdlich, dass Valerka uns am Folgetag kein Frühstück anbot und auch an den anderen Tagen nicht einmal Tee bereitstand oder eine von den im Garten üppig wachsenden Gurken auf den Tisch gelegt wurde. Bis auf zwei weitere Abendessen wurde uns nichts angeboten. Wir waren zwar nicht drauf angewiesen, dass sie uns durchfütterten, da es im Ort ausreichend Lebensmittel zu kaufen gab, aber ich empfand es als Affront. Zudem wagte ich nicht, mich in einem fremden Haushalt breit zu machen und zu kochen. Dadurch musste ich eine Menge Geld für Lebensmittel ausgeben, weil wir ausschließlich von Brot, Wurst, Käse, Eiern und Fischkonserven lebten und dazu natürlich auch Valerka einluden, wenn er gerade mal daheim war. Meistens jedoch hielten sich Valerka und seine Frau tagsüber und abends bis zur Schlafenszeit außer Haus auf; sie schienen geradezu zu fliehen. Ledliglich am Tag unserer Ankunft saßen sie mit uns zusammen, danach hockten wir wie Aussätzige allein im Wohnzimmer. Bei Fremden hatte ich mehr Gastlichkeit erfahren. Zu meinem Erstaunen lud uns Valerka bei späteren Besuchen in Srednjaja Oljokma immer wieder zu sich ein; es waren wohl nur Lippenbekenntnisse.

Überaus wichtig schien Natascha die Ordnung und Sauberkeit im Hause zu sein, die nicht einmal eine Leine zum Trocknen nass gewordener Kleidungsstücke im Vorraum zuließ. Da Slava täglich mit dem Boot nach Juktali fahren musste, manchmal in Valerkas, manchmal in meiner Begleitung, und häufig wolkenbruchähnliche Regengüsse vom Himmel kamen, war ein Teil unserer Kleidung bald durchnässt. Ich legte die nassen Sachen auf unseren großen, im Vorraum stehenden Rucksack in der trügerischen Hoffnung, dass sie allmählich etwas trocknen würden. Valerka warf seine Kleidung einfach in eine Ecke, wo sie tagelang liegen blieb.

Am liebsten wäre ich in das „Hotel" in Juktali umgezogen, das zwar äußerst schäbig war, in dem ich mich unter diesen Umständen aber wohler gefühlt hätte. Leider ging das nicht, weil Slava seinen Pass nach Tupik geschickt hatte, um für die Monate außerhalb der Jagdsaison eine Art Arbeitslosenunterstützung zu bekommen.

Am Abend des fünften Tages unseres Aufenthalts brachten Slava und Valerka endlich das Benzin. Erleichtert brachen wir am folgenden Tag trotz schwarz heraufziehender Wolken auf und schafften es, vor Ausbruch des Unwetters die

Isbuschka zu erreichen, in der wir auf der Hinfahrt schon übernachtet hatten. Es regnete und regnete, sodass wir die Fahrt am nächsten Tag nicht fortsetzen konnten. Ich war froh, dass wir in der Isbuschka besseres Wetter abwarten konnten und das nicht in Ust-Njuksha tun mussten.

Am Tage unserer Weiterfahrt hatte der Dauerregen zwar aufgehört, die Wetterlage sich freilich nicht entscheidend geändert. Wir kamen nur langsam voran, denn durch die heftigen Niederschläge führte der Fluss viel Wasser, und die Strömung, gegen die das Boot ankämpfen musste, war schnell und kräftig. Außerdem war es schwer beladen mit 400 Litern Benzin, dem in Ust-Njuksha erworbenen Schneemobilmotor und zahlreichen Einkäufen wie 40 Litern Farbe und vielem mehr. Nach dreistündiger Fahrt merkte Slava, dass der Motor kaum noch mit halber Kraft arbeitete und er es nicht schaffen würde, das Boot mit der vollen Ladung durch die bevorstehende Stromschnelle zu bringen. Er stellte einige besonders schwere Teile am Ufer ab, um sie später zu holen. Irgendwie gelang es ihm, die mit fast 200 Litern Benzin gefüllte Tonne mithilfe einiger Bretter allein aus dem Boot ans Ufer zu bugsieren.

In einigen Kilometern Entfernung befand sich ein Stückchen vom Ufer entfernt im Wald eine Isbuschka, wo wir mit Hilfe rechnen konnten, da sich dort eine Familie mit drei halbwüchsigen Kindern aufhielt. Wir steuerten das dortige Ufer an, und Slava nahm den Motor auseinander. Der Schaden war beträchtlich: Ein Kolbenring war gebrochen und das Kugellager stark beschädigt, die Reparatur ohne Ersatzteile nicht möglich und an eine Weiterfahrt nicht zu denken. Der Mann aus der Isbuschka bot an, am nächsten Tag in seinem Boot die neunzig Kilometer nach Ust-Njuksha zu fahren und zu versuchen, Ersatzteile zu besorgen. Diese konnte man natürlich nirgendwo kaufen, jedoch hatte Slavas anderer Bruder einen alten, gleichen Motor und Slava hoffte, aus den beiden defekten Motoren einen funktionsfähigen machen zu können. Die ganze Aktion würde allerdings etwa zwei Tage dauern. Wo sollten wir so lange bleiben? In der Isbuschka war kein Platz, und wir hatten nur mein Einmannzelt dabei, in dem man zu zweit eine Nacht überstehen konnte, das für einen längeren Aufenthalt bei Regen aber ungeeignet war. Damit es uns nicht etwa zu gemütlich wurde, fing es wieder an zu gießen. Unter der eben noch rechtzeitig zwischen den Bäumen aufgespannten Baumarktplane fanden wir etwas Schutz. Meine Laune war im Keller, hauptsächlich deshalb, weil ich mich der Situation hilflos ausgeliefert sah und darauf warten musste, dass irgendein anderer etwas tat. Slava hatte wohl keine Befürchtungen bezüglich des Ausgangs der Geschichte, denn er behielt sogar angesichts meiner sauertöpfischen Miene seine gute Laune und war lediglich besorgt um mein Befinden.

Die beiden Jugendlichen brachten eines der hier üblichen, 3 x 4 Meter großen Zelte aus Segeltuch, einen kleinen eisernen Ofen und Rentierfelle als Matratze. Sie bauten alles auf, und im Handumdrehen verbreitete der Ofen Wärme und erhitzte das Teewasser. Nachdem Slava gemeinsam mit dem Mann die an der

Stromschnelle deponierten Sachen abgeholt hatte, machten wir es uns auf den Rentierfellen in unseren Schlafsäcken bequem und lauschten dem Regen. Dazu hatten wir die Nacht über und am folgenden Tag noch reichlich Gelegenheit. Ein kräftiger Sturm ließ in der Nacht die Bäume um uns ächzen. „Hoffentlich fällt keiner aufs Zelt", war unser beider Gedanke, doch alles ging gut, und im Zelt blieb es trocken und gemütlich. Dieses russische Segeltuch ist relativ dünn, aber so fein und fest gewebt, dass es nie durchnässt.

Im Laufe des Tages brachte uns ein Jäger, der sich einige Kilometer weiter in seiner Jagdhütte aufhielt und von unserem Pech erfahren hatte, ein großes Stück Hirschfleisch. Außerdem hatten wir in Ust-Njuksha auf Vorrat eine Menge Lebensmittel eingekauft; hungern mussten wir also trotz der ungeplanten Verlängerung der Fahrzeit nicht. Ohnehin nimmt man immer mehr Lebensmittel mit, als man voraussichtlich benötigt, denn es heißt in Sibirien: „Gehst du in die Taiga für drei Tage, nimm Lebensmittel für sechs Tage mit", weil immer mit unvorhergesehenen Ereignissen zu rechnen ist.

Erst am übernächsten Mittag kam der Mann mit dem Ersatzmotor zurück. Slava reparierte damit unseren Motor, während ich die Sachen zusammenpackte und zum Ufer trug, Feuer machte, Essen und Tee kochte. Kurz nach 15 Uhr konnten wir endlich losfahren. Nach 150 Metern setzte der Motor aus, und ich dachte mutlos: „Das war's." Slava bekam ihn wieder in Gang, doch nach einer halben Stunde gab es erneut Probleme, und Slava schraubte abermals daran herum. Seine Geduld und Zuversicht waren offensichtlich angebracht gewesen, denn danach machte der Motor keine Schwierigkeiten mehr. Abends hielten wir an einer geeigneten Stelle und übernachteten dort in meinem Zelt. Erst gegen 22 Uhr kamen wir am folgenden Abend in Srednjaja Oljokma an, müde, erleichtert

187

und froh, endlich wieder daheim zu sein. Einige Männer halfen uns, das Gepäck vom Fluss zum Haus zu tragen. Slavas Onkel und Tante boten uns gleich ein Nachtessen an. Die Tante konnte sich nicht an der Unterhaltung beteiligen, denn sie hatte im betrunkenen Zustand ihr Hörgerät verloren, aber der Onkel erzählte uns, dass ein starkes Unwetter geherrscht und großen Schaden im Dorf angerichtet hatte. Es hatte Fensterscheiben zerschlagen und Dächer teilweise abgedeckt. Unser eigener Geräteschuppen am Ufer war stark in Mitleidenschaft gezogen, aber am Haus war zu unserer großen Erleichterung alles heil geblieben.

In den folgenden Monaten traten die Schmerzen im Unterbauch wiederholt auf, allerdings nicht in alter Intensität und jeweils nur für ein, zwei Tage. Deshalb wollte Slava sich bei einem späteren Aufenthalt in Tupik untersuchen lassen. Der Arzt in der Poliklinik meinte, Slava müsse eine weitere Blutanalyse machen lassen, ohne deren Ergebnis könne er keine Diagnose stellen. Die konnte freilich nicht durchgeführt werden, weil das Team, das normalerweise diese Arbeit vornahm, unerklärlicherweise nach Tschita gefahren war, obwohl gerade in den Wintermonaten die Einwohner der sonst ziemlich isolierten, umliegenden Dörfer aufgrund der mit Autos befahrbaren Winterwege sich vermehrt in Tupik aufhielten und die Gelegenheit zum Arztbesuch nutzten. Auf die Idee, Darm- oder Harnwegsuntersuchungen vorzunehmen, kam der Arzt auch in Tupik nicht. Im Laufe eines Jahres geriet aber auch diese Krankheit Slavas in den Hintergrund.

In der Poliklinik arbeitete ein Zahnarzt oder besser gesagt, trieb dort sein Unwesen. Er war sehr berüchtigt, weil er oft betrunken war und schon öfter statt des kranken Zahnes einen gesunden gezogen hatte. Das Zahnziehen schien die einzige Behandlungsmöglichkeit zu sein, die er kannte, denn ich hörte nie, dass er Füllungen machte. Außerdem wurde gesagt, dass er unhygienisch arbeitete und es darum oft zu Problemen kam. Trotzdem begaben sich Leute in seine Behandlung, was mir geradezu tollkühn erschien. Indes hatte nicht jeder die Möglichkeit, in einen größeren Ort zu fahren und sich dort besser versorgen zu lassen.

Weil er ausschließlich aufs Zähneziehen spezialisiert war, hatte er darin größere Übung als andere Zahnärzte, was ihm sogar als Plus angerechnet wurde. Trotz meiner Gegenrede wollte Slava seine nur noch als Rudimente vorhandenen vier Weisheitszähne von ihm ziehen lassen. Alle anderen Zähne seien in Ordnung, sagte der Dentist zu ihm. Das schien mir nach einer über zehnjährigen Behandlungsabstinenz und nur sporadischer Zahnpflege – die desinfizierende Wirkung hochprozentigen Schnapses nicht berücksichtigt – mehr als unwahrscheinlich, und ich vermutete, dass die Aussage nur bedeutete, sie seien noch nicht reif zum Herausreißen. Merkwürdigerweise verlangte der Arzt 300 Rubel fürs Zähneziehen, obwohl die ärztliche Behandlung über eine allgemeine Krankenversicherung abgedeckt und daher kostenlos ist. Ich verdächtigte ihn, dass das Geld in

Wirklichkeit seinen Alkoholkonsum am kurz bevorstehenden Feiertag finanzieren sollte. Wie ich aus Srednjaja Oljokma wusste, bedeutete ein Feiertag, sich volllaufen zu lassen, und diese Feste wurden immer sehr ernst genommen.

Slava ließ sich zwei Weisheitszähne ziehen. Prompt hatte er am nächsten Tag eine stark geschwollene Wange, weil eine der Wunden eiterte. Unter großen Schmerzen musste nun täglich der Eiter entfernt werden, bis sie nach fast einer Woche endlich heilte. Die gleichen Beschwerden hatte ein anderer Patient, dem am selben Tag ein Zahn gezogen worden war, und auch unser Feldscher kam später aus Tupik mit einer dicken Backe nach Srednjaja Oljokma zurück, die ihm zwei Wochen zu schaffen machte.

Ich will einem Feldscher seine Kenntnisse nicht absprechen, doch scheinen sie mir recht eingeschränkt. Zum Beispiel erkrankte Dora Michailowna an einer geradezu bilderbuchartigen Gürtelrose, und weder sie selbst, die 40 Jahre in diesem Beruf tätig gewesen war, noch der amtierende Feldscher im Ort hatte die geringste Ahnung, was für eine Krankheit das wohl sei. Ich hatte sie begleitet und hörte zu meiner Verblüffung, dass sie zu ihm sagte: „Ich habe Windpocken." Obwohl das Erscheinungsbild ein anderes ist, geriet sie damit immerhin in die Nähe des Erregers. Der Feldscher antwortete entschieden: „Das sind keine Windpocken", worauf sie dann auf Hautpilz tippte. Er hielt es für eine Allergie, ausgelöst vielleicht durch Medikamente, vielleicht durch das weiße Mehl (das sie schon lebenslang zu sich nahm). Mein Hinweis auf Gürtelrose half ihm nicht auf die Sprünge, denn offenbar hatte er noch nie davon gehört. Nachdem die Bläschen abgeheilt waren, die Schmerzen aber unvermindert anhielten, meinte er schließlich, Dora Michailowna solle nach Tschita fahren, wo man eine Blutuntersuchung vornehmen könne. Das wollte sie aber nicht, sondern versuchte es stattdessen mit den unterschiedlichsten Eigenbehandlungen. Sie rieb die Stellen mit einer grünen Tinktur ein und abwechselnd mit verschiedenen Salben, machte warme Krautwickel und Auflagen aus anderen Pflanzen und setzte sich vor die alte Quarzlampe in der Krankenstation. Als sie sich nach Monaten schließlich doch in Tschita untersuchen ließ, stellten die Ärzte fest, dass sie die Gürtelrose gehabt hatte und noch unter den Nachwirkungen litt.

Diese Begebnisse ließen es mir ratsam erscheinen, niemals die gefährlichen Dienste eines Feldschers in Anspruch zu nehmen. Trotzdem konnte ich nicht verhindern, dass Slava ihn herbeiholte, als ich mir einmal gründlich den Magen verdorben hatte. Ständig musste ich mich übergeben, obwohl der Magen schon lange leer war, und ohne Unterlass musste ich zur Toilette laufen. Zum Schluss blieb ich gleich dort hocken, vor mir den Eimer mit dem benutzten Toilettenpapier, weil mein Magen sich immer wieder zusammenkrampfte und spürbar versuchte, meinen Körper durch die Kehle zu verlassen, um dem Elend zu entkommen. Slava und der Feldscher brauten drei Liter einer Lösung mit Kaliumpermanganat, die ich trinken und erbrechen sollte. Bei deren Anblick scheute ich zurück wie ein störrischer Esel, weil ich befürchtete, man würde mich damit vergiften. Mit vereinten Kräften brachten sie mich aber doch dazu, davon zu trinken. Obwohl ich vor dem Erbrechen nur die Hälfte der Flüssigkeit geschafft hatte, war der Magen danach gereinigt und desinfiziert, sodass ich nicht mehr würgen musste. Eine Spritze und Tabletten beruhigten meinen Darm; endlich konnte ich mich ausruhen.

Die Allgemeinbildung auf medizinischem Gebiet ist gering. Das hat aber auch sein Gutes, denn dadurch gibt es im Dorf nur drei Krankheiten: Tut es im Bauchbereich weh, ist es die Leber, schmerzt der Rücken, sind es die Nieren, und fast alle anderen Schmerzen werden mit Erkältung erklärt. Und wenn der Schmerzensträger oder der Feldscher sagt: „Das ist die Leber" (bzw. die Niere), bedeutet das in Wirklichkeit: „Ich weiß nicht, warum es wehtut, und machen kann ich da sowieso nichts", und schon muss man sich darüber keine Gedanken mehr machen und die Sache ist erledigt – bis auf die Schmerzen natürlich. Gegen die nimmt man dann alle möglichen Tabletten, auch Antibiotika, wenn gerade welche vorhanden sind. Slavas Tante zum Beispiel litt seit Monaten an Schmerzen im Bauch, die sich später über ihre rechte Seite hinaufzogen. Sie kam zu mir und bat mich um Tabletten. Ohne die Ursache der Schmerzen zu kennen, konnte ich ihr natürlich keine geben.

Heilmittel aus der Natur – Kräuter, Bärenfett und -galle, Hoden vom Moschustier – kennt man zwar, bringt aber zumindest bei den Kräutern häufig durcheinander, gegen welche Beschwerden sie helfen können. Das habe ich festgestellt, als ich die Aussagen darüber mit den Angaben in meinem Heilpflanzen-Buch verglich. Das Harz der Lärche wird benutzt, um Wunden abzudecken. Ich beobachtete, dass Igor eine stark blutende tiefe Schnittwunde in der Hand damit versorgte und am nächsten Tag mit diesem „Verband" im Garten arbeitete. Die Wunde heilt schnell und problemlos.

Es ist nicht verwunderlich, dass so wenige Kenntnisse vorhanden sind, denn es gibt für die Dorfbewohner keinen Zugang zu Informationen. Die nächste nennenswerte Buchhandlung befindet sich in Tschita. Der empfangbare Fernsehsender der „Rossija (Russland)" bringt vorwiegend Serien bzw. Filme über Polizeiarbeit oder Liebe (alle immer mit viel Schnaps), Schlagersendungen („Konzert" genannt), primitive Reality-Shows, eine Tatsachenserie über skandalöse Vorfälle (Korruption, Unterschlagung, verfälschte oder verdorbene Lebensmittel usw.) und Nachrichten – keine Kultursendungen oder populärwissenschaftlichen Sendungen, aus denen man etwas lernen könnte.

Nur ein oder zwei russische Radiosender können empfangen werden, und die auch nur in schlechter Qualität mit Störgeräuschen.

Der Alkohol und der Tod

Trotz der schlechten ärztlichen Versorgung waren alle Todesfälle im Dorf seit meiner Ankunft nicht auf Krankheiten, sondern auf Alkohol zurückzuführen. Innerhalb von vierzehn Monaten starben vier Männer, fünf Prozent der rund 80 Einwohner.

Der erste Todesfall ereignete sich, wie schon erwähnt, im Januar 2006, als Koljas Bruder in seiner Jagdhütte verbrannte. Im Frühjahr starb der Nachbar Anatoli Semjonowitschs in seinem Bett nach übermäßigem Spritkonsum an einer Art Blutsturz, eine in diesem Zusammenhang relativ häufig auftretende Todesursache, wie ich hörte.

Ende Juli des gleichen Jahres erschoss sich ein recht sympathischer, erst um die zwanzig Jahre alter Mann mit seinem Gewehr in betrunkenem Zustand nach einem Streit. Er durfte nicht begraben werden, bevor ein Amtsarzt und ein Staatsanwalt die Leiche untersucht hatten. Sie trafen erst nach mehreren Tagen ein, weil durch den niedrigen Wasserstand des Tungirs ein Motorschaden entstanden war und sie einen anderen Motor beschaffen mussten, bevor sie weiterfahren konnten. Solange musste die Leiche in der Sommerhitze bei täglich über 30 Grad gelagert werden.

Anfang März 2007 erstickte Juri Wassilowitsch im volltrunkenen Zustand an einem Stück Fleisch. Er war der Einzige von ihnen, den ich gut gekannt hatte, denn er hatte mir in der ersten Zeit meines Aufenthaltes viel gezeigt und mir oft geholfen. Ich war sehr betroffen über seinen Tod, aber nicht überrascht. Es verwunderte mich mehr, dass die Leute bei ihrem jahrzehntelangen hohen Alkoholkonsum überhaupt so lange leben und fähig sind, ihren Lebensunterhalt durch die Gartenarbeit, Sammeln von Waldfrüchten, Fischen, Jagen und Konservieren zu sichern. Die Miliz kümmert sich offensichtlich nicht darum, woher der Alkohol stammt, der im Dorf in Strömen fließt. Der Laden besaß einige Zeit keine Lizenz für den Verkauf alkoholischer Getränke, und jedes Mal, wenn die Miliz im Anmarsch war, wurden die Bier- und Wodkaflaschen vor deren Eintreffen aus den Regalen genommen. Welcher Mann im Dorf zusätzlich illegal Sprit herbringt und verkauft, weiß natürlich jedes Kind. Nach einem kleinen Tipp wäre es nicht schwierig, den Sprit zu finden, falls man das wollte. Dieser hochprozentige Alkohol wird häufig unter obskuren Bedingungen in Schuppen oder Garagen produziert, in fünf Liter fassende Plastikkanister abgefüllt und billig verkauft. Nicht selten geschieht es, dass Menschen davon erkranken und sterben. Im Fernsehen wurden einige Fälle gezeigt, in denen über 100 Menschen in Krankenhäusern behandelt werden mussten und bis zu 30 Prozent davon starben. Dann schreitet die Polizei auch mal ein, aber insgesamt habe ich den Eindruck, dass der Eifer bei der Verfolgung solcher Delikte nicht sonderlich groß ist. Die Leute munkeln, dass diejenigen, die von Amts wegen dagegen vorgehen müssten, geschmiert werden und darum kein Interesse an der Aufdeckung zeigen.

Der Alkholmissbrauch ist so alltäglich wie Brotessen, und kaum jemand regt sich darüber auf. Als ich dem für den hiesigen Landkreis Verantwortlichen in Tupik sagte, dass die meisten erwachsenen Einwohner Srednjaja Oljokmas Alkoholiker seien, ihr Leben darunter leide und es besser wäre, wenn dort kein Alkohol verkauft würde, lachte er nur: „Das ist eben der Norden."

Wie ein Beispiel zeigt, gäbe es jedoch auch andere Möglichkeiten. Der Ortsvorsteher von Moklakan, einem etwa 120 Kilometer von Tupik entfernten, von da aus auf einer holprigen Piste durch die Taiga zu erreichenden Dorf, setzte durch, dass dort kein Alkohol verkauft wird, sodass die Einwohner ihr Geld und ihre Zeit für sinnvollere Dinge aufwenden können. Außerdem sorgt er dafür, dass die für die Gemeinschaft sinnvollen und notwendigen Arbeiten durchgeführt werden.

Sprach ich in unserem Dorf mit jemandem über die alkoholbedingten Todesfälle, wiegten die Leute vielsagend und bedeutungsvoll den Kopf, betonten, dass der Missbrauch dazu geführt habe, zogen aber selbst keine Lehren daraus, sondern tranken fleißig weiter.

Vor einiger Zeit trank Slavas Cousin Igor gemeinsam mit zwei anderen Ewenken. Niemand wusste danach noch zu sagen, wie es dazu gekommen war, jedenfalls verletzte einer davon Igor mit der Axt an Kopf, Hals und Schulter. Der Feldscher nähte die Wunden und versorgte ihn notdürftig, bis nach zwei Tagen der Chirurg aus Tupik eintraf und ihn dann mit dem Boot dorthin ins Krankenhaus transportierte.

Mit dem Arzt zusammen war die Miliz gekommen, die den Täter abholte. Außerhalb Russlands wohl kaum vorstellbar, musste der Täter selbst das Milizboot steuern, weil sich der Bootsführer betrunken hatte und nicht mehr fähig dazu war und der junge Milizionär es wohl nicht konnte.

Unseren Nachbarn Valerij hatte ich immer für einen harmlosen, gutmütigen Menschen gehalten, der er nüchtern wohl auch ist. Doch dann erfuhr ich folgende Geschichte:

Valerij, seine Frau und ein Mann aus dem Dorf hatten gemeinsam getrunken. Nachdem der Wodka alle war, war Valerij losgegangen, um Nachschub zu holen. Bei seiner Rückkehr lag seine Frau auf dem Bett, der Mann auf dem Fußboden, beide schliefen. Valerij bildete sich plötzlich ein, dass die beiden in seiner Abwesenheit Sex gehabt hätten, und tötete den Mann mit mehreren Messerstichen. Er kam ohne Gefängnisstrafe davon, weil beide aussagten, der Getötete hätte die Frau vergewaltigt und Valerij sei ihr zur Hilfe gekommen.

Ein anderes Mal fand er seine betrunkene Frau mit heruntergezogenen Schlüpfern schlafend auf dem Fußboden vor. Im Alkoholrausch war sein nächster Gedanke, sie sei vergewaltigt worden, und er machte sich sofort auf die Suche nach dem vermeintlich Schuldigen. Igor und Slava waren zu Hause mit einer Arbeit beschäftigt, als Valerij unter wüsten Anschuldigungen mit dem Messer auf sie einstürmte. Er beruhigte sich erst, als er sich auf dem Boden wiederfand, aus einer Kopfwunde stark blutend und mit mehreren gebrochenen Rippen.

Harmloser (jedenfalls bis jetzt) ist es, wenn sich Slavas alte Tante betrinkt, die uns gegenüber wohnt. Sie singt dann unweigerlich eigene Texte in ständigen Wiederholungen, sodass wir ihren Zustand nicht roh mit: „Die Tante ist betrunken" beschreiben, sondern sagen: „Die Tante singt." Obwohl sie Russin ist, singt sie auf Ewenkenart von dem, was gerade geschieht. Der Text ist also immer auf den gegenwärtigen Moment bezogen, reimt sich meistens nicht und kann lauten: „Ich liege auf dem Boden, der Ofen ist nicht geheizt, ich koche kein Essen", oder „Wo ist das Salz, ich brauche es, und eben sah ich's noch", oder: „Ich möchte ins Haus, doch mein Mann sperrt mich aus. Ich möchte hinein, doch er lässt mich nicht rein." Letzteres kommt recht häufig vor, da der Onkel müde wird, wenn er getrunken hat, und dann schlafen will, während die Tante immer aufgekratzter wird, singt, mit schriller Stimme spricht oder auf Besuchstour geht. Wenn sie dann wiederkommt, hat sich der Onkel aufs Ohr gelegt, den Riegel vorgeschoben und ist wenig bereit, seine Ruhe von einer kreischenden Frau gefährden zu lassen, sodass es meistens längere Zeit dauert, bis sie Einlass findet. Ihrer Liebe zu ihm tut das aber keinen Abbruch. Sie singt ihn an: „Korovin, du mein Himmel", und sobald sie ihn einige Minuten aus den Augen verliert, begibt sie sich auf die Suche nach ihm und fragt: „Wo ist mein Korovin?"

Obwohl der Onkel ihr gegenüber manchmal grobe Worte gebraucht, was aber nie richtig böse wirkt, ist einer ohne den anderen kaum vorstellbar, und Slava glaubt, dass der andere kurz darauf nachfolgen werde, wenn einer von ihnen stirbt.

Einmal lag die Tante singend auf der Straße im Gras, rollte dabei lustig hin und her und fuchtelte im Takt mit den Armen in der Luft herum. Schließlich gingen Slava und der Onkel hin, um sie nach Hause zu bringen, doch sie wollte nicht, ging in Boxstellung und versuchte, ein paar Treffer zu landen. Sie war aber etwas im Nachteil, da sie 30 Zentimeter kleiner ist als Slava. Kaum hatten sie die Aufmüpfige ins Haus bugsiert, brach sie wieder aus und wollte mich besuchen, musste aber vor Slava kapitulieren, der sich schützend vor die Tür gestellt hatte.

Nachdem das Paar einmal mehrere Tage hintereinander getrunken und kaum etwas gegessen hatte, kam der kleine, ohnehin schon magere Onkel zittrig zu uns. Er erzählte, dass er vor dieser Eskapade einen Monat lang ohne Wodka gelebt hatte, und ich fragte ihn, ob er sich dabei wohler gefühlt hätte. „Natürlich", antwortete er schlicht.

Eines Wintertages fuhr der Onkel nach Tupik, um sich dort ein neues Gebiss machen zu lassen. Er nahm einen großen Sack gefrorener Edelfische mit, der für die Begleichung der Kosten sorgen sollte. Zurück kam er ohne Gebiss und ohne Fische, denn die hatte ihm ein „guter" Bekannter gegen Alkohol abgeluchst und dabei ein ausgesprochen lukratives Geschäft gemacht.

Mir war aufgefallen, dass dem Onkel an fast allen Fingern ein bis zwei Glieder fehlten. Darauf angesprochen erzählte er, dass er einmal im Winter betrunken auf der Straße umgefallen und eingeschlafen sei. Man habe ihn zwar kurze Zeit später gefunden, aber da seien die Finger schon erfroren gewesen und mussten amputiert werden. Er habe mehrere Wochen im Krankenhaus gelegen.

Wenn das Geld alle ist und man im Laden nicht mehr anschreibt, weil die Schuld inzwischen schon zu hoch ist, ist die Not groß. Einige trinken dann sogar Eau de Colonne oder Rasierwasser. Im Laden sah ich einmal eine Batterie großer Rasierwasserflaschen stehen und wunderte mich darüber, denn ich hatte nicht den Eindruck eines entsprechenden Bedarfs. Doch dann erfuhr ich, dass das Rasierwasser im Vergleich zu Wodka sehr billig ist und es darum von manchen getrunken wird.

Vor einigen Jahren, so erzählte man mir, war ein Besucher aus Moskau zu Gast im Dorf. Er hatte mehrere Flaschen Mückenmittel dabei, aber nicht lange, denn jemand trank sie aus. Demjenigen ging es danach ziemlich schlecht, und der Gast hatte keine Möglichkeit mehr, Mücken und Konsorten abzuwehren – ich weiß nicht, was schlimmer war.

Ein anderer Weg, sich bei Ebbe in der Kasse Alkohol zu besorgen, ist das Tauschen oder Verkaufen. Zobelfelle, Benzin, Kartoffeln, Motorersatzteile, Fischnetze, also auch Dinge, die selbst dringend benötigt werden, alles wird getauscht gegen Schnaps oder verkauft, wobei die Tauschobjekte meistens viel mehr wert sind als der dafür verlangte Schnaps bzw. das verlangte Geld. Einige haben fast alles vertrunken, was sie jemals an Wert besaßen, darunter Schneemobile, Boote, Lastwagen.

Häufig versuchte man auch, mich anzuborgen, obwohl inzwischen alle wussten, dass ich kein Geld für Alkohol verleihe. Sie bettelten, flehten, umarmten, küssten mich, fielen vor mir auf die Knie, doch ich ließ mich nie erweichen, sondern wiederholte stur: „Nein, ich gebe dir nichts. Ich gebe niemals Geld für Alkohol; es ist mein Prinzip."

Neulich wollte sogar der Fahrer des Bootes, der zu Beginn der Sommerferien die Kinder aus dem Internat in Tupik hergebracht hatte, von mir Geld leihen. Ich hatte den Mann zuvor noch nie gesehen.

Unter Alkoholeinfluss verkommt das Sexleben bei nicht wenigen Menschen zur rohen Unterhaltung. Eine Frau im Dorf wird „das Schweinchen" genannt. Jedes Mal, wenn ihr Mann zur Jagd gefahren war, holte sie – kaum dass der Motor verklungen war – aus dem Laden Wodka und hatte angetrunken dann wahllos mit jedem zur Verfügung stehenden Mann Geschlechtsverkehr. Bei einem Trinkgelage forderte eine andere, deren eigener Mann gerade dem „Schweinchen" in dessen Haus gefolgt war, einen Ehemann mit eindeutigen Bewegungen zum Sex auf (mit Erfolg), obwohl dessen Frau, nur durch die Bretterwand getrennt, praktisch im gleichen Raum schlief. Zum Ausgleich sah dieser Mann ein andermal, wie sich seine Frau an intimster Stelle von einem Saufkumpan „verwöhnen" ließ. Es kommt auch gern mal vor, dass sich nach einer Trinkerei ein fremdes Höschen im Haus findet. Besucher des Dorfes haben nie Schwierigkeiten, Saufkumpane und geöffnete Schenkel zu finden, und die meisten von ihnen nutzen wenigstens eine der Möglichkeiten. Eheliche Treue scheint zumindest in dieser Region keinen hohen Stellenwert zu genießen.

Einmal kamen zwei Reporter vom Regionalfernsehen in Tschita zu uns, die eine kurze Reportage drehen wollten. Man wies ihnen zum Schlafen ein Zimmer in der Schule zu. Die beiden Männer machten einen gepflegten und intelligenten Eindruck. Aber sie fragten Slava, ob es im Dorf „eine Frau" gäbe, und am nächsten Tag hörte ich, dass einer von beiden sich in volltrunkenem Zustand in der Schule auf den Fußboden erbrochen hatte.

Feiertage sowieso, aber obendrein ist jedes andere Ereignis Anlass zum Trinken. Der Tag des Kindes, des Eisenbahners, des Lehrers – selbst wenn man zu keiner dieser Gruppen gehört, fühlt man offenbar zutiefst solidarisch. Das ist seit alter Zeit so. Bereits 1739 vermerkte Georg Wilhelm Steller, Teilnehmer der Großen Nordischen Expedition, der in Tomsk einige russische Feiertage erlebt hatte: „Man sah sich dem Glauben verleitet, es sei von oben her eine Weisung an alle ergangen, sich an diesem Tag mit Schnaps abzufüllen."

Häufig wird am nächsten Tag weitergetrunken, da gegen den Kater nur Wodka oder Starkbier hilft, wie man mir erklärte. Und wenn man dann schon mal dabei ist, fällt es schwer, wieder aufzuhören.

Sogar auf dem Friedhof ist es üblich, Alkohol zu konsumieren. Traditionell suchen die Angehörigen das Grab des Verstorbenen am neunten und vierzigsten Todestag auf und immer, wenn sich der Todestag jährt sowie am sogenannten „Elterntag" im Frühjahr, der etwa unserem Totensonntag entspricht. Sie schmücken die Gräber mit bunten Kunstblumen, und an den daneben stehenden Holztischen verzehren sie mitgebrachtes Essen und trinken nicht zu knapp Wodka. Dass sie sich im Gespräch oder im stillen Gedenken an die Verstorbenen erinnern, habe ich nie beobachtet.

Auf den hölzernen Grabstelen werden oft gefüllte Wodkagläser hinterlassen, manchmal auch Zigaretten, wenn der Verschiedene Raucher war. Früher wurde außerdem Essen hingestellt, wegen der Hunde wird das jedoch nicht mehr praktiziert.

Auch in den russischen Filmen, die im Fernsehen gezeigt werden, wird ständig zum Schnaps gegriffen.

Das übermäßige Trinken wird in Russland und vielen Staaten der ehemaligen Sowjetunion mit Nachsicht und Verständnis, ja sogar mit Wohlwollen bedacht. Ein Bekannter von mir arbeitete einmal ein Jahr lang projektbezogen gemeinsam mit russischen Wissenschaftlern an der Universität von Odessa. Bei einem geselligen Ereignis trank er zu viel von dem dort ausgeschenkten, ungewohnt hochprozentigen Schnaps, beschloss den Abend schlafend unter dem Tisch und wusste nicht mehr, wie er dann in sein eigenes Bett gekommen war. Am nächsten Tag war ihm das dermaßen peinlich, dass er sich kaum traute, ins Institut zu gehen, aber siehe da – alle waren begeistert, klopften ihm auf die Schulter: „Molodjez (Prachtkerl)!“, und waren nun richtig warm geworden mit ihm.

Hier im Dorf kann man die Leute an den Fingern abzählen, die nicht oder nur manchmal in Maßen trinken. Mich freut es sehr, dass Igor und Wowa, der damals im Rausch seinen Bruder fast erstochen hätte, auf Slavas Initiative hin jetzt abstinent leben. Slava hatte die beiden nach der Jagdsaison nach Tschita mitgenommen und dafür gesorgt, dass sie die helfende Injektion bekamen. Sie ließen es sich dort einige Tage gut gehen, kauften gutes Essen und neue Kleidung und erlebten, dass das verdiente Geld Freude bringend und nützlich verwendet werden kann, wenn man es nicht vertrinkt. Seitdem arbeiten sie gemeinsam und investieren ihre Einkünfte vor allem in Arbeitsgeräte.

Herr der Taiga

Die riesige, kaum zugängliche Taiga ist sein Heim, er ist der Hausherr, und nur der Mensch ist sein Feind. Der Bär sei der Herr der Taiga, sagen die Sibirjaken, und sie fürchten ihn trotz ihrer Gewehre.

Die Leute aus unserem Ort berichteten über in diesem Jahr besonders häufige Bärenbegegnungen. Einige Tiere hatten sie schon erlegt. Ihre Galle ist wertvoll und wird in winzigen Mengen als Heilmittel gegen Verdauungsbeschwerden benutzt. Getrocknet findet sie Käufer in China, doch der Jäger erhält sehr wenig Geld dafür. Auch das gekochte und in Flaschen abgefüllte Fett dient Heilzwecken, während das Fleisch nur von wenigen Leuten gegessen wird; die meisten verfüttern es an die Hunde. Der Winterspeck ist sehr zart und schmeckt köstlich auf Brot, besonders, wenn der Bär sich vorwiegend von den Nüssen des Stlanik ernährt hat. Der Speck muss aber in gefrorenem Zustand gegessen werden, da er in der Wärme zerläuft. Krallen, Felle, Köpfe werden fast nie verwertet, sondern einfach weggeworfen. Die Leute im Dorf können oder wollen die Felle nicht mehr selbst bearbeiten.

Es tat mir immer leid, wenn eines dieser starken, beeindruckenden Tiere so endete. Tagelang fühlte ich mich bedrückt, nachdem Slava in meinem Beisein einen Bären geschossen hatte.

Es war Anfang Juni 2007. Wir waren 60 Kilometer stromabwärts einige Tage zum Fischen unterwegs gewesen und hatten gerade den Rückweg eingeschlagen, als Slava von Weitem einen Bären am Ufer grasen sah und mich darauf aufmerksam machte. Sofort beschleunigte er das Boot auf die mögliche Höchstgeschwindigkeit und feuerte nach der Annäherung noch im Fahren zweimal auf den flüchtenden Bären, eine Hand am Steuer, mit der anderen das Gewehr an die Wange pressend. Nach dem Anlanden machte er die Waffe wieder schussbereit, sprang aus dem Boot und ging im Wald vorsichtig und leise in die Richtung, aus der ein heiseres Grollen ertönte. Die Hunde sprangen ebenfalls an Land und sollten eigentlich den Bären verbellen und beschäftigen, während Slava ihnen folgte. Doch Katja hielt es offensichtlich für keine gute Idee, sich mit dem Raubtier anzulegen. Sie blieb am Ufer und tat völlig unbeteiligt. Druschok hatte anfangs angeschlagen, folgte dann aber Katjas Beispiel. Tschara hatten wir nicht dabei. Ich hörte, wie sich das Grollen sehr langsam entfernte und Slava noch zwei Schüsse abgab. Danach bewegte sich der Bär plötzlich wieder auf uns zu, seine Geräusche klangen laut und beängstigend. Die Hunde flüchteten sofort, Slava kam aus dem Wald gerannt, schob das Boot ins Wasser und sprang herein. Dann zeigte er mir das doppelläufige Gewehr – eine fehlerhafte Patrone war im Lauf explodiert und hatte ihn zerfetzt. Es hätte leicht das Gesicht und die Augen treffen können. Ich mochte mir auch nicht vorstellen, dass Slava dem verletzten Bären gegenübergestanden hätte und die Patrone explodiert wäre, statt dem

Bären den tödlichen Schuss zu versetzen. Schnell lud Slava das andere Gewehr, während sich die Laute des Bären wieder zu entfernen schienen und schließlich ganz verstummten. Das wahrscheinlich verletzte Tier ohne Hunde zu suchen, war unsinnig, und so warteten wir auf Wowka, der zurückgeblieben war, um zu angeln. Mit dessen ausgezeichnetem Jagdhund, einem kräftigen Rüden, machte sich Slava auf die Suche. Der Hund fand den bereits toten Bären unweit unseres Standplatzes. Beim Anblick des leblosen Tieres fühlte ich großes Bedauern und bat Slava, keinen dieser schönen Riesen mehr zu schießen.

„Ach, was. Es gibt zu viele von ihnen, und sie vermehren sich ungehindert, wenn sie nicht abgeschossen werden. Sie reißen viel Wild und sind gefährlich für den Menschen", lehnte er ab. „Im Mai sind sie hungrig und schlecht gelaunt, im Juni in der Paarungszeit aggressiv, und vor Bärinnen mit Jungen muss man sich immer vorsehen."

Auf dem weiteren Weg hielten wir einige Male an, und Slava machte sich auf die Suche nach Elchspuren. In der Nähe eines kleineren Sees fand er welche, aber am Flussufer auch Losung und Spuren eines großen Bären, der dort Kräuter zu sich genommen hatte. In der Losung befanden sich Tierhaare, ein Zeichen, dass er ein Tier gefressen hatte. Slava beabsichtigte, nachts auf Elchjagd gehen und fragte mich, ob ich das Zelt lieber am anderen Ufer aufstellen wolle. Da ich hoffte, den Bären filmen zu können, wollte ich aber am diesseitigen Ufer bleiben, und so schlugen wir etwa 300 Meter von der Bärenspur entfernt das Zelt auf. Dort war der direkte Weg aus dem Wald durch eine Bucht unterbrochen. Slava band die beiden Hunde in Zeltnähe an und ging gegen 22 Uhr zum nahen See, während ich vergeblich Ausschau nach dem Bären hielt und mich dann nach Einbruch der Dunkelheit ins Zelt legte. Gegen Mitternacht fing Druschok an zu bellen. Slava eilte heran. Wir hörten, wie der Bär auf der anderen Seite der Bucht durch den Wald stapfte, sich jedoch nicht näherte. Slava war ärgerlich, weil ihn der Hund durch sein Bellen vom See gelockt und eventuell den Elch abgeschreckt hatte. Ich solle den Hund ruhig halten und ihn nur bellen lassen, wenn der Bär sich in der Nähe aufhalte. Mit dieser verwirrenden Anweisung verschwand er in Richtung See. Sollte ich mich nun die restliche Nacht zu den Mücken neben das Zelt setzen, um zu überwachen, wann der Bär nahe genug war, damit ich Druschok bellen lassen durfte? Dazu hatte ich wahrlich keine Lust, sondern legte mich ins Zelt und dachte, dass ich ohne die Hunde „zu meinem Schutz" besser dran wäre, denn nun musste ich, wenn Druschok bellte, ständig leise „still" zischen, ohne zu wissen, wo der Bär eigentlich war. Durch die

Unruhe, vielleicht auch wegen des umhergeisternden Raubtieres, ließ sich der Elch nicht blicken.

Auf eine andere Spur trafen wir an dem See, an dem Slava Netze auslegen wollte. Ein Bär hatte Slavas Jagdkanu, das er beim letzten Fischzug dort zurückgelassen hatte, ein paar Meter hinweggeschleudert und Beschädigungen in der Segeltuchbespannung  hinterlassen. Slava reparierte die Löcher mit Birkenrinde und Harz, bevor er einstieg. Unhörbar, elegant und schnell glitt das kleine alte Kanu durchs Wasser. Zunächst begleitete ich Slava ein Stück am Ufer entlang, verlor ihn jedoch bald aus den Augen, denn ich kam nur langsam vorwärts und konnte den etwa zwei Kilometer langen, schmalen See wegen seiner ausgeprägten Sichelform immer nur ein kleines Stück einsehen. Nach einiger Zeit ging ich langsam zurück, setzte mich auf halber Strecke auf einen umgestürzten Stamm und wartete lange. Schließlich dachte ich, dass Slava vielleicht schon an den Ausgangspunkt zurückgefahren sei und ich ihn beim Gang um Hindernisse herum nicht gesehen hatte. Doch dort fand ich ihn nicht; er musste also noch irgendwo am Ende des Sees sein. Aber irgendwann sorgte ich mich und ging los, ihn zu suchen. Je später es wurde, umso mehr ängstigte ich mich um ihn. Was sollte ich machen, wenn er verunglückt war und ich ihn hilflos vorfinden würde? Mit Hilfe konnte ich nicht rechnen, denn niemand aus dem Dorf war im weiteren Umkreis unterwegs. Ich müsste versuchen, Slava in das wacklige Kanu zu hieven und das Kanu den ganzen See entlang schwimmend vor mir her schieben, weil darin für mich kein Platz mehr wäre. Danach müsste ich ihn herausheben, mehr als 500 Meter durch die Taiga schleppen, über umgestürzte Bäume und einen Bach, um ihn anschließend den Steilhang hinunter zu unserem großen Holzboot zu bugsieren, das am Ufer auf uns wartete. Selbst wenn ich das alles schaffen würde, was dann? Ich hatte den Bootsmotor noch nie bedient, der schwierig und nur mit besonderen Vorbereitungen anzulassen war. Bei der Vorstellung, dass ich Slava im Ernstfall nicht helfen könnte, wurde mir so elend, dass ich zu weinen begann. Plötzlich verstand ich seine Besorgnis um mich, wenn ich allein in der Taiga oder am Fluss umherstreifte.

199

Mit großer Erleichterung sah ich ihn schließlich unversehrt herbeipaddeln. Doch nicht genug der Schrecken, denn als wir zum Flussufer kamen, war unser großes Boot nicht mehr da. Abgelenkt durch mich, hatte Slava vergessen, das Boot sicher zu vertäuen. Es war davongeschwommen und bereits außer Sichtweite. Slava rannte zum See, holte das Kanu und fuhr dem Boot nach. Glücklicherweise war es nicht allzu weit geschwommen, sondern mit der Schraube des Motors an einem Hindernis hängengeblieben, sodass er bald zurückkam.

Wir hätten uns auf dieser Fahrt wahrscheinlich anders verhalten, wenn wir gewusst hätten, was kurz darauf in der Umgebung passieren würde.

Ein Bär überfiel zwei Arbeiter, die in der Nähe von Juktali an der Bahnlinie arbeiteten. Einen tötete er und fraß oder verschleppte seinen Körper, man fand später nur noch seinen Kopf. Der andere konnte auf einen Baum flüchten und wurde zwei Stunden belagert. In einem anderen Fall saßen einige Jäger am Flussufer am Feuer, als sich ein Bär, ohne Angst zu zeigen, bis auf wenige Meter näherte, bevor sie ihn erschossen.

Ein Vorfall spielte sich im Juni keine zehn Kilometer von unserem Dorf entfernt ab. Wladimir Michailowitsch wollte an seiner Isbuschka einige Reparaturarbeiten ausführen und war auf dem Wege dorthin. Er ritt auf seinem Pferd, das außerdem noch verschiedene Dinge trug. Hinter ihm auf dem Pfad ging sein halbwüchsiger Adoptivsohn mit dem Gewehr, an seiner Seite unser Nachbar Valerij. Plötzlich kam seitlich aus dem Wald ein Bär und sprang das Pferd an, konnte es jedoch der Säcke wegen, mit denen es behängt war, nicht richtig fassen. Es strauchelte aber, geriet mit dem Bein in eine Erdvertiefung und stürzte, wobei Wladimir Michailowitsch unter ihm zu liegen kam. Valerij riss das Gewehr an sich und schoss, worauf der Bär dann doch in den Wald flüchtete. In der Hast und Aufregung hatte Valerij ihn nicht tödlich getroffen.

Die Erklärung für diese gehäuften Vorfälle war wahrscheinlich die Tatsache, dass aus der benachbarten Republik Sacha (Jakutien) Bären in größerer Zahl in den Amursker und weiter in den Tschitinsker Bezirk gewandert waren, wie wir im Juli hörten. Angeblich, weil das Nahrungsangebot in Teilen Jaktutiens durch großflächige Waldbrände vermindert war. Einen Monat später brannten lange Zeit auch im Süden der Tschitinsker Region riesige Waldgebiete, wie täglich im Fernsehen berichtet wurde.

Als unsere Paddlergruppe damals im Juli 2003 diese Gegend bereiste, hatten wir den Eindruck, es gäbe, abgesehen von einigen Vögeln, überhaupt kein Wild, keine Fische, keine Beeren und keine Pilze. Wie sehr dieser Eindruck täuschte, erfuhr ich erst im Laufe meines Aufenthalts im Dorf. Einfach irgendwo in die unwegsame Taiga zu stolpern, bringt wenig Erfolg. Um zu günstiger Zeit die richtigen Plätze aufsuchen zu können, benötigt man die Kenntnis, unter welchen Bedingungen Beerensträucher und Pilze wachsen. Die Einheimischen kennen die

Stellen, an denen in der Vergangenheit reichlich geerntet werden konnte. Doch selbst wenn im Vorjahr an einem Ort sehr viele Beeren reiften, kann es sein, dass in mehreren Folgejahren dort keine zu finden sind, und auch der Reifezeitpunkt kann um einige Wochen differieren. Eines Tages fuhren wir den Tungir hinauf, um auf einem ausgedehnten, baumlosen, sumpfigen Gelände Torfbeeren zu sammeln. Und obwohl hier im vorherigen Jahr große Mengen davon vorhanden waren, fanden wir nur hin und wieder einige einzelne Beeren und kehrten mit leeren Eimern zurück.

Das Tierleben spielt sich hauptsächlich im Wald und an den Seen ab und bleibt dem Laien verborgen. Am Fluss sieht man früh am Morgen oder abends manchmal Elche, Hirsche oder Bären. Oft kreisen große Greifvögel am Himmel, von den Einheimischen „Geier" genannt, während Adler seltener sind.

Fast wäre unser Druschok die Beute eines „Geiers" geworden, als er den Fluss durchschwimmen musste, um zu uns zu gelangen. Er hatte nämlich wieder einmal keine Lust gehabt, ins Boot zu springen, als wir losfahren wollten und ihn riefen. Ganz ruhig und behaglich lag er am Ufer unter einer Weide, und erst, als wir uns schon ein Stück entfernt hatten, stand er auf und blickte einfältig hinter uns her. Da unser Standplatz nur einige Kilometer entfernt lag, hörten wir ihn bellen – er wollte abgeholt werden. Slava war wütend. „So einen Hund kann ich nicht gebrauchen. Wenn er nicht allein herkommt, fahre ich am Abend hin und erschieße ihn."

Druschok muss geahnt haben, dass er den Bogen überspannt hatte und es nun kritisch für ihn wurde. Wir sahen ihn einige Zeit später am jenseitigen Ufer entlanglaufen, und nach einigem Zögern überwand er seine Abneigung, den breiten Fluss zu durchschwimmen. Die Strömung trug ihn abwärts, doch langsam näherte er sich unserem Ufer. Plötzlich gab ein Greifvogel über ihm sein ruhiges Kreisen auf und schoss auf Druschoks Kopf zu, bremste dann ab, überflog ihn dicht noch zweimal und kam dann wohl zu der Einsicht, dass das nicht die richtige Beute für ihn sei. Das rettete dem Vogel das Leben, denn Slava hatte schon das Gewehr zur Hand, um ihn zu erschießen.

Wenn ich mit Slava unterwegs war, zeigte er mir Spuren oder Tiere, die er mit seinen scharfen, aufmerksamen Blicken sofort entdeckte, während ich mir manchmal wie blind vorkam. Rebhühner verrieten sich durch ihre Laute, noch bevor ich sie sah, ein Auerhuhn gab Geräusche von sich, die ich nicht einordnen konnte, bis Slava plötzlich einen Schuss abgab, einige Meter in den Wald lief und mit der Henne in der Hand wiederkam. Losung vom Kabarga lag auf Tierpfaden, für mich kaum sichtbare Eindrücke stammten von einem Bären, an einem Baumstamm hatte er Haare seines Felles hinterlassen, dort am Bach war eine frische Hirschspur und an einer anderen Stelle die Spur einer Elchkuh. Auf einem felsigen Berghang fanden sich unter Steinen zahlreiche Eingänge, die mich an die von Murmeltieren erinnerten, aber kleiner waren. Sie stammten vom „Kamenuschka".

201

Wowka zeigte mir eines Tages einen erschossenen sibirischen Nerz. Er hat rostfarbenes Fell und stinkt fürchterlich. Deshalb wird er normalerweise nicht gejagt und nicht verarbeitet. Sogar die Hunde mögen sein Fleisch nicht fressen. Die häufig vorkommenden Hermeline brauchen ebenfalls nicht um ihre Haut zu fürchten, wenn sie nicht zufällig in eine aufgestellte Falle geraten. Früher wurden aus Hermelinfellen Umhänge für Zaren und Könige gefertigt, doch heute lohnt es sich nicht mehr, sie zu bearbeiten und zu verkaufen, denn sie bringen sehr wenig Geld ein. Auch auf Bisamratten machen nur noch die Hunde oder andere Tiere Jagd.

Das Auerwild kommt im Frühjahr sogar bis ins Dorf. Eine Henne saß unweit unseres Hauses auf einem Stromkabel. Slava schlich mit dem Gewehr näher heran, und ich hörte kurz nacheinander zwei Schüsse fallen, die aber völlig unterschiedlich klangen. Während ich noch darüber rätselte, kam Wowka herbei, der die Henne wie Slava sofort bemerkt und den ersten Schuss abgegeben, sie allerdings verfehlt hatte.

Im Winter werden Schlingen ausgelegt, in denen sich Kabargas und Hasen fangen. Mit Vorliebe werden Elche und Hirsche gejagt, leider von einigen Jägern im Ort unmäßig und ohne Rücksichten. Kolja, dem Geiz und Raffgier nachgesagt werden, fährt zum Beispiel aller zwei, drei Wochen los und kommt in der Regel mit einem Elch oder Hirsch zurück. Was er mit dem ganzen Fleisch anstellt, ist ein Rätsel, denn er versorgt kaum einmal Verwandte oder Bekannte damit; vermutlich verfüttert er viel davon an die Hunde, um den Kauf von zusätzlichem Futter zu sparen. Einmal soll er bei einem einzigen Jagdausflug insgesamt drei Stück großes Wild erlegt haben. Von manchen Jägern werden sogar Elchkühe mit Jungen geschossen. Zu deren Glück ist ihr Fleisch in dieser Zeit zäh und mager, sodass sie keine sehr begehrte Beute sind. Zusätzlich jagen Leute aus Tupik und Ust-Njuksha in unserer Gegend oder stellen Fischnetze. Ein Funktionär aus Tupik soll an der oberen Oljokma einmal siebzig Netze ausgelegt haben, um den Fisch dann verkaufen zu können. Im letzten Winter erlegte ein Mann aus Tupik innerhalb einiger Wochen mehr als zehn Elche und Hirsche. Die Miliz bekam einen Tipp und konnte ihn fassen, als er mit dem Fleisch im Lastwagen in seinen Heimatort zurückkehrte. Er musste 30.000 Rubel Strafe zahlen, etwa 860 Euro, und seine Gewehre abgeben. Es war nicht das erste Mal, dass er so hemmungslos gewildert hatte, aber bisher hatte er nie Schwierigkeiten bekommen, obwohl seit langem alle um seine Machenschaften wussten. Die Leute sagen, dass er dieses Mal nur deswegen Probleme bekommen habe, weil er nach seinen vorherigen Jagden den maßgeblichen Funktionären kein Fleisch geschenkt hatte.

Zu Sowjetzeiten wurden die Jagd- und Fischereiregeln besser eingehalten, weil die Menschen bezahlte Arbeit hatten und nicht auf andere Einkünfte angewiesen waren, aber nun kümmert sich kaum einer um die Schonung. Ob das jetzige Verhalten trotz der riesigen Gebiete die Bestände gefährden wird oder sie schon geschädigt hat, vermag ich nicht zu beurteilen.

„Weidmannsheil" auf Russisch

Zieht der Jäger auf die Jagd, wünscht man ihm: „Keine Daune, keine Feder."
„Zum Teufel", antwortet er und spukt zur Bestätigung noch kräftig aus.

Vom höflichen „Weidmannsheil" und „Weidmannsdank" keine Spur, und weder vor noch nach der Jagd werden Zeremonien oder Rituale praktiziert. Die Jagd dient ganz pragmatisch der Essensbeschaffung bzw. dem Gelderwerb; sie entbehrt jeglichen Glamours. Und doch sind fast alle Männer bis in die Achtzi-

ger mit jeder Faser ihres Körpers Jäger. Nie gehen sie ohne Gewehr in die Taiga. Jäger zu sein bedeutet, ein Mann zu sein.

Die Kleidung derb, das Gewehr über der Schulter, das Messer im Gürtel, Axt, Teekessel und Kochtopf, eine Leinwand als Wetterschutz, die Hunde – viel mehr ist nicht nötig, wenn sie sich auf mehrtägige Jagdausflüge begeben. In der schneefreien Zeit schießen sie Enten, Rebhühner, Auerwild und Schwäne, lauern nachts an den Seen dem Elch auf oder jagen Hirsche, nachdem sie deren Wechsel aufgespürt haben. Bären werden in erster Linie im Frühjahr und Frühsommer erlegt, wenn sie an den Flussufern wilde Zwiebeln oder andere Kräuter fressen, um nach dem Winterschlaf ihren Darmtrakt zu reinigen.

Häufig stellen die Hunde das Wild. Meistens hören die Jäger an der Art des Bellens, um welche Wildart es sich handelt. Die Mischlingshunde erhalten keine besondere Erziehung, sondern sie werden ein Jahr lang einem bewährten Jagdhund beigegeben, der sie praktisch „ausbildet". Der Jagdtrieb ist ihnen angeboren, aber die Veranlagungen sind doch sehr unterschiedlich. Manche Hunde sind in erster Linie für die Zobeljagd und Eichhörnchenjagd mit dem Gewehr geeignet, andere jagen Hirsche, Elche, Moschustiere und treiben sie dem Jäger zu, fürchten sich aber vor Bären, und einige fürchten auch den Bären nicht.

Im Winter stellt ein Jäger 150, 200, manchmal noch mehr Fangeisen auf, um den Zobel zu fangen (wirklich wertvoll inzwischen nur noch für die Händler). Zuvor aber müssen genügend Rebhühner und Auerwild geschossen werden, um damit die Fangeisen zu bestücken. Nur in dieser Zeit legen die Jäger Schlingen aus für Moschustiere, deren Fleisch sie für sich und die Hunde während des Aufenthaltes in den Jagdhütten benötigen und deren Hoden sie über Zwischenhändler nach China verkaufen. Auch die im Winter schneeweißen Hasen werden in

Schlingen gefangen. Die Elchjagd ist in dieser Jahreszeit schwierig, weil hoher Schnee die Hunde sehr behindert. Manchmal macht man dann mithilfe von zwei, drei Schneemobilen Jagd auf den Elch, der in dichtem Gehölz und tiefem Schnee aber oft sehr geschickt auszuweichen versteht. Im letzten Winter bemerkte Slavas in seinem Revier acht Elche, einen davon konnte sein Jagdfreund erlegen.

Eine große Bereicherung stellt auch der Fischfang dar, der ganzjährig in Seen und Flüssen betrieben wird. In den Netzen finden sich Karauschen, Hechte, Barsche, Renken, Aalrauten, Charus und Edelfische wie Lenok und Taimen. Das Eisangeln findet im April statt, in der übrigen Zeit angeln nur Frauen und Kinder mit primitivstem Gerät zum Zeitvertreib, denn die Netzausbeute ist ergiebiger. Ein passionierter Angler dürfte aber an unseren Gewässern viel Freude haben.

Immer noch erscheinen mir Landschaft, Flora und Fauna, Menschen, Jagd und Fischfang so reizvoll, dass ich all dies auch anderen zugänglich machen möchte.

Deshalb renovierten wir Slavas elterliches Blockhaus, statteten es mit neuen Möbeln und Gebrauchsgegenständen aus und halten es als Ferienhaus für Interessierte zur Verfügung.

Wir bieten viele verschiedene Möglichkeiten, Sibirien „zu erfahren", sei man nun Jäger, Angler, Naturliebhaber oder ein neugieriger Mensch, der wissen möchte, wie die Menschen unter diesen speziellen Umständen leben.

Jäger können die einheimischen Jäger begleiten und im Winter mit ihnen in die Jagdhütten fahren. Angler bringen wir im Boot zu den Angelplätzen, wo sie eine Weile zelten oder in einer Isbuschka wohnen können, falls sie nicht zu Fuß dorthin gehen oder „vor der Haustür" angeln möchten. Naturfreunde begleiten wir auf Wanderungen durch die Taiga, beim Beeren- und Pilzesammeln. Wir bieten längere Ausflüge im Motorboot mit unserer Begleitung an, aber es besteht auch die Möglichkeit, solche Ausflüge mit selbst mitgebrachten oder von uns geliehenen Paddelbooten und Zelten durchzuführen.

Im Kapitel „Hinweise" dieses Buches sind weitere Informationen zu diesem Thema enthalten.

Es empfiehlt sich aber, auf unsere Homepage www.taigaleben.de zu schauen, denn dort findet man ausführliche, immer aktuelle Informationen über unsere individuellen Angebote, die Reiseorganisation, Preise, Kontaktadressen usw.

Die Jäger beim Aufteilen der Jagdbeute – jeder erhält den gleichen Anteil

Die schönste Jahreszeit

Welche die schönste der Jahreszeiten ist, ist eine schwierig zu beantwortende Frage.

Soll ich dem Frühling den Vorzug geben? Die Sonne beginnt zu wärmen, und die Temperaturen sinken nur noch nachts unter den Gefrierpunkt. Dankbar sitzen wir mittags einige Zeit auf der Treppe vor dem Haus und genießen die wärmenden Strahlen. Der Winter war lang, und nun ist es an der Zeit, dass er geht. Noch ist der Fluss gefroren und trägt die Fischer, die täglich ihre Netze kontrollieren, doch der tauende Schnee überschwemmt das Eis schon mit Wasserlachen. Langsam schwindet der Schnee von den südlich gelegenen Berghängen, am Flussufer wird das gelbe Gras des Vorjahres freigelegt, der Waldboden zeigt seine dunkle Farbe, und ich entdecke an den Preiselbeersträuchern frisch wirkende Beeren, die den Winter unter dem Schnee überdauert haben. Überall plätschert und rinnt es, bis der Wasserspiegel von Tungir und Oljokma steigt und die starre Eisdecke der Flüsse grobe Sprünge bekommt. Anfang Mai setzt sie sich langsam in Bewegung; große Verbände schieben sich vorwärts, bis sie schließlich in kleinere Schollen zerbrechen. Eine Hochwasserwelle, die sich rasch wieder verläuft, lässt dicke Eisschollen übereinandergestapelt an den Ufern stranden. Viele von ihnen haben die Reinheit des Winters bewahrt und leuchten wie riesige Aquamarine in unberührtem, hellen Blau aus dem Chaos hervor. Von dem Pfad entlang des Flussufers, auf dem ich noch am Morgen zuvor gejoggt bin, ist keine Spur mehr zu sehen; bis hoch an den Waldrand haben sich die Eismassen aufgetürmt. Unablässig und tagelang schwimmt das in der Sonne weiß strahlende Eis in schnellem Tempo den Fluss hinab, dessen Wasser von dem hineingespülten Erdreich braun und schmutzig ist.

Als nur noch vereinzelte Eisbrocken auf der Oljokma trieben, fuhren wir stromab, um zu fischen. Hinter den wirr aufgetürmten Schollen zeigten die Weidenbüsche erste Anzeichen beginnender Vegetation. Ihre Blüten bildeten ein noch kaum wahrnehmbares, zartes gelbliches Band entlang der Ufer. Das im Winter saftlose, stumpfe Grün der Kiefern war einem satten, frischen Farbton gewichen. Nach etwa 40 Kilometern bogen wir in eine durch die Mündung des Gabdjakit gebildete Bucht ein und stellten an einer höher gelegenen Stelle mithilfe langer, frisch gefällter Stämmchen das große Segeltuchzelt auf. Von unserm Standplatz aus bot sich eine prächtige Aussicht auf den sich zwischen Hügeln und Wald herbeiwindenden Gabdjakit, die noch teilweise vereiste Bucht und auf die eilig strömende Oljokma mit ihren weißen Eistupfern.

Slava ging zum Ende der Bucht, um zum Abendessen zwei Enten zu schießen, die jetzt im Frühjahr in großer Zahl Fluss und Seen bevölkerten, und stieg anschließend ins Boot, um Fischnetze auszulegen. In der Zwischenzeit frischte der

Wind stark auf. Er beutelte das Zelt hin und her und hob die Ofenrohre auseinander. Glücklicherweise war das Feuer fast heruntergebrannt, sodass ich den Ofen mit den dicken Lederhandschuhen anfassen und ins Freie tragen konnte, bevor Funken das Zelt in Brand setzen konnten. Schwarze Regenwolken zogen herauf und drohten, ihre Fluten über uns zu entleeren. Zu allem Überfluss stellte sich heraus, dass das Ofenfeuer den Boden nicht abgetrocknet, sondern in eine sumpfige Fläche verwandelt hatte. Es blieb uns nichts anderes übrig, als rasch in eine nahe gelegene Isbuschka umzuziehen. Wie die meisten von ihnen war sie schmutzig hinterlassen worden, und wir mussten sie notdürftig reinigen.

Unsere Hoffnung, einige sonnige Maitage genießen zu können, wurde auch in den folgenden Tagen nicht erfüllt, denn es blieb weiter sehr stürmisch und eiskalt, was das Auslegen und Einholen der Netze schwierig machte. Während Slava sich damit abplagte, saß ich mit etwas schlechtem Gewissen in der warmen Hütte, schrieb Tagebuch und blickte aus dem Fensterchen auf die unwirtliche Welt da draußen.

Am Abend des dritten Tages hörten wir ein Motorboot den Fluss heraufkommen. Boris, sein Sohn und ein weiterer Mann aus Ust-Njuksha waren auf dem Weg nach Srednjaja Oljokma. Da es in einer Stunde dunkeln würde, beschlossen sie, die Nacht über zu bleiben und erst am nächsten Morgen weiterzufahren. Das bedeutete, dass wir zu fünft in der kleinen Hütte schlafen würden und ich mir mit Slava eine Pritsche teilen musste, nur auf einer Seite liegend, weil ich es auf dem mittlerweile bis hoch zur Schulter schmerzenden Arm nicht konnte. Während die anderen keinen Gedanken an die Unbequemlichkeiten verschwendeten, sondern fröhlich schwatzten, bekam ich fast eine Krise. Slava bemerkte es und bot an, das Zelt auf dem ebenen, trockenen Platz vor der Isbuschka aufzubauen, was ich erleichtert annahm. Im Handumdrehen hatte er die Zeltstangen zurechtgeschlagen, das Zelt aufgebaut, den Ofen beheizt und freute sich, dass es mir im Schlafsack auf dem Elchfell gut ging.

Mitte Mai beginnen die zahllosen Lärchen mit ihren noch winzigen, feinen Nadeln die Umgebung in einen hellgrünen Hauch zu hüllen, der täglich intensiver wird, bis sie in ihrer vollen Frühlingspracht einen herrlichen Anblick bieten. Auch die Birken treiben aus und wiegen bald nach den Lärchen ihre Blättchen im Frühlingswind. Aus dem gelben, abgestorbenen Gras werden grüne Wiesen, auf denen die im Winter abgemagerten Pferde mit ihrem langsam ausfallenden struppigen Winterfell sich am frischen saftigen Futter laben, bis ihre Leiber wieder rund und glatt aussehen. Unablässig ruft der Kuckuck, und in den sumpfigen Wiesen blühen buttergelbe Blumen in dicken Büscheln. Ende Mai ist für den Bogulnik die Zeit gekommen, seine vielen pinkfarbenen Blüten zu öffnen und den vorhandenen Farben eine weitere hinzuzufügen. Seine Sträucher bilden farbige Inseln im Wald und entlang der Ufer vor dem intensiven Grün der Lärchen.

Die Faulbäume, die vor den Häusern wachsen, sind über und über mit weißlichen Blütenrispen bedeckt und lassen die Dorfstraße aussehen, als habe sie Brautschmuck angelegt. Fährt man in dieser Zeit bei warmem, wolkigem Wetter den Fluss entlang, kündigen sich schon von Weitem die wild wachsenden Bäume mit süßen Duftwolken an.

In den Felsen blüht der gelbe Mohn, und kleine, dem Vergissmeinnicht ähnliche Blümchen bilden blaue Flächen. Weiß und gelb blühende Sträucher fügen Farbtupfer hinzu. Und was den Frühling besonders schön macht – es gibt noch keine Mücken!

Wie die Rufe des Kuckucks ein untrügliches Zeichen sind, dass der Frühling dem Winter endgültig die Herrschaft abgenommen hat, so ist das Erscheinen der Mücken ein Merkmal dafür, dass der Frühling in den Sommer übergeht. Die Temperaturen steigen an, anfangs durch häufige Regenfälle gemildert, später jedoch klettern sie bei großer Trockenheit oft täglich auf über 30 Grad im Schatten. Es ist eine Erlösung, wenn ein Gewitter endlich Regen sowie kühlere Temperaturen und genügend Wasser für die Pflanzen im Gemüsegarten bringt, für die man sonst allabendlich viele Kannen schleppen muss. Dann sitzt man entspannt im Zimmer, hört das Grollen des Donners und das Trommeln des Regens, blickt befriedigt aus dem Fenster auf die vom Himmel herabströmenden Wasserfluten, die plätschernd die leeren Regentonnen füllen. Doch wie man bei anhaltender Trockenheit den Regen herbeigesehnt hat, so wünscht man sein Ende herbei, nachdem es mehrere Tage, ja sogar zwei Wochen lang geregnet hat, die Regentonnen überlaufen, das Wasser in den Keller dringt und die dort lagernden Kartoffeln zu Wasserpflanzen macht, die Temperaturen auch am Tage keine 10 Grad erreichen, der Fluss doppelt so breit wird und wegen der darin schwimmenden Baumstämme kaum noch befahren werden kann.

An einem solchen Tag kehrte die Hündin Katja abends als Erste aus dem Wald zurück, was ungewöhnlich war, weil die flinke Tschara sonst immer vor ihr eintraf. Wir warteten bis zum Einbruch der Dunkelheit auf sie und befürchteten dann, dass ein Unglück geschehen war. Die ganze Nacht regnete und stürmte es. Ich wurde mehrmals wach und hatte die vielleicht noch lebende, in einer Schlinge hängende und sich quälende Tschara vor Augen. Am nächsten Morgen fuhren wir den Fluss entlang, riefen wieder und wieder ihren Namen und hofften, dass sie uns hören und antworten könne, doch alles blieb still. Nach drei kalten regnerischen Tagen schwand meine Hoffnung, sie lebend wiederzusehen, dann jedoch berichtete Kolja, er habe sie gesehen, vom Wasser eingeschlossen. Slava fuhr sofort mit dem Boot los und fand sie auf einer erhöhten Stelle im inzwischen weithin überschwemmten Dreieck zwischen dem Zusammenfluss von Tungir und Oljokma. Auch die gegenüberliegenden Ufer der Flüsse lagen bis weit ins Land hinein unter Wasser. Als Slava sie vom Boot aus rief, jaulte sie und schwamm dann auf ihn zu. Ich traute meinen Augen kaum, als sie hinter Slava in den Hof lief, abgemagert zwar, aber sonst äußerlich unversehrt. Wir streichelten sie und sprachen mit ihr, worauf sie mit bisher nie gehörten kläglichen Lauten antwortete, als wollte sie sagen: „Es war so schrecklich – furchtbar, was ich durchgemacht habe."

Nach dem Regen verbreitet die nun wieder intensiv scheinende Sonne Wärme, die Erde dampft, und in der warmen, feuchten Witterung schieben sich braune, beige- und orangefarbene Pilzkappen durch den Waldboden. Die Luft ist staubfrei und gesättigt vom Duft des Waldes und der Wiesen, und die Umgebung erstrahlt frisch gewaschen in neuem Glanz. Tief einatmend stehe ich vor dem Haus, meine Blicke fallen auf die sanft geschwungenen bewaldeten Hügelketten, auf die feuchten Gräser und das silbrige Band des Flusses in seinem grüngesäumten Bett, und wie so oft denke ich: „Wie schön ist das alles!"

Der blaue Himmel und die weißen Wolken spiegeln sich an Sonnentagen im Fluss, und sein klares Wasser lädt zum Baden ein. Herrlich ist es, an heißen Tagen seine Glieder von dessen kaltem, weichem Wasser umschmeicheln zu lassen, sein Dahinströmen über das saubere Kiesbett und das Spiel der kleinen Fischchen zu beobachten, dem Plätschern und Rauschen zu lauschen.

An den Ufern wächst in großen Mengen wilder Schnittlauch, blühen blaue Kuhschellen und pinkfarbene Nelken. In den Flussauen öffnen die in umfangreichen Gruppen wachsenden blauen Iris ihre Blüten, an Waldrändern und auf Feuchtwiesen ziehen großblütige rote Lilien die Blicke an. Auch die kleinen feuerroten Lilien, denen ich schon in der Mongolei begegnet war, blühen nun in den Felsen. Selbst die unspektakuläre Schafgarbe erfreut das Auge mit weißen und hellvioletten Blütengarben, und täglich entdecke ich neue Blumenarten. Wozu also im nächsten Jahr wieder im Haus Blumensamen aussäen, die zarten Pflänzchen auspflanzen und beobachten, ob sie wohl gedeihen? Ich nehme mir vor, stattdessen den Vorgarten mit einheimischen Sträuchern und Blumen zu schmücken, die in so reicher Vielfalt und Schönheit vorhanden sind.

Ab September treten die ersten Nachtfröste auf, und obwohl die Tage noch sonnig und warm sind, beginnt die Natur mit allmählichem Rückzug. Wie im Rausch flammen ihre Farben noch einmal auf, nehmen täglich andere Töne an und betören das menschliche Auge mit all ihrer Pracht. Das zu betrachten erfüllt mich mit stillem, staunendem Glück, und trotz meiner begrenzten Zeit werde ich nicht müde, wenigstens eine kleine Weile auf das gegenüberliegende Ufer zu schauen, dessen Waldsaum jeden Tag durch andere Farbschattierungen einen neuen, wundervollen Anblick bietet.

Den Anfang der Verwandlung machen die Birken, deren Blätter sich langsam gelb färben, bis sie aus purem Gold zu bestehen scheinen, wenn sie in der Sonne leuchten. An den Berghängen, die im Frühling und Sommer in unterschiedlichen Grüntönen schattiert sind, entstehen nun zwischen den Kiefern und Lärchen

Das Wunder des Lichts

Der Bogulnik blüht

Auf den Flusswiesen leuchten rote Lilien

Herbst – Sinfonie der Farben

helle, gelbe Flächen, bis die Birken ihren Goldschmuck verloren haben und nur noch ihre kahlen, weißen Stämme zu sehen sind. Orange schimmern die Dolden der Ebereschen in ihrem noch grünen Blattwerk, während zu ihren Füßen rote Hagebutten reifen. Weiße Dolden trägt ein Strauch, dessen biegsame Äste und Blätter sich purpurrot gefärbt haben. Dunkelrot glänzen die vielen Preiselbeeren in ihrem immergrünen Laub, und die Blätter der Sumpfheidelbeeren bilden himbeerrote Flächen. In den sumpfigen Flussauen formen die Büschel aus den spitzen Blättern der Iris nun gelbe Flecken. Die Faulbäume säumen mit teilweise weinroten, teilweise noch grünen Blättern die Dorfstraße, doch gar zu bald verlieren sie ihren Schmuck.

Überraschend schnell, innerhalb nur einer Woche, ändert sich die Farbe der Lärchen. Ihr Grün wird zu einem Grüngelb, reift immer mehr zu leuchtendem Gelb heran und nimmt dann bräunliche Töne an. Kurz darauf schon weht der Wind die feinen braunen Nadeln durch die Luft, auf dem Wasser sammeln sie sich und schwimmen, Abschied nehmend, als dünne Teppiche den Fluss hinab. Unwillkürlich denke ich dabei an den natürlichen Ablauf unseres Lebens, in dem wir uns ständig wandeln, und das ebenso schnell dahinzuströmen und zu vergehen scheint. Nur unser Lebensende lässt in den meisten Fällen die Harmonie der Natur vermissen.

In den Alpen beobachtete ich einmal ein sterbendes Murmeltier. Es war zu krank, um bei meinem Erscheinen zu flüchten. Still und friedlich, ohne gegen Schmerz und Tod anzukämpfen, lag es zwischen den Felsbrocken auf der Bergwiese. Lediglich seine Atemzüge wurden allmählich seltener und seltener, und schließlich hörten sie ganz auf.

„So möchte ich auch einmal sterben", dachte ich.

Doch was stirbt wirklich? Materie, zu der naturwissenschaftlich gesehen auch die Energie gehört, geht niemals verloren, sondern ist lediglich einem Prozess unablässiger Veränderung unterworfen. Über das, was mit unserer geistigen, seelischen Energie nach dem Tod geschieht, gibt es unterschiedliche Annahmen. Doch was man auch glauben mag, unzweifelhaft hinterlässt unsere Verhaltungsweise im Leben und Sterben Spuren in unseren Kindern, Enkeln und anderen Mitmenschen.

Zuverlässig in den ersten Oktobertagen hält der Winter mit Schneefällen und Temperaturen, die unter dem Gefrierpunkt liegen, Einzug. Minus 10, minus 12 Grad lese ich am 4. und 5. Oktober morgens ab, doch anfangs klettert das Thermometer am Tage noch häufig über den Nullpunkt. Noch vor Monatsmitte beobachte ich, wie zunehmend größer werdende, linsenförmige Eisschollen in der Strömung treiben. Weiß glitzernd in der Morgensonne heben sie sich ab vom dunklen Wasser. Die Bäume sind dick überzogen mit funkelndem Raureif, der zuweilen von leichten Windböen gelöst und als schillernde Eiskristalle durch die Luft gewirbelt wird.

Einige Tage darauf schon ist der Fluss zugefroren. Die Kinder fahren auf der glatten Eisfläche mit selbstgebastelten Gerätschaften umher, wie ich sie vorher noch nie sah. Unter einem stabilen Brettchen sind parallel zwei Kufen angebracht, auf dem Brett ist ein Holzpfahl befestigt und auf diesem eine hölzerne Sitzfläche. Darauf sitzen die Kinder, stellen die Füße auf das untere Brettchen, stoßen sich mit zwei Stöcken ab und schlittern auf dem Eis herum. Manchmal spielen sie mit zusammengefügten Holzklötzchen, die sie mithilfe eines Holzstabes durch die Gegend schieben. Sie sind dann große Jäger, die mit ihren Schneemobilen durch die Taiga kurven.

Jetzt beginnen die Pelztierjagd sowie die Eisfischerei mit unter dem Eis durchgezogenen Netzen. Beim erstmaligen Aufstellen hacken die Männer mit der Axt in einer Linie mehrere Löcher ins Eis und ziehen das Netz mithilfe gegabelter Stöcke von einem Loch zum anderen, bis es schließlich am ersten und letzten an einer langen, im Wasser stehenden Stange befestigt werden kann. Die nicht mehr benötigten Löcher frieren zu, während die mit den Netzenden täglich neu aufgehackt werden müssen, um die Netze leeren, säubern und neu auslegen zu können. Durch die Arbeit in der Kälte sind die Finger alter Fischer oft verstümmelt, Fingernägel und -kuppen nur noch in Rudimenten vorhanden.

Sobald Fluss und Boden gefroren sind und genügend Schnee für die Fahrt mit dem Schneemobil liegt, brechen die Jäger zur Pelztierjagd in ihre Reviere auf. Halb stehend, um die Unebenheiten des Geländes auszubalancieren, die Pelzschapkas in die Stirn gedrückt, brausen sie auf ihren Fahrzeugen durch den aufstiebenden Schnee. Die angehängten Schlitten sind beladen mit Benzin, Gerätschaften, Rentierfell, Schlafsack, warmer Kleidung, Hundefutter, den Hunden und Lebensmitteln für einen größeren Zeitraum. Die Frauen backen für den Zweck vorher schon tagelang Brote, Pelmeni, Piroggen und dergleichen und lassen sie gefrieren, sodass sie praktisch den ganzen Winter über haltbar sind.

In Deutschland fragt man mich oft, ob diese Jahreszeit hier denn nicht schrecklich sei – kalt, dunkel und lange anhaltend. Doch so ist es nicht. Ich erlebe den Winter als majestätischen, strahlenden Eiskönig. Sein im Licht funkelndes Zepter ist geschliffen aus dem Eis der Flüsse, zu seinen Füßen breitet sich eine makellos weiße, sich endlos dehnende Schneedecke aus und sein Haupt badet vor dem weiten, blauen Himmel in der hellen Sonne, manchmal verhüllt von dicht wirbelndem Schnee. Bei alledem darf man niemals vergessen, dass er ein kalter, gnadenloser Herrscher ist, der keine Fehler verzeiht, sondern sie mit Körperschäden oder Tod bestraft.

Im Dezember und Januar ist es am kältesten. Die von mir bisher erlebte kälteste Temperatur war minus 54 Grad (Anfang Dezember morgens um 9 Uhr). Ähnlich frostige Temperaturen herrschten mehrere Tage lang und ließen das Thermometer auch tagsüber bei Sonnenschein nicht über minus 45 Grad ansteigen. Gewöhnlich aber fallen die Temperaturen nachts selten unter 45 Grad, und am Tage ist es meistens nicht kälter als 35 Grad.

Srednjaja Oljokma liegt nur knapp zwei Breitengrade, etwa 210 Kilometer, nördlicher als Hamburg. Nicht die nördlichere Lage, sondern das hier herrschende Kontinentalklima ist verantwortlich für die extremen Temperaturen.

Trotz der Kälte ist der Winter eine wundervolle Jahreszeit. Ich habe nicht das Gefühl, dass die Natur erstarrt ist, sondern alles lebt lediglich auf eine andere Weise.

Feiner Schnee erfüllt die Luft und hüllt die Dinge auf zauberhafte Weise ein. Verborgen hinter Schneeschleiern erscheint die Sonne wie ein lichter Fleck, umgeben von einem silbriggrau schimmernden Hof.

Nach dem Schneefall mutet die Welt wie neu geschaffen an. Stille liegt über allem. Auf Dächern, Holzstapeln und Zäunen liegen luftig aufgeblähte weiße Kissen, verschwunden sind die Spuren von Mensch und Tier. Bald jedoch läuft der erste Hund durch den Schnee, setzt sich ein Eichelhäher auf den Zaun, greift jemand nach dem Schneeschieber, ertönen Axtschläge. Aus den Schornsteinen steigt kerzengrade der weiße Rauch der Holzfeuer empor, die in den Häusern behagliche Wärme erzeugen.

Hat man am Morgen beim Blick auf das Thermometer noch gesagt: „Kalt heute", vergisst man fast die Kälte, wenn die Umgebung unter blauem Himmel in Sonnenschein getaucht ist. Keine blässliche, fade Wintersonne, sondern eine klare, strahlende beleuchtet die von Eis und Schnee bedeckten Konturen der Landschaft und mildert im Laufe des Tages die strengen Temperaturen. Deshalb werden die Arbeiten im Freien erst um die Mittagszeit aufgenommen, und auch ich beginne meine Skiwanderungen nicht vor 11 Uhr. Nie wird es mir langweilig, durch die winterliche Taiga oder auf den zugefrorenen Flüssen zu wandern, denn abhängig vom Wetter, der Veränderung der Lichtverhältnisse mit fortschreitender Jahreszeit und meinem Blickwinkel entdecke ich jedes Mal neue Nuancen.

Zunächst meint man, von den Farben seien nur noch Weiß und Grautöne übrig geblieben, ab und zu vom stumpfen Grün der Kiefern unterbrochen, doch dann entdeckt man, dass das Licht ein Wunder vollbringt. Nach langer Nacht beginnt der Himmel sich rosa zu färben mit ins Gelbliche spielenden Tönen, wird immer heller, bis schließlich die ersten Sonnenstrahlen über die Hügelkette im Südosten blitzen und die Sonne zarte Finger über den Schnee schickt.

Entschwindet die Sonne am Nachmittag hinter den Höhenzügen dem Blick, wird es zwar sofort spürbar kälter, doch ihr Licht begleitet uns noch eine Zeitlang. Die Wolkenschleier am Himmel nehmen rosafarbene, hellviolette und grauviolette Töne an vor einem manchmal hellblau oder helltürkis verblassenden Himmel, bis sich auch dieser zartviolett färbt, während sich die Linie der bewaldeten Hügelketten dunkelviolett vom Himmel abgrenzt. Diese Farben veränderten sich ständig, bis die Dunkelheit siegt und bei klarem Himmel die Gestirne hervortreten, die Milchstraße und vertraute Sternbilder erscheinen.

Manchmal taucht der Vollmond die Umgebung in helles Licht, reflektiert vom makellos weißem Schnee.

Beim Anblick des funkelnden nächtlichen Himmels wird mir die unfassbare Tiefe des Weltraums bewusst. Im Verhältnis dazu bin ich kaum ein Stäubchen, und doch bin ich ein Teil all dessen, genauso wie die, die vor mir da waren und die nach mir kommen werden.

Nachdem mein Sohn gestorben war und ich seinen Tod nicht wirklich begreifen konnte, sondern er mir wie eine mathematische Formel erschien, die an eine Tafel geschrieben, aber inhaltlich völlig leer für mich war, saß ich eines Nachts allein an dem Meer, in das wir seine Urne versenkt hatten. Ich hatte das Gefühl, nicht nur ein Kind eingebüßt zu haben, sondern all die Kinder und Jugendlichen, die er einmal gewesen war. Ich erinnerte mich an jeden Einzelnen, wie er aussah, was er wie gemacht und gesagt hatte, und die Trennung von ihnen allen schmerzte mich wie viele schwärende Wunden, denn ich verstand, dass ich sie verloren hatte. Doch dass ich auch den jungen Erwachsenen, so wie ich ihn noch vor Kurzem gesehen hatte, verloren hatte, traf nur auf dumpfes Unverständnis. Unablässig liefen die Wellen auf den Strand und aus den Tiefen des Kosmos traten immer mehr Sterne hervor, je länger mein Blick dort verweilte. Im Angesicht des Alls begriff ich, dass unser Leben als eine bestimmte Person nur wie ein kurzer Blitz ist und dass nichts und niemand das ändern kann. Und gleichzeitig wusste ich, dass mein Sohn ein Teil des Meeres geworden war, das zu meinen Füßen rauschte, und dass er immer ein Teil von allem sein würde.

Mit Beginn des Winters versinkt das Dorf in völlige Abgeschiedenheit, während vorher einmal monatlich ein Boot verkehrte und hin und wieder Besucher aus Tupik oder Ust-Njuksha ankamen. Unmerklich gewöhnt man sich daran, immer nur den gleichen Gesichtern zu begegnen und keinen Außenreizen ausgesetzt zu sein. Als dann im letzten Winter nach drei Monaten der Abgeschnittenheit die Winterwege nach Tupik und Ust-Njuksha befahrbar wurden und an manchen Tagen drei Autos im Ort ankamen, empfanden wir den Gegensatz so stark, als wären wir aus der Einsiedelei auf einen Rummelplatz versetzt worden. Drei Autos an einem Tage – es war der reinste Stress! Plötzlich bildeten wir uns ein, wissen zu müssen, wer angekommen war und warum, was derjenige zu erzählen wusste und was er mitgebracht hatte. Also sprang Slava bei jedem Motorengeräusch auf und eilte nach draußen, um alles in Erfahrung zu bringen. Wenn es etwas zu kaufen gab, mussten wir bei Bedarf sofort zugreifen, da natürlich das meiste schnell alle war, nachdem im Laden schon lange nur noch leere Regale zu sehen gewesen waren.

Einige Tage vor Silvester kam Slavas Freund Sergej mit zwei Begleitern im Dorf an. Losgefahren waren sie drei Tage zuvor in Tupik mit zwei Autos. Immer wieder waren Reparaturen notwendig gewesen, die sie aufgehalten hatten. Schließlich mussten sie ein Auto unterwegs stehen lassen, in dem die Sekt- und Weinflaschen, die sie hier verkaufen wollten, in der Kälte sowieso schon geplatzt waren. Ich fragte Maxim, ob denn eine Reparatur unterwegs bei diesem starken Frost überhaupt möglich sei.

„Wenn du nur die Wahl hast zwischen weiterfahren oder erfrieren, wird vieles möglich", erwiderte er lakonisch. Bis zur Abfahrt am nächsten Tag bastelte er entweder am Auto oder ließ, zwischendurch auf dem Fahrersitz ein wenig schlafend, den Motor immer wieder einige Zeit laufen, damit das Kühlwasser nicht einfror.

Mit längeren Tagen gehen mildere Temperaturen einher, die im April das Eisangeln ermöglichen, weil die Löcher und mit ihr die Angelsehnen nicht sofort einfrieren. Dafür werden mit einem langen eisernen Bohrer handgroße Löcher ins Eis gebohrt. Die Angeln bestehen aus einem etwa 30 Zentimeter langen Holzstock, an dem eine nicht viel längere Sehne mit Blinker und Angelhaken befestigt ist. Sie werden in das Loch gesenkt und ab und zu bewegt, damit sie nicht anfrieren.

Ich konnte dem Angeln noch nie Geschmack abgewinnen, denn lange auf einem Fleck zu hocken und zu warten, strapaziert meine Geduld über die Maßen, und früher hatte ich sogar den Verdacht, dass Angeln nur ein Alibi dafür ist, faul herumsitzen und Bier trinken zu können. Trotzdem muss etwas dran sein an der Sache – warum sonst hocken die Dorfbewohner ohne Bier bei immer noch herrschenden Minusgraden stundenlang auf dem Eis, obwohl die Ausbeute von ein, zwei Lenoks oder Charus eher bescheiden anmutet.

In der Aprilsonne beginnt das Zepter des Eiskönigs zu schmelzen, seine Füße verlieren den Halt im zerrinnenden Schnee, und allmählich löst er sich auf, bis nur noch die Erinnerung bleibt.

„Die Arbeit ist kein Wolf"

„Die Arbeit ist kein Wolf, sie läuft nicht weg in den Wald", sagt man hier.

Mir tut es manchmal gut, mich daran zu erinnern, dass auch morgen noch ein Tag ist und nicht alles sofort und bis zur völligen Erschöpfung getan werden muss, denn ich neige dazu, mich in eine Aufgabe zu verbeißen wie der Hund in einen Knochen. Andererseits verschwindet die Arbeit auch nicht von selbst, sondern wartet hartnäckig auf unsere Hände.

Als ich einmal äußerte: „Wenn wir mit dieser Tätigkeit fertig sind, haben wir mehr Zeit und brauchen nicht mehr so viel zu arbeiten", sah mich Slava lächelnd an. „Glaube das nur nicht. Die Arbeit hört niemals auf."

Besonders in der ersten Zeit arbeiteten wir fast immer an sieben Tagen in der Woche von früh bis spät.

Aus Ust-Njuksha hatten wir unter anderem Fensterkitt und eine große Menge Farbe mitgebracht, die nach dem Streichen nur bei niederschlagsfreier, warmer Witterung und geöffneten Türen innerhalb von zwei bis drei Tagen trocknen konnte. Die Farbausdünstungen waren zudem gesundheitsschädlich, und wir wollten diese Verrichtungen möglichst schnell abschließen, solange das Wetter dafür günstig war.

Zuerst reinigten und verkitteten wir die Doppelfenster. Danach stellte Slava aus Kernseife und Wasser eine Schmiere her, mit der er lange, aus alten Laken gerissene Stoffstreifen tränkte und dann zum Abdichten über die Nahtstellen zwischen Fensterrahmen und Fenstern klebte. Anschließend versahen wir alles mit Farbe, was sich nicht wehrte – Fensterrahmen, Fußböden, Holztrennwände, Tür, Wassertonnen, den Vorraum zur Banja, Möbel. Aus weißer, grüner, blauer und brauner Farbe mischte ich neue Töne und erspähte immer noch etwas, was durch einen Anstrich frischen Glanz erhalten konnte, zum Beispiel den von einem Nachbarn gekauften, deprimierend dunkelbraunen Schrank, in dem ich nun endlich meine Sachen unterbringen konnte, die zuvor in einem großen Sack im Zimmer gelagert hatten. Nachdem ich das Metallgestell der alten aufgerissenen Autositzbank gestrichen hatte, besserte ich das Polster aus und bezog es mit dem Rest eines alten Wandbehangs. Inzwischen hatte Slava damit begonnen, das Material für die Fußisolierung des Hauses zusammenzusuchen. Die Häuser haben, bis auf die vertiefte Vorratskammer unter der Küche, keinen Keller, aber einen ebenerdigen, etwa hüfthohen Hohlraum, über dem die dickbohligen Fußbodenbretter liegen. Dieser Hohlraum wird von außen mit einer Isolierung umgeben, um es im Winter etwas wärmer zu haben. Sie besteht aus einer mit Sägespänen ausgefüllten Bretterverschalung, beides inzwischen eine Rarität im Dorf, da es keine Säge mehr gibt. Slava holte mit der Schubkarre aus verfallenen, alten Häusern Sägespäne und suchte das ganze Dorf nach Brettern ab. Den geringsten Aufwand verursachte es, im Wald dünne Stämme zu schlagen, sie zu entrinden, in passende

217

Stücke zu zersägen und sie zum Halt der Bretterverschalung in den Boden zu rammen. Es dauerte drei Tage, bis endlich das benötigte Material herbeigeschafft war und er mit der eigentlichen Arbeit beginnen konnte.

Nach dem Abdichten der Fenster und dem Anbringen der Isolierung war das Haus winterfest, und alles glänzte frisch gestrichen. Die Innenwände sahen durch den schlecht ausgeführten Putz allerdings immer noch unschön aus; da half auch die Kalkfarbe nicht.

Unterdessen waren die Sumpfheidelbeeren reif geworden, die es zu sammeln und zu konservieren galt. Froh darüber, endlich einmal von der Arbeit am Haus wegzukommen, setzten wir uns ins Boot und fuhren auf dem Tungir beinahe bis zu der Stelle, an der wir damals den Ton für den Lehmverputz geholt hatten. Dort dehnte sich eine fast baumlose, weite, mit den Sträuchern der Sumpfheidelbeeren bewachsene Fläche aus, deren Farbe von den prallen blauen Beeren bestimmt wurde. Während ich die Beeren brav mit der Hand in das Sammelgefäß abstreifte, schlenkerte Slava seinen Eimer durch die Sträucher und erntete durch diese offensichtlich effektivere Methode die doppelte Menge in der gleichen Zeit. Die Beeren wurden auf ein großes, am Boden ausgebreitetes Tuch gekippt und dort sauber verlesen. Daheim schütteten wir die vier gefüllten Eimer in zwei große Gefäße mit Deckel, bedeckten die Beeren mit einer hohen Zuckerschicht und stellten sie in der Grube im Garten kalt. Auf diese Weise würden sie nicht verderben. Nach Einsetzen dauerhaften Frostwetters würden wir sie in den kühlen Vorratskeller unter der Küche stellen und bei Bedarf die benötigte Menge entnehmen. Anfang Juli hatten wir bereits einen Eimer der süßen, blauen Schimolost-Beeren gesammelt und Konfitüre daraus bereitet. Auch Gläser mit Warenje aus Gartenhimbeeren, Rhabarber und wilden Johannisbeeren standen schon im Regal, und im September würden die Preiselbeeren folgen.

Eine Abwechslung für uns brachte die Ankunft von vier russischen Paddlern, die in einem recht originellen Gefährt von Tupik nach Ust-Njuksha unterwegs waren. Es bestand aus drei kleinen alten Schlauchbooten, die die Paddler mit dünnen Baumstämmchen zu einem langen Fahrzeug zusammengefügt hatten. Fortbewegt wurde es mithilfe von zwei Paaren selbstgebauter Ruder, gesteuert mittels eines Ruderblatts, und es ließ, wie man sich denken kann, nur ein äußerst gemächliches Tempo zu. Seit ihrer Abfahrt aus Tupik hatte es bei unfreundlichen Temperaturen fast täglich geregnet, sodass ich dachte, ein Abend in der Banja würde ihnen sicher willkommen sein. Wir luden sie also ein, sie zu benutzen und anschließend bei uns Abendbrot zu essen. Bei der Gelegenheit lernten wir recht unterschiedliche Persönlichkeiten kennen, die auf ihren gemeinsamen Touren gut zu harmonieren schienen.

Alexander war schätzungsweise Ende dreißig, von Beruf Bauingenieur und sprach lange engagiert über die wirtschaftliche und politische Situation Russlands. Er ging trotz der abendlichen Kühle und des schlechten Wetters barfuß in

Sandalen, meinte aber, er habe keine kalten Füße, denn die Erde gäbe ihm ihre Energie. Er rauchte nicht und schien auch nicht zu trinken. Valentina mit kurz geschnittenen dunklen Haaren, über 60 Jahre hinaus, war burschikos, selbstbewusst und diszipliniert. Die jüngere, Nina, blond und füllig, kam reichlich angetrunken zu uns und fragte als erstes, ob sie trinken dürften, wobei sie schon die Wodkaflasche zückte. Ich antwortete, dass in unserem Hause grundsätzlich kein Alkohol getrunken werde, was sie mit großem Widerstreben schließlich akzeptieren musste. Ihr Freund war ebenfalls nicht mehr nüchtern, gab sich als Naturmensch und Taiga-Liebhaber und sprach gern darüber.

Als sie nach zwei Tagen weitergefahren waren, sah ich neben ihrem verlassenen Lagerplatz eine Grube, in der mehr als zehn geleerte Wodkaflaschen lagen. Beim Leeren hatten ihnen einige Alkoholiker aus dem Dorf geholfen, die das Hochprozentige gewittert und sich unverzüglich zu ihnen gesellt hatten.

Käme ein Fremder aus Deutschland hierher, würde er vielleicht sagen: „Wie billig Ihr hier lebt! Kartoffeln und Gemüse aus dem Garten, Brennholz, Pilze, Beeren und Fleisch aus dem Wald, Fische aus dem Fluss – alles kostenlos."

Das ist es aber nicht, sondern es kostet neben dem Benzin täglich viele Stunden Handarbeit. Wollte ich die dafür aufgewandte Arbeitszeit in Geld umrechnen, so würde sich herausstellen, dass die Dinge im Gegenteil sehr teuer sind.

Nach Beendigung der Pelztierjagd, im März, gehen die Männer in den Wald, um Bäume zu fällen und zu zersägen. Das Holz wird auf Lastwagen ins Dorf transportiert, zerhackt und entlang der Zäune zum Trocknen aufgestapelt. Große Mengen werden benötigt, da ausschließlich mit Holz geheizt und vorwiegend auf dem Ofen gekocht wird.

In eine schon im Herbst vorbereitete Aussaaterde müssen im April verschiedene Gemüsearten im Haus ausgesät werden. Welch ein Jammer, wenn die dringend benötigten Kohlsetzlinge eingehen oder kümmern. Nachdem der Boden mehr als spatentief aufgetaut ist, können gegen Ende Mai die ersten Direktsaaten im Freien erfolgen. Anfang Juni wird der Kohl ausgepflanzt und Mitte Juni, wenn das Auftreten von Nachtfrösten unwahrschein-

lich geworden ist, auch Zucchini-, Tomaten- und Paprikasetzlinge. Gurken, Dill, Möhren, Rote Bete, Petersilie, Erbsen, Bohnen, Salat, Radieschen, Zwiebeln, Knoblauch – ständig muss gejätet und gegossen werden. Auch die Kartoffeln brauchen stetige Pflege. Sie gedeihen nur, wenn sie mindestens zweimal angehäufelt werden und das Unkraut entfernt wird.

Die Kartoffelanbauflächen sind sehr groß. Das war uns damals bei unserer Paddeltour aufgefallen, und wir hatten vermutet, dass die Leute aus den Kartoffeln Schnaps brannten. Das ist jedoch nicht der Fall, sondern sie stellen das Hauptnahrungsmittel dar, und auch die zu fast jedem Haushalt gehörenden ein bis vier Hunde werden mit den Knollen gefüttert.

Wer denkt, dass die extremen Fröste im Winter die Vermehrung der zahlreichen Insekten reduzieren, wird dann eines Besseren belehrt, wenn er die bedenklichen Fressspuren an seinen Pflanzen sieht. Die unterschiedlichsten Käfer, Würmer, Raupen, Falter, Fliegen tummeln sich in den Gemüsebeeten. Mit verschiedenen ungiftigen Hausmitteln wird die Gegenwehr aufgenommen, doch es bleibt immer eine Zitterpartie, wer den unablässigen Kampf gewinnt.

Wenn die Sonne vom Himmel brennt, der Regen längere Zeit ausbleibt und die Auffangtonnen nichts mehr hergeben, muss das Wasser vom Fluss geholt werden. Nur wenige Leute besitzen ein Auto oder einen Handwagen, mit deren Hilfe sich das leichter bewältigen lässt. Dem sparsamen Umgang mit Wasser sind Grenzen gesetzt, denn die durstigen Gemüsepflanzen müssen in jedem Fall versorgt werden.

Die Wäsche waschen wir deshalb meistens während einer Regenperiode. Um das Spülwasser nicht ins Haus tragen zu müssen, stellen wir die Wannen in den Hof, wo meistens Slava die Wäsche spült, manchmal im strömenden Regen. (Er hilft mir auch sonst oft bei „Frauenarbeiten").

Ab Anfang September muss zügig geerntet werden, da nun mit Frösten zu rechnen ist. Rote Bete und Möhren können eingeweckt oder in Sand im Vorratskeller gelagert werden. Dill, Petersilie, Zwiebeln, die Blätter der Roten Bete und Möhren werden häufig fein geschnitten, getrocknet und im Winter als wohlschmeckendes Suppenklein verwendet. Petersilie, Dill und das Lauch der wilden Zwiebeln können eingesalzen aufbewahrt werden. Die Gurken werden zu Salzgurken, Weißkohl zu Sauerkraut verarbeitet.

Aus Zucchini, Tomaten, Paprika, Möhren, Knoblauch, Zwiebeln, Gewürzen und Öl stellt man ein würziges Püree her und konserviert es in Einweckgläsern.

Im ersten Sommer und Herbst waren wir noch darauf angewiesen, dass uns andere Leute Gemüse schenkten oder verkauften, da unsere beiden Beete im Garten nicht viel hergaben. Ich hatte erst spät säen und keine Setzlinge vorziehen können. Doch im darauffolgenden Frühjahr machten wir den restlichen Teil des Gemüsegartens urbar, der verwildert war und hauptsächlich nur noch aus Quecken bestand. Ich begann meine unsichere Karriere als Gemüsegärtnerin, indem ich nach dem Einsetzen des Tauwetters auf den Wiesen und am Flussufer Pferdemist sammelte, täglich neue Rekorde aufstellend von 15 Eimern bis zu 25 Eimern. Man muss es lieben zu arbeiten, um auch darauf mit Befriedigung blicken zu können. Sobald man beginnt, die Arbeit als lästiges Übel anzusehen, wird das Leben schwer. Trotzdem gibt es Dinge, die man lieber tut als andere. Slava liebt es zu jagen, nachts am See zu sitzen und auf den Elch oder Hirsch zu warten, selbst wenn ihn Mückenwolken umschwirren oder Regen fällt. Er liebt es, auf dem Fluss und in der Taiga unterwegs zu sein, und dann ist ihm keine Mühe zu groß. Doch vor der Kartoffelernte war dafür keine Zeit. Wir waren beide erleichtert, als wir sie bei trockenem und noch frostfreiem Wetter ausgegraben, draußen getrocknet und, sortiert in kleine Hundekartoffeln, Saat- und Lagerkartoffeln, im Vorratskeller untergebracht hatten. Gerade noch rechtzeitig, denn kurz danach setzten Nachtfröste ein, und ich fand morgens Eisschichten auf dem Wasser der Regentonnen.

Inzwischen waren auch die Preiselbeeren in den Wäldern gereift, ein wertvoller Vitaminspender, auf den wir nicht verzichten konnten. Slava arbeitete immer sehr schnell, sammelte einmal allein vier Eimer. Ein anderes Mal waren wir gemeinsam unterwegs. Auf dem Rückweg im Boot befreite der Fahrtwind die Beeren von Blättern und Ästchen, als ich sie in hohem Bogen vom Eimer in eine Wanne rieseln ließ. Zu Hause kochte ich aus einem Teil Warenje, doch den Teil, den wir bis zum Einsetzen des Tauwetters verbrauchen würden, füllten wir nur in Pappkartons und stellten sie in einen frostzugänglichen Vorratsraum. Im Winter entnahm ich die gefrorenen, wie Holzkügelchen klappernden Beeren nach Bedarf.

Insgesamt hatten wir sieben Eimer Preiselbeeren, vier Eimer Sumpfheidelbeeren und einen Eimer Schimolost gesammelt. Das hört sich viel an, doch bis zur nächsten Ernte wird das meiste wohl verbraucht sein. Täglich bereite ich aus Beeren und Tee einige Liter eines wohlschmeckenden Getränks, häufig backe ich Obstkuchen und oft essen wir Warenje zum Brot.

Beide waren wir erholungsbedürftig, denn wir hatten uns mit wenigen Ausnahmen weder wochentags noch sonntags eine Pause gönnen können. Ich war im Laufe der Arbeiten einige Male nahe daran gewesen, die Hände in den Schoß zu legen und zu sagen: „Ich kann nicht mehr." Den ganzen Tag lief ich in Arbeitskleidung umher, meine Haare waren seit fast vier Monaten nicht mehr geschnitten worden und in den Spiegel schaute ich nur morgens einmal kurz beim Kämmen. Unter diesen Umständen schien es mir fast ein Wunder, dass Slavas Verliebtheit nicht nachgelassen hatte.

Etwas Entspannung brachte immer die Banja. Sie ist eine segensreiche Einrichtung, und wir nutzten sie häufig, einmal natürlich zur Körperreinigung, aber auch zur Erholung. Nach einem arbeitsreichen Tag heizten wir sie, und meistens legte ich mich gelöst auf die Holzbank und ließ mich von Slava abschrubben, falls er nicht zu müde dazu war.

Jetzt jedoch, nachdem die dringendsten und die an die Jahreszeit gebundenen Arbeiten abgeschlossen waren, konnten wir uns eine Pause gestatten. Slava nutze sie natürlich, um auf die Jagd zu gehen und kam mit einem stattlichen, etwa fünf Jahre alten Elch zurück. Er behielt aber nicht viel Fleisch, sondern überließ das meiste Boris aus Ust-Njuksha, der mit von der Partie gewesen war. Boris hatte zwei Flaschen Wodka ausgetrunken und war am Lagerplatz geblieben, während Slava um Mitternacht am See den Elch erlegte, ihn aber der Dunkelheit wegen nicht sofort aufbrechen und ausnehmen konnte. Am frühen Morgen holten sie das nach und schleppten die einzelnen Teile zum Boot am Flussufer. Boris ging es dabei sehr schlecht; er schwitzte fürchterlich und sein Herz machte ihm zu schaffen.

Während Slavas zweitägiger Abwesenheit genoss ich es, nicht zu kochen und wenig zu essen. Stattdessen labte ich mich an den Herbstfarben. Endlich konnte ich wieder einmal einen langen Spaziergang am Fluss entlang machen und meine Augen weiden lassen auf den Schönheiten der Landschaft, an denen ich mich noch immer nicht satt gesehen habe und die zu fotografieren und zu filmen ich nicht müde werde. Als ich vor Kurzem Slava die neuen Fotos auf dem Laptop vorführte, sagte er: „Ich bin so an den Anblick der Gegend gewöhnt, dass ich gar nicht mehr wahrnehme, wie schön das alles ist. Erst durch deine Fotos wird mir das wieder bewusst."

Da die köstlich schmeckenden, dunkelrot gefleckten Lenok, die silbrigen Taimen und Charus im September aus Nebenflüssen, wo sie gelaicht hatten, in die größeren Flüsse zurückschwammen, lohnte es sich wieder, in der Oljokma Netze auszulegen. Weil das „Männerarbeit" ist, konnte ich unsere häufigen Fahrten auf dem Fluss als erholsame und interessante Ausflüge erleben und Slavas Geschicklichkeit bewundern. Während sich die großen kräftigen Hechte schnell in ihr Schicksal ergaben, kämpften die Lenoks lange im Netz und verhedderten es vollkommen. Es dauerte immer eine Weile, bis nach dem Fang alle Netze entwirrt und von Blättern und Ästen gesäubert zum Trocknen über die Stangen im Geräteschuppen gehängt werden konnten.

Der Taimen kann recht groß und kompakt werden. Er kommt seit einigen Jahren nicht mehr so häufig vor, und die gefangenen Fische erreichen selten einen Meter. Deshalb war es eine Sensation, als Iwan Georgijewitsch einen ungefähr zwei Meter langen Taimen erblickte, der an einem seiner Netze räuberte. Er konnte ihn allerdings nicht fangen. Der Geschmack des Taimen ist besonders delikat. Roh, nur wenige Tage mit etwas Salz, Lorbeerblatt, Pfefferkörnern und Knoblauch eingelegt, schmeckt er am besten. Auch die Lenoks legte Slava manchmal auf diese Art ein, während die Hechte gesalzen und geräuchert wurden oder ich aus ihnen Fischbouletten zubereitete. Häufig briet ich die frischen, zerteilten Hechte, Lenoks oder Charus, die zusammen mit den neuen Kartoffeln ein absolut köstliches Mahl ergaben. Auch die in den Seen gefangenen Karauschen schmeckten gebraten hervorragend und boten einen lukullischen Anblick, wenn sie auf dem Teller prangten, denn der Rogen füllt im Frühsommer die Bauchhöhle und färbt sich beim Braten leuchtend orange.

Neben all diesen Tätigkeiten gab und gibt es natürlich noch zahlreiche weitere. Sehr arbeitsintensiv sind die ständig erforderlichen Pflegearbeiten und Reparaturen an den Booten, am Schneemobil und deren Motoren, und im Herbst müssen die Arbeitsgeräte für die Winterjagd instand gesetzt werden.

Früher fertigten die Leute auch Kleidung an. Slava erzählte mir, dass seine ewenkische Großmutter aus selbst bearbeiteten Elch- und Rentierhäuten Hosen und Stiefel sowie aus Fellen Jacken und Handschuhe nähte. Häute von Elchläufen verarbeitete sie zu den großen, weichen Fußbekleidungen, die von den Jägern im Winter über Innenstiefel aus Filz getragen werden. Aus verschiedenfarbigen Fellen fertigte sie gemusterte Teppiche. Sie nähte Kaninchenfelle zu einer Decke aneinander, überzog diese mit Stoff und verband beides durch darüberlaufende Nähte zu einer Einheit, sodass die Felle nicht aushaaren konnten. Die Decken waren warm und leicht. Aus Birkenrinde machte sie Sammelgefäße für Beeren und Pilze sowie Vorratsbehälter, in denen Lebensmittel lange frisch blieben. Die Häute großer Fische dienten der Herstellung wasserdichter Fußbekleidungen. Nie sah Slava seine Großmutter untätig.

Natürlich wird immer noch einiges selbst gefertigt, doch das sind meist einfache Dinge wie Reisigbesen aus einer bestimmten Strauchart, Stiele von Äxten, Schaufeln und dergleichen. Ich konnte verfolgen, wie Iwan Georgijewitsch eines der formschönen Holzboote für sich baute, und Slava erneuerte sein Jagdboot. In Ust-Njuksha werden noch Rentierherden gehalten, und einige der dort wohnenden Ewenken fertigen Stiefel aus Rentierfell.

Doch viele der alten handwerklichen Fertigkeiten werden nicht mehr gepflegt und zum Teil gar nicht mehr beherrscht. Ich würde gern einige der traditionellen Techniken lernen und auch andere Leute im Dorf dazu bewegen, derartige Dinge herzustellen. Im Winter sitzen die Frauen oft untätig herum, langweilen sich und warten, dass der Strom eingeschaltet und das Fernsehprogramm empfangen werden kann; Hobbys sind unbekannt. Dabei gäbe es viele Möglichkeiten, die Zeit sinnvoll und kreativ zu verbringen, sei es mit sportlichen Übungen oder dem Herstellen schöner Dinge.

Das reichlich vorhandene Holz, die ungenutzten Wiesen und die bei der Jagd anfallenden und selten verwerteten Felle böten Gelegenheiten, neue Einkommensquellen zu erschließen: Drechseln von Holzschüsseln, Schnitzen von Kellen und großen Löffeln, Tischlern einfacher Möbel, Gerben von Fellen, Lederverarbeitung, Flechten von Weidenkörben, Anfertigen von Gefäßen aus Birkenrinde, Tierhaltung zur Fleischerzeugung, Herstellen von Wurst und Schinken.

Auch wir müssen versuchen, über die Zobeljagd hinaus ein Einkommen zu erwirtschaften. Die Anschaffung von Benzin, der Ersatz von Bootsmotor und Schneemobil, der Kauf von weiteren Ersatzteilen, Geräten und Material ist zu jetzigen Zeiten aus der Zobeljagd nicht mehr zu bestreiten.

Wir planen, vor Frühjahrsbeginn zwei oder drei Ferkel anzuschaffen, die wir im Winter schlachten und deren Fleisch wir verkaufen können. Auch die Mast von Bullenkälbchen könnte sich lohnen, ist aber mit mehr Arbeit verbunden, weil dafür auf der weit entfernten Wiese Gras gemäht und ins Dorf transportiert werden muss. Der aus Holzstämmen gebaute kleine Stall am Ende des Gartens muss hergerichtet werden, um den jungen Tieren eine frost- und regensichere Unterkunft zu gewähren.

Ich werde lernen, Wurst und Schinken herzustellen, zum eigenen Verbrauch und für den Verkauf.

Hier im Dorf kann man allerdings kaum Geschäfte machen, denn die Leute wollen oder können nicht mit Geld bezahlen. Üblich sind daher Tauschgeschäfte: Segeltuch gegen Fleisch, Arbeit gegen Fleisch, Fisch oder Wodka.

Der Gedanke an eine Touristenbasis tauchte in veränderter Form wieder auf und nahm feste Formen an. Wir sanierten Slavas Elternhaus und statteten es völlig neu aus, um dort deutsche Touristen aufnehmen, verpflegen und ihnen die Schönheiten unserer Gegend zugänglich machen zu können.

Unsere vielfältigen Vorhaben würden auch einigen anderen Leuten im Dorf Beschäftigung und Einkommen bringen, da wir nicht alle Tätigkeiten allein durchführen können.

Fragezeichen

Eines Tages wird mein Aufenthalt in Srednjaja Oljokma nur noch Erinnerung sein, entweder meine eigene oder die anderer Menschen.

Das Fragezeichen in meinem Kopf bezüglich dessen, was mich zukünftig erwartet, ist nicht kleiner geworden. Momentan denke ich nicht daran, aus Srednjaja Oljokma fortzugehen, doch wer weiß schon, was die Zukunft bringen wird? Wie wird sich Slavas und meine Beziehung entwickeln? Werde ich zu einem späteren Zeitpunkt in Hamburg die Bilder dieser geliebten Landschaft an mir vorüberziehen lassen, an den Fluss und die Menschen denken, mit denen ich verbunden war? Oder wird eine der Grabstelen hier auf dem Friedhof einmal mein Porträt tragen? Vielleicht aber werde ich meinem Drang nach innerer Einkehr folgen, zumindest eine Weile in einer Einsiedelei leben und lächelnd an all die Aktivitäten denken, die ich früher und hier für so wichtig hielt. Ich weiß es nicht. Und gerade dieses „ich weiß es nicht", das Verlassen bekannter Pfade, das Offensein für neue Erfahrungen, macht das Leben für mich spannend. Erfahrungen sind geistig umgesetzte Erlebnisse oder Erkenntnisse. Im Prinzip muss man dafür nicht verreisen, sondern man kann sie auf geistiger Ebene gewinnen, und dies viel nachdrücklicher, je weniger man durch äußere Betriebsamkeiten abgelenkt wird. Als ich begann, nach den Lehren des Buddha die unbekannten Landschaften meines Inneren zu erforschen und allmählich zu verändern, empfand ich das spannender, ereignisreicher und nützlicher als alles, was ich bis dahin erlebt hatte, und so denke ich auch heute noch.

Hinweise

Vielleicht ist in einigen Lesern der Wunsch aufgekommen, selbst einmal durch die Taiga zu streifen, die Flüsse mit Motor- oder Paddelboot zu befahren, an ihren Ufern zu zelten, sich an der Farbenpracht des Herbstes zu erfreuen, im legendären sibirischen Winter im Schneemobil zu einer Jagdhütte zu fahren, eventuell sogar eine Auszeit zu nehmen vom zivilisatorischen Leben und einige Monate in der Natur zu verbringen?

Das können Sie bei uns erleben. Wir bieten Ihnen viele verschiedene Möglichkeiten, die sibirische Taiga hautnah zu erfahren. Dabei gehen wir weitgehend auf Ihre individuellen Wünsche ein.

- **Flussfahrten mit dem Motorboot auf Tungir oder Oljokma**
  Unterwegs baden, angeln, fischen, Wanderungen in die Taiga, evt. Pilze/Beeren sammeln, Übernachtungen im Zelt. Vollverpflegung. Eine Moskitokuppel schützt Sie beim Sitzen im Freien vor den Plagegeistern.
  Erforderlich: eigener Schlafsack, selbstaufblasbare Matratze, Angelzeug, evt. eigenes Zelt.
- **Eintägige Bootsfahrt zum Angeln oder Fischen mittels Fischnetzen**
  Erforderlich: eigenes Angelzeug (Fischnetze stellen wir zur Verfügung)
- **Paddeltouren auf Tungir oder Oljokma**
  (wahlweise in eigener Regie, mit unserer Begleitung oder mit Transport der Ausrüstung im Motorboot) Ein großes 2-Personenzelt, ein Paddelboot für 1 Person bzw. ein Paddelboot für 2 Personen können bei uns ausgeliehen werden.
  Erforderlich: eigener Schlafsack, selbstaufblasbare Matratze.
- **Tageswanderungen durch die Taiga**
- **Begleitung eines Jägers zur Elch-, Hirsch- oder Bärenjagd**
  Erforderlich: kleines Zelt, Schlafsack, selbstaufblasbare Matratze
- **Tagesausflüge zum Beeren- und Pilzesammeln**
- **Teilnahme am Eisfischen mit Netzen**
  Ausrüstung wird gestellt.
- **Eisangeln (nur im April)**
  Das Angelgerät wird zur Verfügung gestellt.
- **Winterwanderungen auf zugefrorenen Flüssen und durch verschneite Taiga**
  Erforderlich: einfache, eher breite Skier (Kauf in Irkutsk möglich).
- **Fahrt mit dem Schneemobil in Jagdhütten, Begleitung eines Pelztierjägers**
  Erforderlich: einfache, eher breite Skier (Kauf in Irkutsk möglich), Schlafsack und Matratze.
- **Erlebnisaufenthalte über längere Zeiträume, z. B. 2 bis 3 Monate:**
  „Sibirischer Sommer", „Herbst in der Taiga", „Winter in Sibirien".

Bitte schauen Sie auf unsere Homepage www.taigaleben.de. Dort finden Sie weitere, immer aktuelle Informationen sowie Kontaktadressen.

Doch nicht jedem Interessierten ist es möglich, eine solche Reise zu realisieren, und manch einer macht sie sowieso lieber nur virtuell – daheim gemütlich auf dem Sofa sitzend, ein Buch darüber lesend, einen Film oder Fotos anschauend. Auch das können Sie tun, denn ich gestaltete eine Foto-CD und Videofilme, die bestellt werden können:

Foto-CD

Sie enthält 100 Fotos aus Srednjaja Oljokma und Umgebung, die im Zeitraum von Juli 2005 bis Dezember 2007 aufgenommen wurden und das vorliegende Buch illustrieren.

„Geliebtes Sibirien", 2 DVDs

Der Film erzählt von meinem ersten, achtmonatigen Aufenthalt in Srednjaja Oljokma. Er zeigt die Ankunft mit vielen Ungewissheiten, das Mieten eines leeren Blockhauses, mein einfaches Leben und das langsame Heimischwerden im Dorf, die Menschen und ihre Beschäftigungen, Ausflüge in die herrliche Umgebung, meine Paddeltour mit Zelt und Faltboot, die Landschaft im Wechsel der Jahreszeiten, Slava und vieles mehr.
Zeitraum: Juli 2005 – März 2006

„Sibirien – Leben an der Seite eines Taigajägers", DVD

Der Film verbildlicht mein im Buch beschriebenes Dasein an der Seite Slavas. Er zeigt das Leben im Dorf aus Insidersicht, Erlebnisse beim Fischfang, der Elch- und Bärenjagd, die reizvolle Landschaft innerhalb der vier Jahreszeiten, Flora und Fauna der Umgebung.
Zeitraum: Juni 2006 – Dezember 2007

Die Preise und Bestelladressen finden Sie ebenfalls
auf der Homepage www.taigaleben.de.

Glossar

Banja	russische Sauna
Blini	dünne, in Öl gebackene Fladen aus Mehl, Wasser und etwas Soda
Burunduk	sibirisches Streifenhörnchen
Ewenke	Angehöriger einer Volksgruppe sibirischer Ureinwohner
Kabarga	Moschustier
Kascha	Brei
Isbuschka	kleine Jagdhütte
Lepjoschki	Dicke, in Öl gebackene Fladen aus Mehl, Wasser, Hefe bzw. Soda.
Oblast	Verwaltungsregion
Rayon	Landkreis
Schapka	Mütze
Schatun	unberechenbarer Braunbär, der nicht genügend Fett angesetzt hat, um sich in Winterruhe zu begeben
Wareniki	Maultaschen ähnelnde, gefüllte Teigtaschen